かりやすいこと，ペダンティックにならないこと，さらには「私はこんなに勉強しています」とばかりに文献を羅列しないこと，読めば背後にどれだけの文献検討の蓄積があるかわかるはずである．

　たいていの本の〈はしがき〉には各章の性格あるいは内容が簡単に示されているが，目次を見て考えていただければよいと思う．ただし先に示した4つの要請への回答に対しては，それぞれに濃淡があることはやむを得ないことだとことわっておこう．ここでは，それよりも編者自身がそれぞれの原稿から学ばせてもらったといいたい．本書で論じられている理論家たちの主要著作は，社会学徒にとっては必読書といえるであろう．私自身もそれぞれの主要著作を一応は読んでいるが，本書での各執筆者の論考が私の着目点とは必ずしも同じでないところがたまらなく面白いのである．ひとつだけ例を挙げよう．M. ウェーバーについては，私の理論的立場はウェーバーとはいちじるしく異なっているので，ウェーバーについての一定の理解はあっても，それを具体的に活用することなどほとんど考えていなかった．しかし，ウェーバーの活用としての「官僚制化に向けて」と「官僚制化に対する」という論述は知的インタレストをそそるような展開になっており，テンニースの「組織におけるゲゼルシャフトとゲマインシャフトの循環」という思惟と類似していることを気づかされた．このように本書で論じられている理論家は，読む人たちのスタンス・解釈が異なっていても知的刺激になる．これはその一例である．

　ところで今年は私の〈古希〉にあたるので，ここで私ごとを少しばかり述べたいと思う．考えてみれば，私は社会学徒としては幸せなほうではないかと思われる．初期には日本の超一級といえる素敵な先生方から直接指導を受ける機会にめぐまれて，「研究者とは何か」を学んだ．中期には，いろいろな先学から反面教師も含めて，「研究とは何か」を学んだ．それ以降は，研究を通しての好ましい友人として30代から70代までの世代を超えてつき合うことが多くなって学ぶことの連続であった．加うるに，さまざまな職業・階

層・国籍の人たちとのつき合いもあってこれまた学ぶこと多く，社会学のおかげで「専門バカ」にならないで過ごしているようである．本書の執筆者たちの頭のなかには私の〈古希〉などは全くないであろうが，私は新たな友人を得て素敵な贈り物をいただいたと密かに感謝している．

ただし，日本人の悪い癖で，私よりも年長者は若い人を友人とはなかなか思わないで見下す人が多い．若い時は率直にものを言うと生意気だと見なされただけでなく，私が60歳の頃に面識を得た10歳年長のある先学から，やや親しくなった時に「私から見れば君などは若造だ」と見下していわれたことがあり，友人になることができなくて残念に思ったことがある．このような種類の権威主義が日本の社会学の発展をどれだけ妨げていることであろうか．若い人の書いたものへの応答などにもそのような権威主義が年長者には散見されるが，お互いに今後の方向を探る論議，若い人の成長に資する言明が望まれるのではないかと思う．

終章にあるように，「少し社会学に興味をもった学生」を念頭において本書を作ったことは確かであるが，序章で「欲張った狙い」とちらりといったように，社会学研究・教育を専門とする相対的に若い世代にもぜひ読んで考えてほしいと願っている．偶然にも本書の執筆者のほとんどが日本社会学史学会の会員だということにあとで気づいたが，理論を軸として研究している人たちが理論検討のみにとどまらない論考に踏み込んでいるという意味で，日本社会学史学会の会員の方々にはとりわけ読んでいただくことを望んでいる．というのは，彼らは「拡散状況」が進展しはじめてから社会学に接し，そのような悪しき状況を生み出した世代からの指導を受けて育ったからである．旧アカデミズムの枠の中で，きちんと読まないで「書評」をしたり批判的言動を発するような世代には，もし本書に対して批判するならば，社会学に対する私たちのスタンスや方向づけに自らの社会学のスタンスや性格づけなどを対置してほしいと思う．

〈はしがき〉を自由に書いてよいと共編者の早川からの同意を得たので，

私ごとも含めて自由に書かせていただいたが，読者としてどんな年代・どんな社会的位置にある人からも率直な批評・意見を歓迎するものであり，それを糧にしてさらに前進したいと考えている．

　最後に，出版事情の厳しい中で，本書の出版を快諾していただき出版に向けていろいろとお世話になった田中千津子さんをはじめ学文社の方々に感謝し，学文社の一層の発展を祈念するものである．

　2005年11月

　　　　　　　　　　　　　　紅葉の美しい晩秋の京都にて

　　　　　　　　　　　　　　　　　　　　　　　飯田　哲也

現代社会学のすすめ

飯田哲也
早川洋行 編著

学文社

執筆者一覧 （執筆順）

＊飯田　哲也　　立命館大学（序章, 第1章）
＊早川　洋行　　滋賀大学（第2章, 終章）
　鈴木　秀一　　立教大学（第3章）
　魁生由美子　　島根県立大学（第4章）
　澤井　　敦　　慶應大学（第5章）
　小谷　　敏　　大妻女子大学（第6章）
　近藤　敏夫　　佛教大学（第7章）
　三上　剛史　　神戸大学（第8章）
　近藤　理恵　　岡山県立大学（第9章）
　浜岡　政好　　佛教大学（第10章）

＊編者

はしがき

　社会学は役に立つのか？　社会学とは？　社会学教育の仕方は？　社会学の方向は？　といった問いが，学会や新たな出版物でしばしばなされている中で，編者両名は，独自の研究会・出版活動・その他の交流によって，理論と現実把握の統合の方向を追究すること，そのような書を企画・刊行する必要性について認識を共有していることは，終章にも述べられているとおりである．それは日本における「社会学的研究」のプリンシプルなき「拡散」が支配的な情況をなんとか打破する方向の模索を意味する．このような模索は私たち両名他2名の編著『応用社会学のすすめ』（学文社，2000年）ですでにチャレンジしている．

　しかし，この書では「理論編」はある程度成功したと思われるが，「応用編」が必ずしも前者と結びついていないという弱点があった．本書はその反省の上に，一人の執筆者が両方を結びつけて論じるという新たな考えによって企画されたものである．社会学における理論的立場が複数であることはおそらく今後も継続すると思われるが，「混棲」ではない共同（＝化合）が求められるという考えに基づいて，編者が具体案を提示し，それぞれの執筆者から趣旨の理解とおおよその同意を得てできあがったのが本書である．

　本書の性格を一言でいえば，〈社会学の面白さ〉を活かす方向を求めるひとつの試みである．そこでこの〈はしがき〉もやや型破りな書き方をしようと思う．2004年5月頃が企画の事実上のスタートであり，それぞれの執筆者に本書の趣旨の同意と具体的なテーマについてのお願いをするとともに，目次にあるような企画案を提示し，各章に盛り込むおおよその内容については，以下のような要請をした．

1．それぞれの理論の簡単な概観的紹介．
2．活用にあたっての着目点．
3．社会的現実についての具体的な適用．
4．更なる可能性あるいは課題の提示．

スケジュール

2004年7月　最終案（構成と執筆陣）の確定
　　　　9月　各執筆者が第1次構想を提出
　　　　10月～2005年7月　可能なかぎり研究会で論議，編者との個別面談など．
2005年9月末　原稿締切
　　　　10月～11月　原稿の修正と調整
2006年3月までに刊行予定

　このスケジュールはほぼ順調に消化されたが，編者と各執筆者とのコミュニケーションは研究会以外にもメールでの意見交換，可能な場合には直接会っての意見交換などが一度ならず行われた．育った学問的風土が異なっているので，研究者としての相互理解をも併せて考慮した．そのようなプロセスを経て本書の企画は各執筆者の協力によってほぼ順調に進捗した．原稿の提出が締切にほとんど間に合い大幅に遅れた執筆者がいなかったことを言っておいてよいのではないかと思う．と同時にうるさい編者に協力していただいたことを喜んでいる．というのは，日本の「学者」には原稿締切を守らないという悪癖の持ち主が多いからである．早く執筆した人から「半年以上も遅れている人がいて困っている」という話をしばしば耳にする．私は自分の編著の企画では締切遵守を強く要請し続けているだけでなく，これまでも機会があるごとにこの悪習を批判してきた．どうも「自分は偉い」と思っている人に遅れる人が多いようである．そんなことは「一般社会」で許されるであろうか．本書においても私は〈序章〉を締切の40日ほど前に書き終えて執筆者たちに送った．もうひとつは原稿枚数を大幅にオーヴァーしないこと，わ

かりやすいこと，ペダンティックにならないこと，さらには「私はこんなに勉強しています」とばかりに文献を羅列しないこと，読めば背後にどれだけの文献検討の蓄積があるかわかるはずである．

　たいていの本の〈はしがき〉には各章の性格あるいは内容が簡単に示されているが，目次を見て考えていただければよいと思う．ただし先に示した4つの要請への回答に対しては，それぞれに濃淡があることはやむを得ないことだとことわっておこう．ここでは，それよりも編者自身がそれぞれの原稿から学ばせてもらったといいたい．本書で論じられている理論家たちの主要著作は，社会学徒にとっては必読書といえるであろう．私自身もそれぞれの主要著作を一応は読んでいるが，本書での各執筆者の論考が私の着目点とは必ずしも同じでないところがたまらなく面白いのである．ひとつだけ例を挙げよう．M. ウェーバーについては，私の理論的立場はウェーバーとはいちじるしく異なっているので，ウェーバーについての一定の理解はあっても，それを具体的に活用することなどほとんど考えていなかった．しかし，ウェーバーの活用としての「官僚制化に向けて」と「官僚制化に対する」という論述は知的インタレストをそそるような展開になっており，テンニースの「組織におけるゲゼルシャフトとゲマインシャフトの循環」という思惟と類似していることを気づかされた．このように本書で論じられている理論家は，読む人たちのスタンス・解釈が異なっていても知的刺激になる．これはその一例である．

　ところで今年は私の〈古希〉にあたるので，ここで私ごとを少しばかり述べたいと思う．考えてみれば，私は社会学徒としては幸せなほうではないかと思われる．初期には日本の超一級といえる素敵な先生方から直接指導を受ける機会にめぐまれて，「研究者とは何か」を学んだ．中期には，いろいろな先学から反面教師も含めて，「研究とは何か」を学んだ．それ以降は，研究を通しての好ましい友人として30代から70代までの世代を超えてつき合うことが多くなって学ぶことの連続であった．加うるに，さまざまな職業・階

層・国籍の人たちとのつき合いもあってこれまた学ぶこと多く，社会学のおかげで「専門バカ」にならないで過ごしているようである．本書の執筆者たちの頭のなかには私の〈古希〉などは全くないであろうが，私は新たな友人を得て素敵な贈り物をいただいたと密かに感謝している．

ただし，日本人の悪い癖で，私よりも年長者は若い人を友人とはなかなか思わないで見下す人が多い．若い時は率直にものを言うと生意気だと見なされただけでなく，私が60歳の頃に面識を得た10歳年長のある先学から，やや親しくなった時に「私から見れば君などは若造だ」と見下していわれたことがあり，友人になることができなくて残念に思ったことがある．このような種類の権威主義が日本の社会学の発展をどれだけ妨げていることであろうか．若い人の書いたものへの応答などにもそのような権威主義が年長者には散見されるが，お互いに今後の方向を探る論議，若い人の成長に資する言明が望まれるのではないかと思う．

終章にあるように，「少し社会学に興味をもった学生」を念頭において本書を作ったことは確かであるが，序章で「欲張った狙い」とちらりといったように，社会学研究・教育を専門とする相対的に若い世代にもぜひ読んで考えてほしいと願っている．偶然にも本書の執筆者のほとんどが日本社会学史学会の会員だということにあとで気づいたが，理論を軸として研究している人たちが理論検討のみにとどまらない論考に踏み込んでいるという意味で，日本社会学史学会の会員の方々にはとりわけ読んでいただくことを望んでいる．というのは，彼らは「拡散状況」が進展しはじめてから社会学に接し，そのような悪しき状況を生み出した世代からの指導を受けて育ったからである．旧アカデミズムの枠の中で，きちんと読まないで「書評」をしたり批判的言動を発するような世代には，もし本書に対して批判するならば，社会学に対する私たちのスタンスや方向づけに自らの社会学のスタンスや性格づけなどを対置してほしいと思う．

〈はしがき〉を自由に書いてよいと共編者の早川からの同意を得たので，

私ごとも含めて自由に書かせていただいたが，読者としてどんな年代・どんな社会的位置にある人からも率直な批評・意見を歓迎するものであり，それを糧にしてさらに前進したいと考えている．

　最後に，出版事情の厳しい中で，本書の出版を快諾していただき出版に向けていろいろとお世話になった田中千津子さんをはじめ学文社の方々に感謝し，学文社の一層の発展を祈念するものである．

　2005年11月

紅葉の美しい晩秋の京都にて

飯田　哲也

目次

はしがき …………………………………………………………………………ⅰ

序　章　日本の社会学に何が求められているか ………………………………2
　1　はじめに …………………………………………………………………2
　2　社会学の「拡散状況」と多様性 ………………………………………4
　3　魅力ある社会学を考える ………………………………………………7
　4　現代社会学への誘い ……………………………………………………12

第1章　マルクスと人間疎外 ……………………………………………………22
　1　はじめに …………………………………………………………………22
　2　マルクスの「社会科学」………………………………………………24
　3　疎外論と貧困論 …………………………………………………………29
　4　人間疎外の現局面 ………………………………………………………37
　5　おわりに──「こじ開ける」発想── …………………………………41

第2章　ジンメルと地域社会──地域集団の自己保存── ……………………46
　1　ジンメル社会学のエッセンス …………………………………………46
　2　ジンメルの自己保存論 …………………………………………………51
　3　地域社会の自己保存 ……………………………………………………56
　4　地域社会の再生のために ………………………………………………67

第3章　ウェーバーと経営組織──「神の死」と「官僚制の死」？── ……72
　1　ウェーバーと現代 ………………………………………………………72

2　ウェーバーの視点——合理化論と方法論—— ……………………73
　　3　ウェーバーにおける資本主義と官僚制組織………………………76
　　4　現代企業における2つの官僚制問題………………………………85
　　5　「神の死」と「官僚制の死」：結びにかえて………………………91

第4章　デュルケムと犯罪——現代社会における欲望と道徳的連帯の失敗——…98
　　1　デュルケムという社会学者…………………………………………98
　　2　デュルケムの主著からみる足跡 …………………………………102
　　3　デュルケム社会学における犯罪への視覚 ………………………108
　　4　社会現象としての犯罪——豊かな個人主義社会における生存の安逸と存在の不安—— ……………………………………………………113

第5章　マンハイムとポストモダン——相関主義とデモクラシー——……124
　　1　はじめに ……………………………………………………………124
　　2　知識社会学と時代診断論 …………………………………………125
　　3　相関主義とデモクラシー …………………………………………134
　　4　ポストモダニティとしての日本社会 ……………………………139

第6章　ヴェブレンと教育——ビジネス至上主義を超えて—— ……………150
　　1　ヴェブレン——その今日的意義—— …………………………………150
　　2　ヴェブレンの大学論——『アメリカの高等教育』を読む—— ……155
　　3　詐術としての大学——経済のグローバル化の中で—— ……………160
　　4　ヴェブレンと日本の学校——初等中等教育が示唆するもの—— …167

第7章　ミードと外国人労働者——エスニシティの壁を超える条件—— …176
　　1　ミードから社会学へ ………………………………………………176
　　2　ミード理論の方向 …………………………………………………180

3　ミードの理論構成とエスニック問題 ………………………………185
　　4　日本の中のエスニック問題──日系外国人の就労と生活 …………190

第8章　ハーバーマスと公共性理論の現在──「公」と「私」の社会学 …202
　　1　はじめに …………………………………………………………………202
　　2　ハーバーマスの公共性理論 ……………………………………………203
　　3　新しい社会運動と非営利セクター ……………………………………211
　　4　公共性と共同性 …………………………………………………………217
　　5　結びと展望──いくつかの公共性── …………………………………219

第9章　ブルデューと社会的排除──社会的身体の視点── …………………224
　　1　はじめに …………………………………………………………………224
　　2　ハビトゥスに拘束される行為者 ………………………………………226
　　3　ハビトゥスが産み出す世界 ……………………………………………230
　　4　文化と排除 ………………………………………………………………234
　　5　ハビトゥスの矛盾 ………………………………………………………238
　　6　おわりに …………………………………………………………………243

第10章　レギュラシオン理論と現代資本主義の危機──「福祉国家」
　　　　の解体・再編と貧困の装置化── ……………………………………248
　　1　はじめに …………………………………………………………………248
　　2　レギュラシオン理論による戦後福祉国家の危機分析 ………………249
　　3　新自由主義と戦後福祉国家の解体 ……………………………………254
　　4　「ネオ・フォーディズム」への再編による戦後型労働・
　　　　生活様式の解体 ………………………………………………………261
　　5　おわりに──セーフティネットの再構築にむけて── …………………272

終　章	S教授と現代社会学——社会学をめぐるショートショート——……276
1	S教授，1回生の女子学生と語る ……………………………277
2	S教授，中国からの留学生と語る ……………………………279
3	S教授，卒業生と語る …………………………………………281
4	S教授，若手研究者と語る ……………………………………282
5	S教授，旧知の助教授と語る …………………………………284
6	S教授，前学長と語る …………………………………………286
7	S教授，酒屋の店主と語る ……………………………………288
8	解題 ……………………………………………………………289

序章 日本の社会学に何が求められているか

Tetsuya Īda

序章
日本の社会学に何が求められているか

1　はじめに

　社会学とはどんな学問なのか，社会学的方法・視角にはどんな特徴があるのか，社会学は実際に役に立つのか，そして社会学はこれからどんな方向へ進むのか．

　現在，日本の社会学については，このような根底的な問いかけが必要であるように思われる．ひるがえって，日本の社会学の歴史を紐解けば，いわゆる明治期という100年以上も前に遡ることができるが，その後の社会的激変にともなって，社会学の特徴は変化という言葉では言い尽くせないほどに大きく変貌している．したがって，21世紀初頭の現在，日本の社会学に何が求められているかという問題に対しては，ここ20年ばかりの社会学の動向について簡単に指摘することからはじめるのが適切ではないかと思われる．

　日本の社会学が理論研究と具体的現実研究の両面でその性格がかなりはっきりしてくるのが，1970年代の中頃である．しかし，理論的発展および日本社会の全体像を明らかにする方向へは必ずしも進んでいないようである．ここ20年余りの「社会学的研究」の特徴的動向について簡単に指摘するならば，理論研究では欧米の理論の検討・受容が多く，いわゆる領域社会学においても新たな視点というかたちでの受容が多い．領域社会学と一応は見なされる分野では，一定の歴史的蓄積のある社会分野はともかくとして，社会的事実の「研究」が社会学的アプローチと称して「自由に」進められる動向が支配的になっている．そこには社会学として独自の性格を示すような求心性

がきわめて乏しく，「拡散状況」とでもいう以外には表現できないような状況がもたらされている．多様なアプローチが必ずしも発展を宿しているとはかぎらないという意味で，「拡散」と「多様性」の違いについて確認することが社会学の死活問題になっているとも言えよう．

他方では，理論「研究」においても似たような状況にあり，2つの特徴的動向を指摘することができる．ひとつは，学説史と社会的現実をあまり考慮しない「理論研究」の横行である．具体的に指摘するならば，社会的現実との関連で「現在なぜそのような研究なのか」が定かでないこと，学説史との関連では，異なる立場や関連する理論史が背後にほとんどないものが多くなっていることなどである．たとえば部分的な社会的事実をただ整理して示すだけという実態調査「研究」にも似て，ある限られた時期の「理論的見解」についてきわめて狭い範囲で論じる「研究」を挙げることができる．さらには，方法ではなくて手法や単なる視点を理論・方法としているということをも指摘することができる．

以上，簡単に指摘したような動向が増えた結果として，理論研究と現実研究の乖離という好ましくない傾向が強まっているように思うのは果たして私だけであろうか．加えて日本の社会学の史的展開の総括，とりわけ戦後60年のそれがほとんどなされていないことを，社会学理論分野でも領域社会学の分野においても指摘することができる．いささかむずかしいことをいったのは，本書には2つの欲張った狙いがあるからである．ひとつは社会学研究を専門とする人たちへの問いかけという狙いであり，もうひとつは社会学について学習してみようという人たちを社会学に誘うという狙いである．前者について一言だけいっておくならば，何を問いかけているかについては，本書全体で判断すればよいであろう．後者については，誘う理由と誘いには人が生きていくうえで意味があり，社会学を学習してみようという受け止めができるような展開を目指そうと思う．

本書における社会学の誘いについては，これまでも言われていたことであ

るが，初学者にとっては，社会学はよくわからないというかたちで敬遠されるか，性格がやや曖昧であるから面白いと受け止められるかのどちらかであり，前者への傾きが大きくなっているのが現状ではないかと思われる．この2つの受け止め方に対して，前者については「わかるように」，後者については「曖昧ではない」面白さを示すことが大事であると考える．そのためには，理論についてはただちには理解しがたいような言葉を並べなくても「わかる」表現が要請されるのであり，現実については理論と関連づけて社会的現実の組立て方を例示する必要がある．そのような展開の追究が，先に指摘したような状況を打破することにもなるので，社会学のあり方の方向を具体的に示すことが目指される．そのことが社会学への関心を喚起することになると私たちは考えているが，これまでの発想にとどまっているように思われる社会学の現状のもとでの新たな主張なので，理解を得るための重複を厭わないで述べることになろう．

2　社会学の「拡散状況」と多様性

▼「拡散状況」を具体的に考える

社会学の「拡散状況」に対する憂慮については，私の執筆した著書・編著・論文などでここ数年間機会がある度に表明しており，そのような状況は社会学の発展や普及にとっては好ましくないと考えている[1]．「拡散状況」とは次の項で述べる多様性とは違うのである．その違いとは社会学としての求心性あるいは共通の性格がないに等しい状況を意味する．このように抽象的にいってもわかりにくいので，具体例を挙げよう．

日本社会学会大会で設定されているテーマに「拡散状況」の具体例を容易に見出すことができる．2000年度の分科会には，「学史・理論」からはじまって「高齢者」まで22のテーマが設定されている．さらにはその報告内容がはたして社会学的研究といえるかどうか疑問に思われるものもある．2つば

かり例示しよう.「タイにおける女性の経済的役割と性産業」,「生命倫理の社会哲学」, この2つのテーマから社会学に共通する性格が見えてくるであろうか. もうひとつの例としてこれまでの出版実績からは意外に思われるかもしれないが,『岩波講座「現代社会学」』(1997年前後に刊行) を挙げることできる. 全26巻に別巻を加えたこの『講座』の巻の表題を若干ピックアップすると, 現代社会の社会学, 成熟と老いの社会学,〈聖なるもの／呪われたもの〉の社会学, 差別と共生の社会学, 環境と生態系の社会学などなど, 最後の例がかろうじて領域社会学といえそうである.

このような全体としての社会学の状況が領域社会学にも波及している. 富永健一はこれまで主に連字符社会学といわれていた各論的な社会学に領域社会学という表現を与えたが,「拡散状況」を考えるならば, 単なる視点・注目点ではない社会・生活領域を対象とするという意味での表現として妥当であるといえよう[2]. 領域社会学の例としては, 家族, 地域, 職場あるいは労働, 教育あるいは学校, 文化 (これにはさらにいくつかの領域がある), 環境などを挙げることができる. これらの対象領域が社会・生活分野として社会的現実の構成部分をなしており, これらへのアプローチとしてなんらかの方法, 視点, 特徴づけが社会学においては複数存在しているのである.

社会学の研究者としてそれなりのキャリアのある人たちでも, そのような状況 (動向) や言葉の使い方に意外と気づいていないのではないだろうか. その人たちは明言するかどうかはともかくとして, 自身では社会学をやっていても, 他者の「社会学的研究」に対してはどうであろうか. ある学会誌から査読依頼があった投稿原稿を具体例として挙げることができる. 調査した事実 (しかも調査をしなくてもおおよそ推察できる実態) を若干の数字データもまじえてただ整理しているだけという原稿である. 社会学的研究の必要条件がほとんどないに等しい整理である. 簡単に指摘するならば, そのような調査研究がこれまでなかったというのが「研究理由」らしいが,「現在なぜそのテーマなのか」がわからない. したがって, そのような調査研究から

はさらに発展させる課題も見えてこない．とりわけなんらかの「社会学的視点」がないことも指摘しておいてよいであろう（指導教授はどのように対応しているのであろうか）．学会誌に実際に掲載されている論考には（私の査読の仕方と似たような査読を通過しているはずなので）さすがにそのようなものはないが，いろいろな学会大会における自由報告には大同小異のものが多いようである[3]．

▼社会学の多様性

　上に述べたことは，日本の社会学にとって好ましくないと思われる展開と現状であるが，好ましいあるいは魅力ある性格・方向もあるのである．そこで好ましい方向へ進むにあたって，好ましくない「拡散」と多くの可能性を宿していて興味深い多様性の違いについて，きちんと確認しておく必要がある．次の魅力へつなぐ意味で多様性について考えてみたい．

　多様性は社会学の宿命といえるかもしれないが，多様性という性格が社会学の魅力であるとともに社会学の発展に結びつくという意味で，出発にあたってその事情についてきちんと確認しておくことが大事である．社会学の多様性には２つの理由がある．ひとつは，社会学の史的展開による多様性である．詳しく示すと社会学史の展開になるので，興味のある者は独自に文献に当たればよいであろう．ここでは史的展開の例示だけを示しておこう．歴史的には初期綜合社会学からはじまって，形式社会学，文化社会学あるいは知識社会学へと展開しており，さらに現代社会学といわれているものを若干例示すると，構造・機能分析，現象学的社会学，交換理論，エスノメソドロジーなど，そしてハーバーマス，ブルデューといった社会学者の名で知られている諸説を挙げることができる．

　もうひとつは社会的現実による多様性に対応する社会学の宿命とでもいえる多様性であるが，これは社会学の魅力に直接結びつく多様性である．すなわち，社会学は「現在科学」として成立したともいわれていること，および

「近代社会の科学的自覚」ともいわれている社会学の性格による多様性である．社会的現実の変化そして新たな問題が次々に出てくる社会状況のもとで，「現在科学」であるがゆえに立ち向かうことを求められるテーマが多様であることはいうまでもないであろう．そして「近代社会の科学的自覚」は社会と人間に対する何らかの主導的意識とかかわって方法や焦点の当て方の多様性に結びつくことになる．わかりやすくいえば，同じ社会的事実でも，方法や焦点の当て方の違いによって違って見えるということである．

そこで，「拡散」と多様性の違いについて一般的に確認しておこう．「拡散」は多様性に見えるかもしれないが，2つの意味で多様性とは異なる．ひとつは，社会学の史的展開，したがって研究史がほとんど考慮されていないことであり，必然的に異なる諸見解や異なる時代・社会を考慮しないこと，つまり歴史意識の乏しさである．もうひとつは，そのことと不可分に関連しているのだが，社会学の方法的原理と性格づけについての自覚が欠如していることである．やや物議をかもしだすような例を挙げておこう．言葉だけは広く知られている「ジェンダー」というのは，ひとつの視点としての活用には一定の意義があるかもしれないが，「ジェンダー的方法」とか「ジェンダーの社会学」はありえないのである．

3　魅力ある社会学を考える

▼社会学の魅力とは

他の学問にはない魅力が社会学にあることをここでは強調しようと思う．社会学には2つの魅力がある．ひとつは他の社会科学にはない（性格が異なる）多様性という魅力であり，もうひとつは社会的現実を「自由に組み立てる」という魅力である．すでに前の節で簡単に述べているように，「現在科学」としての社会学における多様性とは，新たな社会的現実や問題性が具体的に提起する多様性を意味する．

現在ではほぼ周知のことであるが，いわゆる環境問題はその種の新たな例であろう．広い意味での生活空間の問題であるが，かつては公害問題として論じられることが多かった．しかし現在では，公害問題を含みつつもより広い新たな問題（ゴミ問題から地球環境問題まで広範囲）として解明と対応が提起されている．「子育て問題」は異なる意味で新たな社会的現実であるといえよう．かつては「子育て問題」は社会的には問題にもならず，その評価はともかくとして昔ながらの仕方で祖母あるいは姑から若い母親に受け継がれていたが，現在では若い母親の「子育て学習」が独立したテーマになるという変化が認められる．この他にも，それぞれが自分の関心に応じて多様なテーマを設定することができる．つまり社会・生活におけるいろいろな新しい問題がテーマと成り得るということである．

　テーマの多様性は社会学だけの魅力ではないかもしれないが，他の人文・社会科学とは違って，多様なテーマがあり得る中でテーマに関連する素材に基づいて「自由に組み立てる」というのがもうひとつの魅力である．しかも新たな社会的現実や問題性そのものがそのような解明を要請しているのである．この2つの魅力は，問題のトータルな解明の可能性とかかわって，あるいは問題の所在を現実的根拠として，単なる理念の提示，「かけ声」，願望ではないかたちでの未来への展望を開くことにも結びつくであろう．そしてそれは社会学の科学としての存在意義であることをも意味する．

　そこでこのような魅力をどのように活かしていくかが大事になるが，そのためには次の項で述べる組み立てを進めていくにあたっての前提的な確認あるいは必要条件について簡単に述べておきたい（「拡散」に陥るような勝手な「自由」にならないために）．歴史的な見方と社会学の性格づけをある程度身につけることが不可欠である．歴史的な見方は2つある．ひとつは，それぞれのテーマに関連する歴史である．先の子育てを例とすると，高度経済成長以前の子育てはどうであったのか，その後はどのように変化したのか，そして現状と問題点などという見方が想定される．もうひとつは，社会学そ

のものの歴史的展開の簡単な確認とテーマに関連する研究史のフォローである[4]．

　このような学習によって，3つのことを得ることになるであろう．ひとつはいろいろな事実についての新たな知見であり，もうひとつはいろいろな見方・考え方についての新たな知見であり，それらに多く親しむことによって組み立ての材料が豊かになるのである．この2つは社会学を専門とする研究者にとっても同じである．いや，専門家の営みはそのような作業の連続であるはずである．そのようないろいろな知見に思いをめぐらすと，3つには，社会学の性格がおぼろげながらも浮かび上がってくるはずである．言い古されたことではあるが，「社会と個人」問題をめぐる社会学の性格にほかならない．

　やや一般化していえば，「社会」をどのように考えるか，「個人」をどのように考えるか，そして両者の関係はどうであるか，ということである．これまでの知的遺産からは，「社会」がいろいろな範囲といろいろなレベルでの関係として浮かび上がってくるはずであり，個人はそのような関係の中で生活を営んでいるはずである．そうすると両者の関連が当然問われることになる．そこで，社会学の性格づけをさしあたり次のようにまとめておくことにしよう．この章の最後にも触れるが，社会学は自分自身をも含めての人間形成といろいろな関係の形成に焦点を当てる性格の科学であり，「社会」はさまざまな外界として人びとの生活活動などを条件づける位置を占めている．この社会的条件は一見与えられたもののように見えるが，人間たちのさまざまな活動（生活の営み）によって産み出されたものである．したがって，そのような社会学の性格から社会的条件の変更も含めて両者の関係が問われることになり，この意味では私たちが生きていくことと不可分に結びついている．

▼組み立ての意味

　テーマの多様性という魅力は社会学だけのものではないかもしれないが，多様性という性格を活用して社会的現実を自分で自由に組み立てることこそが社会学の最大の魅力である．先にも「拡散」に陥らない留意点について若干述べたが，ここでは組み立てをさらに積極的に目指す方向について考えてみよう．C. W. ミルズは「社会学的想像力」という表現によって，社会学的思惟方法を特徴づけている．別の表現をすれば，社会学の魅力とは「社会学的想像力」を養い，それを自由に駆使することにあり，組み立てとはその駆使の仕方にほかならない．そこで「社会学的想像力」を駆使するにあたってぜひとも必要なことを確認しよう．一言でいえば，いろいろな見方・考え方といろいろな事実・問題に親しみ，この両者を結びつけて考えてみることである．そのために注意する必要があることをやや具体的に述べる．

　まず確認する必要があるのは，社会的事実と社会的現実とは違うということである．社会学的研究と称されるものには，この違いが自覚されていない場合が多いようである．「何でも見てやろう」と町であろうと農村であろうとその他いろいろなところをなんとなく見て歩くだけでは，社会的事実についての見聞が広がるだけである．つまり，社会的事実とは，マスメディアの報道あるいは日常生活での見聞・体験そのものである．多い少ないの差はあるが，社会的事実についてのなんらかの知識をすべての人はもっており，具体例としてはクイズ番組におけるいろいろな事実についての知識を想起すればよいであろう．具体例を挙げるならば，鎌倉幕府を開いたのは源頼朝であって足利尊氏でもなければ徳川家康でもないとか，シェイクスピアは「ベニスの商人」を書いたが，「ファウスト」や「神曲」を書いてはいないとか，といった知識である．そのように多様な社会的事実がそのまま社会的現実になるわけではなく，いろいろな社会的事実という素材を組み立てることによってはじめて社会的現実が構成される．源頼朝，北条時政，その他関連する人びととの名前や出来事についての知識（そのような人びとが存在しいろいろ

な出来事があったという社会的事実)だけでは鎌倉幕府のあり方という社会的現実を構成することはできない．

　先に必要であると述べた2つのことによって得た「社会学的想像力」を使って自らの思考を自由に羽ばたかせることが，社会的現実を組み立てることを意味する．このような自由はいわゆる「評論家」的な自由とは異なるのであり，そのためには一定の歴史認識と知的遺産の継承が不可欠である．一時期マスコミを賑わした「ライブドアの株式取得」問題について，ある評論家が「1980年代にアメリカでもあったが，一過性のもので今はない」と発言したことがある．「1980年代にあった．今はない」は社会的事実であるが，アメリカではそのような現象が周期的に起こるという歴史的経過があって一過性ではないのである．歴史認識の欠如した「株式評論家」の例といえるのではないだろうか．知的遺産の継承については，人間が生きる営みそのものが人類の知的遺産を継承していることを考えるならば，「社会学する」こともまた例外ではないはずである．

　日常生活におけるいろいろな営み(具体的には飲食・住・衣・交友・娯楽など)では，人類の遺産を継承していない営みはないはずである．各人がかかわっている料理，掃除，洗濯，言葉，ゲームなどを想起すれば明らかであろう．人類の遺産を継承して組み立てることについては，出張などの遠距離移動を想起すれば容易にうなずけるはずである．〈東京―博多〉間を移動するには，江戸時代にはなかった新幹線，航空機，自動車という人類の遺産がある．交通手段，費用，所用時間などの知識の組み立てによって日程を企画するはずである．社会学における組み立ての場合には，移動のように目に見えるような材料とは違って，一般化された概念を使って現実を組み立てるので，ある程度の抽象力が必要であるが，いろいろな遺産の継承と自分なりの組み立てという思惟の仕方は基本的には同じである．

4　現代社会学への誘（いざな）い

▼社会学を面白くする

　「社会学は面白い」ではなくて「社会学を面白くする」としたのにはそれなりの意味があるのである．人間の生の営みにおいての面白さとは，人間の本質に合致した主体的な活動にあり，多くの人は実生活で面白さを体験している，あるいは，面白くしようとしているはずである．社会学の学習・研究も人間の生の営みのひとつだから同じことであるという当たり前のことをいっているにすぎない．社会学はすでに述べたような魅力に富んだ面白さ＝知的インタレストに充ちているが，座して待っているだけでは，あるいは方針もなく社会学に接しているだけでは，その面白さを味わうには不十分であり，場合によっては消化不良に陥ったり，小さな池にはまり込んでしまうかもしれない．

　本書の基本的性格あるいは狙いは，「拡散状況」でない多様性を示すことにあり，多様性に基づく組み立ての仕方を具体的に示すことによって，「面白い社会学」の道へ導くことにある．そこで，面白くない，あるいは，せいぜい自己満足にすぎないような「拡散状況」に飲み込まれることと対比して，面白く発展する方向について考えてみよう．

　ここで，面白くない「拡散状況」について簡単に再確認しておこう．「社会学はなんでもあり」と単純な薄っぺらい受け止めによる常識に近い仕方が「拡散」を拡大再生産するのである．「社会」の意味そのものの多様性と結びついて，マスコミその他で安易に使われている「～の社会学」という週刊誌の見出しのような「俗流社会学」は言葉の数だけ社会学があるという「拡散」を進めるだけである．これまでに述べたような「拡散状況」のマイナス面をきちんとわきまえることによって，逆に多様性をプラスに転化することもできるのであり，それはそれでまた社会学を面白くする仕方のひとつでも

ある．ではどのようにプラスに転化して面白くするか．

　出発点は「なんでも見てやろう」でよいのだが，大事なのはそこにとどまらないことである．すでに述べたように，いろいろな見方・考え方と社会的諸問題を含むいろいろな社会的な事柄に知的インタレストをもつこと，俗な言葉でいえば野次馬根性が旺盛であることが社会学にチャレンジするには大事なのである．やや余計なことかもしれないが，私は若い頃に東京の池袋で3時間以上も火事を眺めていたことがある．くだらないと思われるかもしれないが，そんな野次馬根性が他の社会学者にもあることからして，「何でも見てやろう」という関心のもち方は私だけではないようである．ただし，それはスタンスあるいは出発点であって，そこからいかに面白くするかということになる．

　見聞による事実からいかに組み立てる方向に進むかについて，私自身の例を紹介しよう．ある自治体の公民館の講座で講義をしたことがきっかけで，私は生涯学習に興味をもつことになった．例の野次馬的関心が働いて，受講した住民や公民館の職員との雑談的コミュニケーションをすることによって，地域で高齢者が求めていること，女性のグループ活動が多いこと，行政の工夫などなどの断片的な事実を得たことによって，生涯学習についての全くの素人がこのテーマに取り組みはじめたのである．具体的には公民館の戦後史と生涯学習についての諸見解を学習しはじめたのである．むろん機会をつくっていくつかの公民館にも足を運んだ．私自身は一応は専門家なので予測できたのであるが，私の中に2つの変化が認められるようになる．

　公民館の関連事項が単なる事実以上に見えてくることである．最初の見聞と関連させていえば，高齢者や主婦がなぜ公民館での学習を求めるのか，どの程度充足されているのか，行政の工夫にあたってはどのような制約があるのか，そしてそれぞれがどのように関連しているのか，といったことなどが少しずつ見えてくるのである．そのような事実から新たに見えてくる社会的現実（すでに私なりに組み立てをはじめている）に基づくと，生涯学習につ

いてのこれまでの諸見解（大部分が教育学者の見解であるが）に対して批判的評価が可能になるのである[5]．

　一般化していえば，これまでに述べたことをきちんと踏まえて進んでいくと，魅力ある意味ではもうひとつのもっとも面白い成果が生まれるであろう．それは「拡散」に陥っている好ましくない見方・考え方，「評論家」のもっともらしい言説を批判することができるようになることである．また普段の生活においても，マスコミ報道を事実としてはともかくとして，鵜呑みにして受け止めなくなるであろう．社会学の面白さはそのように普段の生活と不可分であることに求めることができる．

▼チャレンジの仕方について

　以上いろいろと述べてきたが，初学者（だけではないが）が社会的現実を独自に組み立てることが最初から簡単にできるわけではない．再び強調するが，具体的には2つのことに着目して組み立てる力を養うことが大事である．相対的に若い「プロ研究者」が「拡散状況」に気づかないでその中に埋没して「拡散」の拡大再生産をしているのは，そのような基本とは無縁な「研究指導」がされていることの結果ではないかと思われる．もっとも一般的にいえば，社会学の学習・研究においては，多くの異なる見方・考え方に着目すること，関心のある社会的諸問題に着目しながらも関心をその事実だけにとどめないことである．この2つは別々にあるのではない．この2つを学んでいくことによって，組み立てにチャレンジする指針やヒントが得られるはずである．

　1）考え方への着目について

　考え方に着目するとは一般に理論学習ということになるが，この面での社会学における知的遺産はたくさんある．これを学ぶにあたっては，2つの思考をめぐらすことが大事である．ひとつは知的インタレストそのものを充たすという意味での学習であり，これまでは自分の思考の中にはなかったのに

対して，「こんな見方・考え方があるのか」というかたちで吸収することである．ここで本書の展開を先取りして例示すれば，デュルケムのアノミー論とはどんな見方・考え方なのか，ブルデューのハビトゥス論とはどんな見方・考え方なのかなどを問うことによって，それらが知的インタレストを充たすに十分な興味深い性格をそなえていることがわかるはずである．本書の各章では，そのような知的遺産の活用の仕方が具体的な社会的現実を素材として示されているはずである．

やや先取りして具体的に例示すると，近代社会の問題性としての人間疎外について，マルクスは労働の自己疎外を軸として展開しているが，そのようなアプローチが唯一のものとはかぎらない．第1章では具体的に触れないが（詳しく展開するとそれだけで1冊の本になる），人間疎外をめぐる近代社会の問題性について，M.ウェーバーは合理化の進展に着目した．近代資本主義における合理的な経済活動の進展がいろいろな組織に官僚制化をうながし，目的合理性に基づく組織のもとでの人間活動・人間関係のあり方が容易に形式合理性に転化する可能性を宿している，という考え方が示されている．E.デュルケムはアノミー状況に着目した．アノミーとは，社会規範が動揺・崩壊（＝道徳的無規制）に面している社会状況のもとでの人びとの心理のひとつのあり方を意味する．具体的には欲求の肥大化のもとでの不満・焦燥などの蔓延状況のもとでの人間のあり方に近代社会の問題性を見る考え方をデュルケムは提示したのである（詳しくは第4章を参照）．テンニースはゲゼルシャフトの進展に着目した．人間関係そのものに意味があるゲマインシャフトに対して，近代社会において進展するゲゼルシャフトとはなんらかの目的のために他者とかかわりをもつ関係であるが，諸個人がすべての他者を自分の目的のための手段とするという関係の進展のもとで，目的の手段化という人間のあり方・関係のあり方に着目する考え方によって，近代社会の問題性が示されている．

近代社会における人間疎外という問題性についてだけでも，このようにい

くつかの見解があり，具体的にどの見解をどのように活用するかは自由である．自由な展開にあたっては，はじめから自らのオリジナリティとしてではなく，自分がなんとなく考えていることに近いあるいは賛同できそうだと受け止められる立場・見解を複数の諸見解の中から選んで，まずはそれに依拠して学習・研究しながら「社会学的想像力」を養うことを勧めたい．上の簡単な例示と同じように，社会的現実を組み立てるにあたって意味があると考えられる理論家を取り上げてやや詳しく論考するのが本書の性格であるが，そこで取り上げられている諸見解とは異なる展開＝着目点もあり得る．興味があれば異なる諸見解の比較へと学習を進めればよいであろう．そのような複数の社会学的思惟に接するにあたって大事なことは，社会学的思惟の仕方にこれが絶対的であるというものはないということを知ることである．と同時に，社会的現実と遊離しないことも銘記しておく必要がある．日本の社会学の今後はおそらくそのような方向で展開・発展していくであろうし，またそのような方向が望ましいと思われる．

2）社会的諸問題への着目について

しかし社会学への入り易さからいえば，社会的諸問題に着目することであろう．たいていの人は現在起こっているなんらかの社会的諸問題に関心があると思われる．すでに例として挙げた環境問題と子育て問題はいうに及ばず，関心をもつことができるテーマは，社会の出来事に少しばかり目配りしていれば，どこにでも簡単に見出せるであろう．しかも社会的な問題に対してはいろいろな組み立て方があり得る．最近は新たな社会的諸問題の噴出が激しくなっている．とりわけ，理由なき殺傷事件・凶悪な殺傷事件，これまでとはスケールが違うような詐欺・横領・汚職といった犯罪が横行していることはほぼ周知のことであろう．そのような事件に対してそれぞれのケースについていろいろな説明がなされている．現在起こっているそのようないろいろな問題（マスコミなどを賑わしているような出来事）は，果たして個人の心理・性格あるいは組織・システムのあり方だけに単純に還元できるであ

ろうか．また家族・地域・学校などいわゆる「悪者探し」的な見方で解明できる性格のものであろうか．

　個別的なケースごとの説明・解説（時には対症療法的対処法）では済まされない事態に現在は直面していると考えられる．ではどのように考えるか．高度経済成長による日本社会の激変に適切に対応しなかった歴史的な負の遺産に注目すること，とりわけその過程での人間のあり方の変化，それの別の現れである「社会」のあり様の変化に注目すること（歴史認識）が大事であるといえよう．マスメディアに登場する「有識者」の一部がそのような変化にごく最近ようやくかすかに気づきはじめたようである．一例だけ挙げると，日本道路公団の工事発注におけるいわゆる「談合問題」について，テレビ論議の中で「どうもこの頃は人間のあり方が変わってきたようだ」とS氏がチラリと発言したことは，これまでにはなかったことである．司会者のキャスターが「どう変わったと思いますか」と話を進行させず，ほとんど気にもとめていないので，それ以上には話は進まなかった．

　人間や「社会」のあり方の変化が重要な着目点だが，具体化するとどうなるか．ここでは私見として，これまでも機会があるごとに表明していることを，こんな風に考えてはどうかというかたちで参考として投げかけておくにとどめる．高度経済成長という過程において，経済至上主義的思考が支配的になるだけでなく，その終焉にともなって先行き不透明（あるいは不安定）な生活状況のもとでも，「生活の社会化」の進展のもとでますます多くの支出が強要されている，という社会的条件のもとで人間のあり方が変化したと考えられる．私は「生活の社会化」にともなう人間のあり方の変化については，心理的飢餓，主体性の減退，未来志向性の乏しさという特徴をこれまでに表明している[6]．

　以上述べてきたことは，本書の執筆者だけでなく，真摯な社会学者とはおおよそ合意できるはずである．まとめの意味も込めて繰り返し強調するが，社会学理論としての知的遺産とそれぞれのテーマについての知的遺産を参考

にして，自分の「社会学的想像力」を働かせることが「社会学する」ことへの道に通じる．

最後に，これは私だけの考えかあるいは相対的に多数の人びとの考えか定かではないが，日本社会のあり方と自分自身の生き方（＝生活）に思いを馳せることが大事であることを，強調したい．日本人として日本社会のあり方と無関係でないはずだが，話が大きすぎて無理だと思う人もいるであろう．とするならば，まずは身近な生活関係，集団・組織という「社会」のあり方に思いを馳せることからはじめればよいであろう．私の立場をあえて前面に出すと，「社会」のあり方がどれだけ民主的であるか，自分自身の生き方がどれだけ民主的であるか，そして，もしそうでないならばそれを阻む条件について考えればよいであろう．社会学的探求の行き着く先は，そこにある．

注

1) もっとも新しいものとして，飯田哲也『社会学の理論的挑戦』（学文社，2004年）pp. 13〜21を参照．なお，このような考えは私だけのものではなく，私と共同研究や論議をしている人たちからはおおむね賛意を得ている．
2) 富永健一『社会学原理』岩波書店，1986年
3) やや具体的に例示するならば，現在の家族のある側面のみを調査しただけの報告，ある時期のひとつの思潮のみについての報告などを挙げることができる．そのような報告はまさに「オタク」的報告であって，その小さな池からほんの少しはなれた関連質問には全く答えることができない，つまり研究の裾野が乏しく発展の方向が見えないということである．
4) 最近の学会での論議を例示しておこう．社会学専攻の大学院には，たとえば心理学とか経済学とかといった他の専攻の学部からの進学者が増えている．心理学専攻からの質問として「社会学には理論があるのかどうか，あるならばどんな理論なのか」という発言があった．社会学専攻に転向しながらも，研究史のフォローを全くしていない極端なお粗末な例である．
5) このようなきっかけから公民館の研究に取り組みはじめ，このテーマですでに2本の論考を発表している．「公民館と生涯学習（1）―生涯教育・学習論の現代的課題―」（立命館大学産業社会学会『立命館産業社会論集』第39巻第1号，2003年），「公民館と生涯学習（2）―『生活文化としての公民館』の提起―」（立命館大学産業社会学会『立命館産業社会論集』第41巻第1号，

2005年).
6) 飯田哲也『現代日本生活論』学文社,1999年,pp. 98〜106を参照.

参考文献
M. ヴェーバー（尾高邦雄訳）『職業としての学問』岩波文庫,1936年
C. W. ミルズ（鈴木広訳）『社会学的想像力』紀伊國屋書店,1965年
飯田哲也・中川順子・濱岡政好編『新・人間性の危機と再生』法律文化社,2001年
飯田哲也編著『「基礎社会学」講義』学文社,2002年
『月刊 情況』情況出版（どの号とは限定しない）

第1章 マルクスと人間疎外
―― 生活分野への疎外の拡大 ――

Karl Marx

第1章 マルクスと人間疎外
―― 生活分野への疎外の拡大 ――

1 はじめに

　社会学においてK. マルクスをどのように考えるかについては，取り上げないということも含めて多様に論じられてきた．しかも，明言しないで活用している場合はともかくとして，社会学者が「社会学として」論じる論考はきわめて少ない．社会学におけるマルクスをめぐる論考は，1980年代以降は低調あるいは停滞気味であるように思われるが，理由は2つあると考えられる．ひとつは，「マルクス主義」を指導原理とする社会主義社会の崩壊あるいは変貌が世界レベルで進行したことである．もうひとつは，これまで支配的であった「マルクス主義」ではとらえられないように思われる社会的現実の変化が進行したことである．むろん2つは別々にあるのではなく，このような社会的現実が「マルクス主義」のあり方に再検討を提起したことは確かなように思われる．

　しかし，マルクス（「マルクス主義」ではない）の諸著作には，社会学的思惟として重要であり新たに見直すことに意味のある見解が認められると，私は考えている．そこでやや専門的になるが，「今，なぜマルクスか」ということについて若干述べておきたい．というのは，上で指摘したマルクスをめぐる現実的および理論的状況がそのことを要請していると考えられるからである．詳述は避けるが，社会学においては「マルクス主義」と社会学の不幸な関係が続いていたことも（賛成か反対かいずれの立場にもいえることであるが）社会学における継承の方向が定かではなかったことにあずかってい

るといえよう．とはいえ，「マルクス主義社会学」の理論的追求の試みがなかったわけではないが，ごく少数を除いては社会学と社会科学の違いが必ずしも鮮明ではなかった．そのような中で社会学としての理論的発展の方向および課題が提示されてはいたが，展開が遅々として進まないままに多くは立ち消えになった．しかもそのような問題についての総括あるいは整理がほとんどなされていない[1]．

　ここ十数年の動向について考えてみると，マルクスとの関連では社会学においては理論問題がほとんど論及されないで，現実分析において若干の活用がなされているにすぎない．その場合も，マルクスの活用であるかどうかは必ずしも明確でないきらいがある．相対的に若い世代ではそもそもマルクスの諸著作があまり読まれていない（もっとも，読まれていないのはマルクスだけでなく他の古典もそうだが）．マルクスをそのように扱ってはたしてよいのであろうか．私はそうは考えない．具体的な応用は本章第3節以降に委ねることにして，まずはマルクス自身の見解をきちんと確認し，どのように活用できるかについて考えることにしたい．付け加えるならば，マルクス自身の諸見解から社会学が何をどのように活用するかというのが私の最重要な関心事なのであり，理論的発展を目指す追求はすでにいくつか試みているが，それらの試みにおいてはマルクス自身の諸見解にそのまま依拠するのではなく，主に方法的基礎として位置づけられている．そして，以前に多かった取り上げ方として，どのように解釈するかという文献考証学的な理解ではなく，100年以上経過した変化の激しい現在，社会的現実との関連でどのように発展的に継承するかを問い続けてきた．しかし，継承に値するマルクスの諸見解そのものについて直接には必ずしも十分に論及してはいない．この章では，本書の基本性格に基づいてこれまでのそのような論述とは異なる展開の仕方になるであろう．

2　マルクスの「社会科学」

▼マルクスの思惟過程について

　K.マルクス（1818-1883）の学問的営為は哲学，経済学，その他社会科学全般にわたっているが，ここでは社会学的思惟にかかわる点に関連させて考えることになり，その他の営為については必要なかぎりで触れるつもりである．マルクスの現実的課題はずばり資本主義社会としての市民社会の止揚であり，理論的課題も含めてあらゆる論説がこの1点に結びついているといってもけっして言い過ぎではないであろう．その背後には19世紀前半のヨーロッパ（主にドイツ，イギリス，フランス）において成立した近代社会の問題性に対する認識があった．すなわち，具体的には資本主義社会としての市民社会の人間疎外，階級対立，国家・資本家による人民収奪のきびしさ，労働者階級の貧困・疎外状態からの人間の解放が彼の現実的課題であり，その課題の解決の方向を市民社会の止揚に求めたのである．

　1）初期のマルクスについて

　マルクスの本格的な学問的スタートはヘーゲル哲学からであるが，ヘーゲルの市民社会認識に対して観念論的であるとする批判的立場から，唯物論的に乗り越えることが目指される．その思惟プロセスを簡単に見ておこう．まず初期の「出版の自由」についての論考では，検閲制度の存在への厳しい批判的見解が表明されており，ついで「木材討伐問題」についての論考では，人びとの具体的な生活のあり方と人為的な制度との関係に根源的に迫る性格のものとして，厳しい現実批判の構えが貫かれている．そして，「ユダヤ人問題」についての論考にも社会と人間のあり方に根源的に迫ろうとする思考を見て取ることができる．彼のこのような根源的（ラディカル）な思考という構えについては，「いかなる権威との衝突もおそれない」と彼が述べていることに示されているように，そこには徹底した民主主義思想が貫かれてい

ることを見出すことができる．

　このような徹底した民主主義思想が貫かれているマルクスの学問的歩みは，具体的な現実認識とその問題性の把握に基づいて，資本主義社会の根本的矛盾とその克服の主体的条件へはっきりと着目する方向へと進んでいくことになる．すなわち，労働の自己疎外のとらえ方として『経済学=哲学草稿』で展開されている疎外論においては，すぐ後で述べるような〈資本―賃労働〉関係の根源的矛盾の把握が明瞭に認められる．そして「理論も大衆の心をつかむやいなや物質的武器となる」という『ヘーゲル法哲学批判序説』での見解表明は，変革主体としての労働者の「発見」を意味するものである．現実認識に結びつくそのような思惟過程を経ての『ドイツ・イデオロギー』で示されている自己了解は，私のいう「方法的基礎としての史的唯物論」の成立という位置を占めている．

　2）史的唯物論の成立

　マルクスの基本的な立場としての史的唯物論は『ドイツ・イデオロギー』によって成立したとされており，私自身もそのように理解している．そこで示されている史的唯物論の骨格（あるいは基本的思惟方法）について簡単に確認することにしよう．彼が出発点とするのは「頭のなかでのみ度外視されうるような現実的前提である」．すなわち，生きて活動する現実的諸個人とそれを取りまく物質的条件が現実的前提にほかならない．簡単に言い直すならば，この世に存在するものは自然と人間だけであり（唯物論的思惟），したがって，人間と自然との関係および人間と人間との関係が人間たちの諸活動においてまず問われることになる．

　「人間自身は彼らの生活手段を生産しはじめるやいなや動物とは別なものになりはじめる．そしてこの生活手段の生産は人間の身体的組織のせいでどうしてもとらざるをえぬ1つの措置なのである．人間は彼らの生活手段を生産することによって，間接に彼らの物質的生活そのものを生産する」[2]．

　『ドイツ・イデオロギー』でこのように述べているように，マルクスは先

の前提から出発して〈生活の生産〉へとその論理を展開していくのである．このことは，人間疎外からの真の人間解放を目指す初期マルクスが措定した現実的課題からして当然であろう（人間疎外とは生活問題にほかならない）．社会の問題性に対する根源的把握のために徹底して経済学の研究に打ち込んだことについては，このような現実的課題抜きに理解することはマルクスの理論を人間不在の理論に歪めることになるであろう．

さて『ドイツ・イデオロギー』では，歴史と社会についての徹底した唯物論的見方が弁証法的思惟方法に基づいて展開されているが，ここでは社会学に引きつけて示す．〈生活の生産〉から出発して，人間と自然との関係・人間相互の関係を軸とした歴史発展の4つの契機として，生活資料の生産，新たな欲求の産出，他の人間の生産，協働様式の生産が導き出される．これらの唯物論的確認のあとにやっと意識の生産に辿り着くという論理展開になっている．意識は現実的（＝物質的）土台に基づいて生産されるという意味ではじめはすべて現実的意識であるが，やがて非現実的意識も生産される．そのような意識の生産の現実的土台としての具体的な歴史認識，そしてややユートピア的思惟を含んだ未来への展望についても言及されている．

▼多岐にわたる論及

総合社会科学として性格づけられるマルクスの思惟の基本には弁証法と唯物論が認められるが，ここではそれがいかなる思惟方法であるかには立ち入らないで，具体的な現実認識の仕方について述べる．『ドイツ・イデオロギー』以降のマルクスは，経済学の研究に多大のエネルギーを注ぐことになるが，むろん他の仕事（見解表明）もある．マルクスの理論的追究は，「近代社会の経済的運動法則を暴露することが本著の最後の窮極目的である」と『資本論』の序言で述べているように，そこに収斂する．

1）マルクスの経済学的研究について

マルクスは，〈資本―賃労働〉関係が支配的な社会の根源的矛盾をめぐっ

ては，生産力と生産関係を軸とする経済的諸関係に着目し，以降の研究の大部分は社会の「土台」としての資本主義的生産関係の経済法則を解明する経済学の研究に充てられることになる．具体的には「賃労働と資本」や「賃金，価格および利潤」などの小論を経て『経済学批判要綱』『経済学批判』などで理論化を深め，大著『資本論』へという思惟過程をたどる．それらは，彼の現実的課題である資本主義社会としての市民社会の止揚にとって，社会変革における客観的条件の認識に結びつく理論化としての意味をもつものである．この研究は，疎外論・貧困論に直接結びつく性格のものであり，後でやや詳しく述べる．

2）主体的条件について

では，主体的条件に結びつく理論化はどうであろうか．この問題をめぐっては，〈フランスにおける階級闘争〉についての3部作やエンゲルスの『ドイツ農民戦争』などの現実分析，そして最後の著作『剰余価値学説史』などにいくつかの示唆が認められるとはいうものの，経済学のような理論化までには至っていなくて，変革主体としての労働者階級の提示・その中核的位置づけを与えたこと，そして資本主義の矛盾がそのような変革主体を必然的に産み出すこと，という指摘にとどまっている[3]．

3）歴史・社会の見方について

次に，歴史および社会についての基本的な見方を確認する必要がある．一般には史的唯物論の定式として受け止められている『経済学批判』の序文にマルクスの思惟方法のエッセンスがほぼ示されていると考えられるのであるが，簡単化すると次のようになる．すなわち，社会の土台としての生産関係，生産力，生産様式へ着目し，これが人間の意識から独立した存在であるとされる．土台と上部構造という見方による両者の関係が「照応する」「条件づける」という表現で示されている．歴史的変化を捉える視角として，生産力と生産関係の矛盾という客観的条件の見方とそれの反映としての主体的条件という見方が示されているとともに，経済的社会構成（体）の発展とい

う人類史的思惟が認められる．なお，そのような歴史認識に基づいて，資本主義社会の矛盾とその止揚としての未来への展望についてもいくつかの著作で述べられており，主として運動論という性格であることを指摘しておこう．社会変動についての見方としては，基本的には歴史認識の基礎に生産力と生産関係の矛盾が措定されている．これが客観的条件に結びつく視角を意味するのに対して，階級闘争の措定とそれぞれの歴史的時期における被支配層（資本主義では労働者層）の重視という主体的条件に結びつく視角を提示していることである．

　4）若干の整理

　マルクスの思惟過程について最終的に整理しておこう．民主主義をベースとした個別的な社会的諸問題への関心からはじまって，人間疎外への問題意識（『経済学=哲学草稿』）を，表現の仕方はともかくとして〈資本―賃労働〉関係に注目し，資本主義的生産に基づく社会の矛盾へと認識が進展し，社会変革＝市民社会の止揚を課題とする．「理論も大衆の心をつかむやいなや物質的武器」となるという表現に示されてもいるが，変革主体としての労働者の発見（『ヘーゲル法哲学批判序説』）を経て，史的唯物論の成立（『ドイツ・イデオロギー』）をみることになる．以後のマルクスは社会の土台としての資本主義経済法則の解明つまり経済学の研究に全力をそそぎ，『経済学批判』を経て『資本論』へという過程をたどる．これらは社会変革にとっての客観的条件の認識に結びつく理論化を目指す研究を意味する．他方，主体的条件に結びつく研究は理論化までには至っていなく，変革主体としての労働者階級の提示（あるいは発見）にとどまっている．

　以上，簡単に概観したマルクスの諸見解から社会学的思惟としての着目点を私なりに整理しておく．人間疎外の原理的理解，社会関係のアンサンブルとしての人間理解，変革のための社会認識の試み，社会学の課題と解明の方向づけ，社会変革という実践的志向，変革主体産出の論理（形成の論理には至っていない）などを挙げることができる．そのような基本的思惟方法と結

びついて，階級，民族，文化などの見方にも論及されているが，それらは基本的思惟に基づく理解が必要なので，ここでは指摘のみにとどめる[4]．

3 疎外論と貧困論

▼疎外論について

　日本社会は豊かになったといわれている．いわゆる「経済大国」になったことはまぎれもない事実であり，そのような変化に照応して社会・生活・人間のあり方の変化した特質についていろいろと論じられている．しかし，人間生活がトータルに豊かになったのであろうか．そして，マルクスの諸見解は過去の遺物であろうか．すでに簡単に述べたように，マルクスの関心と論考は多岐にわたっているが，現在の生活問題あるいは生活のあり方を考えるにあたっては十分に活用可能である．すでに簡単に紹介したようにマルクスの多岐にわたる論考の中には，イデオロギー性が濃厚である見解あるいは激変した現在にそのままでは活用しがたい見解もある．ここでは100年以上経過した現在でも基本的には十分活用できるという意味で疎外論と貧困論に着目する．疎外論については，『経済学=哲学草稿』を軸に述べるが，その他の経済学的論考も関連する．貧困論については，『資本論』を軸として次の項で述べる．この場合，マルクス自身の見解を跡づけながらも，社会学の立場から彼の見解を発展させる方向を目指すことになろう．

　1）『経済学=哲学草稿』における〔疎外された労働〕

　『経済学=哲学草稿』は4つの草稿からなっており，資本，賃労働，地代，貨幣などについての「経済学的」見解，私有財産，ヘーゲル哲学批判などが述べられている．これらの論考には触れないで，ここでは第1草稿に収められている〔疎外された労働〕のエッセンスについて示す．ややむずかしい表現もあるが，具体的現実を想起すれば了解できるであろう．

　「労働者は，彼が富をより多く生産すればするほど，彼の生産の力と範囲

とがより増大すればするほど，それだけますます貧しくなる．労働者は商品をより多くつくればつくるほど，それだけますます安価な商品となる」[5]．

この文に「疎外された労働」のエッセンスが集約的に表現されている．

マルクスのこの段階における経済学的な基本認識では，労働者が商品に転落すること（「労働力商品」という思惟にはまだ至っていない），全社会が有産者と無産の労働者という両階級へ分裂すること，所有欲と競争が支配的になること，などが示されている．「疎外された労働」とは，そのような現実の必然的結果にほかならない．このことをマルクスにそくしてやや具体化すると，労働者が自分の労働の生産物に対して，ひとつの疎遠な対象に対するように振舞うことになる．労働と感性的外界との関係については，感性的外界は彼の労働の生活手段であることをやめるのであり，それは労働者の肉体的生存のための手段であることをやめる，つまり労働者が対象の奴隷となることを意味する．したがって，労働者は（精神をともなわない単なる）肉体的主体としてのみ実存しているにすぎないということになる．つまり，労働者は「動物的なもの＝人間的なもの」といったせいぜいその程度の主体的活動であるにすぎない．さらにしたがって，労働者は労働していないときに安らぎを覚え，労働しているときに安らぎをもたないことになる．

このように，労働者が自らも商品として商品生産という労働に従事することによって労働生産物とは疎遠になり，自らが生産したものに支配されるという現実から，疎外的実存＝〈自己疎外〉の本質が導き出される．マルクスはそのような〈自己疎外〉の本質を4つに整理しているが，社会学の立場からは，「活動」と「関係」を基軸とする思惟に着目することが肝要である．

第1に，自然あるいは対象あるいは生産物に対する関係において，それらが彼に敵対する疎遠な関係（存在）であるとされる．

第2に，労働の内部における活動あるいは生産行為に対する関係において，その活動が彼自身には属していないという疎遠な関係となるとされる．つまり，この2つの関係においては，労働生産物および生産活動における自

己疎外であることを意味する.

　第3に,上に簡単に述べた疎外によって,類からの疎外が導き出される.「類」というあまり聞き慣れない表現について若干説明しておこう.このような見方の前提として,人間が動物と異なる類生活を営む存在であることの確認が必要である.一般化していえば,生命活動の仕方がひとつの動物種の基本性格(＝類的性格)なのである.人間としての類的性格とは,自由な意識的活動にあり,とりわけ意識的な自己対象化という営み(＝生活手段の生産)によって直接的な生命活動ではない生活をつくりだすという類的存在なのである(動物は生命活動そのものとしての存在).疎外された労働は彼の本質としての生命活動を生活のための単なる手段とするという意味で,類からの疎外が確認される.

　第4に,上で確認した疎外から,「人間からの人間の疎外である」とマルクスは最終的帰結を示している.人間の諸活動そして活動の所産が労働者自身に属さないことは,それらが労働者以外の人間に属することにほかならない.これらのマルクスの見解をわかりやすくいえば,人間の非人間化あるいは人間性の喪失として受け止めればよいであろう.このような見解の背後には〈資本―賃労働〉関係とその関係が生産され続けるという認識があるが,この段階でのマルクスは理論的に明瞭には述べていなく,後の貧困論とかかわって経済学における理論的前進を待たねばならない.

　2) 発展的活用に向けて

　「疎外された労働」に関して,労働者における人間的本質(＝主体的活動)の喪失による非人間化というマルクスの見方について確認してきたが,さらには現代的な意味あるいは理論的発展を目指すという意味で,非労働者の場合に対するマルクスの指摘を確認することが大事である.出発点あるいは基本はむろん労働の自己疎外である.〔疎外された労働〕においては,マルクスは労働者の人間性の喪失について述べている.労働者は労働の外部ではじめて自己のもとにあると感じ,そして労働の中では自己の外にあると感じる

と，人間の活動（ここでは労働）すべては，ややむずかしい哲学的表現だが，自己外化（＝自分を外に打ち出すこと），自己対象化（＝自己外化によって）にほかならない．このような（主体的）活動が現代社会ではどのような性格であるかが問われるのである．

さて現代的活用あるいは理論的発展にあたっては，自らが生産した産物に支配されるというもっとも抽象的・原理的な「疎外」概念の確認が最重要である．ここでマルクスの疎外論の現在における活用の方向づけをするにあたって，私は2つの点に着目したい．ひとつは，疎外が労働者だけでなく非労働者（おおむね資本家・経営者，さらにはさまざまな集団・組織の管理的位置にある者）にも異なるかたちで現れることである（これについてはマルクスも若干言及している）．もうひとつは，この前提を現代的に発展させて考えることによって，労働現場だけでなく生活全般への拡大ということである．現在の諸個人にとっての外的世界は単に経済的生産分野にかぎらず，人間の諸活動の所産による外的（＝社会的）条件がますます増大するだけでなく，それら自ら産み出した所産による人間への支配がますます増大するというのが原理的把握の発展を考える方向にほかならない．

現在の日本社会（およびいわゆる先進資本主義諸国）は資本主義化がある意味では極限にまで進展している．「生産物」に着目するならば商品化の進展が極限にまで進展していることを意味する．注目する必要があるのはこの商品化の進展である．ある時期までは，商品は富（あるいは財）および労働力であった．しかし商品化の波は，すぐ後で述べる〈貨幣物神〉とも関連して，その範囲と大きさを増していく．マルクスは『経済学批判要綱』においてただ1ヵ所ではあるが，「あらゆるものの商品化」といういい方をしている．この点にかかわってはマルクスは具体的には展開していないが，現在の社会にこの指摘が見事に当てはまることに注目したい[6]．

〈貨幣物神〉についてはいろいろな表現の仕方があり，厳密に展開するとそれだけでもかなり多く述べなければならないので，ここでは異論のあるこ

とを承知で簡単に述べておこう．貨幣とはどんな商品とでも交換可能な一般的商品として，つまり商品交換の便利な手段として人間たちがつくりだしたものである．しかし人間が創りだした貨幣は，「金さえあれば何でも手に入る」ということに象徴されているように，「万能の神」として人間たちを支配するようになる．〈あらゆるものの商品化〉と〈貨幣物神〉という社会的条件のもとで，自然の変更も含めてこの世に存在するもの，単に物質的財だけでなく人間・関係・システム等々はすべて人間たちの諸活動の所産であるにもかかわらず，人間たちの手に負えないものとなって人間たちを支配している．「疎外」概念の基本は人間の諸活動の所産による人間の支配にほかならなかった．したがって，この両者の統合的把握によって，「労働の自己疎外」，労働現場の疎外つまり労働者の疎外状況だけでなく，非労働者，労働現場でない生活分野などへの適用の論理が認められることは明らかであろう．

　次の節でやや具体的に示すことになるが，具体的な現れ方は異なる．労働以外の生活分野での現れ方としては，日常生活における商品化の浸潤・拡大である．商品は人間たちがつくったものであるが，人は貨幣物神と結びついて自分たちの生産した商品によって非意識的に支配されている．非労働者（資本家および自営業者）における現れ方としては，資本あるいは貨幣物神にこれまた支配されており，ひたすら蓄財を追求することとして現象する．さらには制度あるいは組織において現れることをも指摘しておかねばならないであろう．これらもまた自分たちの活動の所産であるにもかかわらず，同じような疎外状況が認められるといえよう（疎外とは「疎外感」という意識の問題ではなくて存在の問題である）．

　先に簡単に指摘しただけの商品論や貨幣論そして資本主義化などについては，資本主義社会（あるいは資本主義的生産様式）の問題としての原理的理解が必要となるが，それは貧困論との関連において考えることをも意味する．したがって，これまた過去の遺物ではないという意味で，マルクスの貧

困論について考えよう．

▼貧困論について

　疎外論と不可分に関連しているマルクスの貧困論は，彼が主に経済学の研究に進んだことにより経済学として展開されており，『資本論』はひとつの集大成として性格づけられる．しかし，『資本論』という膨大な内容の本に全面的に触れるわけにはいかないし，その必要もないであろう．現在の貧困について考えるにあたって必要なかぎりにおいて絞って述べる．

　マルクスの『資本論』では，資本主義的生産における経済的貧困の必然性について，単純に「法則」や「流行りの数式」が抽象的に示されているのではなく，歴史的現実に言及しつつ展開されている．ここではもっとも原理的な経済学的確認としてやや単純化して示さざるを得ない（叙述の方法に一貫して認められる弁証法的展開には言及しない）．

　「資本制的生産様式が支配的に行われる諸社会の富は一の『厖大な商品集聚』として現象し，個々の商品はかかる富の原基形態として現象する」[7]．

　『資本論』の冒頭の文章であるが，ここにマルクスの資本主義についての基本認識が集約されている．以下では，必要と思われるキーワードを軸に思惟方法の基本について述べる．商品が端緒範疇として措定されており，商品論における基本概念をまずは確認することにしよう．資本主義的生産とは〈商品生産〉であるという確認がまず必要である．商品生産とは売る（交換する）ための生産であって，自分が使うための生産ではなく他者にとって有用な財（サービス）＝使用価値の生産である．したがって商品生産を理解するためには〈交換価値〉（あるいは単に価値）の措定が要請されることになる．マルクスによれば，交換価値は社会的に必要な労働時間によって決まるのであるが，具体的には価格として現象し，市場の条件によって価格は価値を軸にして揺れ動くのである．この価値を一般的に表す〈貨幣商品〉の確認はとりわけ重要である．貨幣とは商品の一般的価値形態，つまり，いつでも

どんな商品とでも交換可能な価値形態であることを意味する．商品価値は商品交換によって自らを実現する，つまり商品交換者という人と人との関係として存在するのだが，私たちの目にはそのような関係としては映らない．関係の所産ではなくて，その商品自体が何か価値を宿しているかのように映るのである．マルクスはこのことを〈商品の物神性〉と表現しているが，先にその基本性格を簡単に示したように，〈貨幣物神〉とは貨幣が商品の一般的価値形態であることによって商品の物神性を体現していることを意味する．

さて，商品交換の基本は〈等価交換〉であることについては多くを説明する必要はないであろう．具体的な商品，貨幣，労働力などの交換がおおむね同じ価値（と見なされる）の商品同士の交換であることは経験的事実であり，そうでないならば不当に高いと感じて交換しない（購買しない）ことになるであろう．したがって，〈資本―賃労働〉関係においても原則としては等価交換，つまり労働力の価値がそれに見合った（等価の）貨幣と交換される．では，等価交換に基づきながらも資本家はいかにして利益を得るか，これが剰余価値の生産の問題である．

資本家は，交換価値を有する商品を生産しようとする．生産のために必要な諸商品の価値よりも大きい価値を有する商品を生産しようとして貨幣を資本として投下する．剰余価値を了解するにあたってのもっとも簡単な資本の運動についての範式を示す．

$$G-W\genfrac{}{}{0pt}{}{\nearrow Pm}{\searrow A}\cdots\cdots P\cdots\cdots W'-W+w$$

（G―貨幣　W―商品　Pm―生産手段　A―労働力　P―労働過程　W'―生産された新商品，これらはすべて価値の大きさをあらわす．したがって W' は W に w が加わることを意味する）なぜ w という剰余価値が加わるか．労働力は労働過程において労働力の価値以上の価値を生産するからであり，これが剰余価値にほかならない．したがって，1日の労働時間つまり労

働日が長ければ長いほど，それだけ多くの（絶対的）剰余価値が生産されることになる．マルクスはこの労働日について，当時のイギリスの歴史的事例を数多く挙げて説明している．具体的には資本家は労働日をできるだけ長くしようとすること，労働力の価値が低いとみなされる女性と児童を長時間働かせることなどの事例である．

では，現在はどうであろうか．現代社会においてより重視する必要があるのは相対的剰余価値の生産である．マルクスによれば，相対的剰余価値の生産は労働日，労働の強度，労働の生産力によって決まるとされている．この生産の追求は蓄財欲と競争の必然的結果である．労働日については残業・休日出勤など，労働の強度についてはノルマの設定やベルトコンベアの速度などを，労働の生産力については新しい技術の開発などを，具体的に想起すればよいであろう．もうひとつの競争は，資本の蓄積を求めての相対的剰余価値の追求へと資本を駆り立てる．自由競争のもとでは商品が必ず売れるとは限らない．好況と不況の波があり，時には恐慌として爆発することがあることも歴史が示している．労働者すべてが必ずしも常に雇用されているとはかぎらない．いわゆる産業予備軍としての相対的過剰人口の産出にほかならない．これについてもマルクスは具体例，とりわけ当時のイギリスの救恤人口を挙げて述べている．

では，現在はどうであろうか．簡単に指摘だけしておこう．資本主義的生産の発展が一方の極に富の集中，他方の極に貧困の産出という両極分解をまねくこと，そして絶えず産業予備軍を産み出すこと，というマルクスの見方ははたして過去の遺物であろうか．いわゆる先進資本主義諸国ではそうではないように見えないこともない．しかし，グローバル化が盛んにいわれている現在，グローバルに世界を見るならば，初期資本主義段階ではひとつの国での傾向であった上記の現実は地球規模で現出しているではないか．いわゆる途上国における経済的貧困は広く知られているところである．さらに指摘できることは，先進資本主義諸国でも以前ほど極端でないにしても，継続し

てそのような状況が産出されていることである．いわゆる景気変動と関連して，失業率の増減がいつでも問われ続けており，日本におけるいわゆるリストラ問題やホームレス問題そして経済生活の不安定問題などは，マルクスの見方が過去の遺物ではないことを明瞭に物語っているのではないだろうか．これらの具体的現実については第10章で述べられるので，ここではマルクスの貧困論の原理から現在の経済問題も同じように導き出されるという指摘にとどめる．

4　人間疎外の現局面

▼現代生活の問題性

　すでに述べたことによって明らかであると思われるが，疎外と貧困は不可分の関係にある．この問題については，マルクスが〈生活の生産〉に着目したように，私たちもまた現代生活のあり方（＝生活の生産）に着目することが大事である．はじめに若干示唆したように，人間生活の豊かさについて考えるならば，『資本論』を軸としてマルクスが展開した「貧困論」とその実態は経済的貧困に焦点をあてたものである．「労働日」における実態に示されているように，初期資本主義の経済的貧困の必然性が見事に示されている．その後の資本主義経済は飛躍的に発展し，現在ではいわゆる絶対的貧困が若干あるとはいえ先進資本主義諸国ではおおむね解消されたかのように見える．

　しかし私見では，貧困は経済的貧困に限定されるものではなく，疎外的現実も最広義の貧困といえると考える．マルクスの貧困論は経済学的に展開されているが，ここから**社会学として**発展させることが，私にとっての問題なのである．事実としても「精神的貧困」という表現でこれまでもしばしば論じられている．しかし，「精神的貧困」という思惟と表現は具体性に乏しいだけでなく，主観的な指標の措定に陥りやすい嫌いがある．ではどのように

考えるか．すでに確認したように，「あらゆるものの商品化」および「貨幣物神」が広範囲に生活に浸透していることへ着目して，客観的に指標化し得る展開が求められると考えられる．私自身は生活理論としてすでにある程度展開しているが[8]，疎外的現実にさらに踏み込んで考えると，人びとの日常生活だけでなく国家政策・企業の政策まで含まれることがわかるはずである．基本は自らが作り出したもの（システムその他）の肥大化に支配されるのが疎外的現実であることを，ここで再確認しておこう．

　現在の疎外的現実について考えてみると，単に労働現場だけでなく多様な生活分野における社会的現実にまで及んでいると見なすことができよう．具体的には家族，地域，職場，学校などの生活現場であり，これらは私たちが日常的に体験している分野であり，問題行動や犯罪・自殺などの事件がトピック的にはマスコミで不断に報道されている．繰り返し強調するが，これらの生活の場を人間たちがつくったということが大前提である．次の項との重複を厭わずに，この項では問いかけというかたちで簡単に示すことによって，2つの問題性を提起したい．

　家族が，はたして家庭としての安らぎと人間形成の場になっているであろうか．つまり安らぎの家庭であると感じないで家族生活を営んでいる人が多くなっているのではないだろうか．あるいは子どものしつけをきちんとしない家族が多くなっていないだろうか．地域については「コミュニティの復権」が叫ばれているが，はたして住民の継続的な相互協力・共同の場となっているであろうか．地域の住民関係とは無縁な人びとが沢山いるのではないだろうか．にもかかわらず，そのような家族や地域は客観的には所属する人びとによってつくられたものである．教育の場としての学校や協同の場としての職場でも同じような問いかけができるのではないだろうか．その他の生活分野について指摘すれば際限がないほどの例があるので，「余暇分野」にかぎって指摘するならば，余暇産業の発展（＝商品化の進展）などによってこの分野でも人と人の関係がどれだけあるだろうか．自らがつくりだしたそ

のような日常生活の場（＝集団）が気に入らないとしても，人びとはそのような場と無縁に生活しているわけではない．

　このような問題性のひとつは，商品化を軸とする「生活の社会化」の進展が疎外的現実に拍車をかけることである．「生活の社会化」は便利でわずらわしくない生活を可能にしている．しかし，「生活の社会化」が進み便利になればなるほど費用負担が増えることは経験的事実であろう．したがって「稼ぐこと」が強要されることによって，時間とエネルギーの多くがそこに費やされることになる．生活の手段である稼得活動が生活の目的へと転倒する．日常生活が自分たちがつくりだした条件に支配される．

　もうひとつの問題性は，貨幣物神の現実が国家政策・企業政策へと容赦なく浸透していくことである．国家政策については，膨大な赤字財政と税金のムダ使いを指摘するだけで十分であろう．企業政策についても，儲けるためには経済のルールさえ守られないといった詐欺的な不祥事については，ほとんど連日マスコミ報道を賑わしている．まとめていえば，日常生活から国家社会にいたるまでの全社会的問題性としての性格を帯びてきているのが，現代の人間疎外をめぐる問題性にほかならない．

▼生活全般への疎外の浸透

　上の問いかけに対してやや具体的に考えてみよう．基本的には人間のあり方と関係のあり方における疎外的現実あるいは「精神的貧困」といわれている現実である．具体的には，時間・空間・関係・文化の貧困として整理して考えることが必要である．キーワードとしては，「人間の絆」の希薄化と「休火山的」問題状況を，措定することが適切であろう．この措定についてはこれまでの私の著書・編著の随所で言及していることなので[9]，簡単にそのエッセンスを示す．もっとも基本的には，そのような関係の生産が人間のあり方としての「問題状況」を産出し，人間が産み出したものを制御できなくしている．先の問いかけに対して若干具体的に考えてみよう．まず家族生

活では，相対的高所得を求めて夫は長時間労働，妻も可能なかぎり労働力を売り，子どもは未来の高所得を目指して受験勉強，そんな生活には「人間の絆」を希薄化しないような生活時間は確保されず，子どもはいつキレるかわからない（休火山）状況にある．学校ではこれまた相対的高所得を目指して，教師は（出世のため，あるいは経済的安定のため）生徒・学生の方を見ないで組織の上ばかり見ており，教師と生徒の「人間の絆」はきわめて乏しく，そうでない関係はきわめて少ない．地域の住民同士にも似たような「非関係の関係」に充ちている．さまざまに論じられているいわゆる社会病理現象とされている行為の頻発は，「休火山的」問題状況においては当然といえるであろう．これらは「自分主義」が蔓延していることの現れか，あるいは「自分主義」を蔓延させているか，さていずれが先であろうか．

　序章の終わりの方で (p. 16) で指摘したように，諸個人のあり方として心理的飢餓，未来志向性，主体的活動の乏しさが「自分主義」と不可分に関連している．私の編著『新・人間性の危機と再生』（法律文化社，2001年）はその具体的現実について展開したものとして性格づけられる．しかし，21世紀に入ってから問題性はさらに進展し，諸個人のあり方にとどまらない様相を見せている．個人レベルだけの問題にとどまらないとは，いろいろな集団，さらに上位の組織，国家社会にまで及んでいることを意味する．「自分主義」という言葉を「自分だけの狭い世界」にひたっている人間像としてこれまで措定してきたが，諸個人のあり方からさらに拡大したことによって新たな把握とそれに相応しい表現が要請される．

　再確認になるが，「問題状況」とは，高度経済成長を経た社会的条件のもとでの諸個人のあり方に焦点を当てるという見方による問題性である．この問題性が客観的には放置されたままで21世紀を迎えた．そのようなツケが全般的「疎外情況」をもたらしているという新たな現実に対しては，「問題状況」から「問題情況」へという見方が必要であると考える．そのような変化に相応しい言葉として，拡大された「自分主義」を「ジコチュウ」とした

い．そして「ジコチュウ」という表現が日常会話での発音と同じでわかりやすいのではないだろうか．

具体的に付け加えるならば，共同・共存・共栄の欠如が集団・組織・社会の支配的なあり方になっていること，それぞれが生き残りを賭けて「ジコチュウ」を軸に走っている（走らざるを得ない）という情況にほかならない．企業（的組織），大学，政治団体などの現実からこの情況を容易に思い浮かべることができるはずである．そのような情況のもとでは，「ジコチュウ」の具体的現れや問題性などを個別にとらえるだけではきわめて不十分であり，諸個人レベル，集団・組織レベル，社会レベルの相互関連の確認と他の社会分野を念頭に置いての個別的社会分野の位置づけが不可欠である．

社会学の基本性格に立ち戻って，どのように社会的現実を組み立てるかが今ほど問われている時はないであろう．ここでは多岐にわたるマルクスの諸見解のうち疎外論と貧困論の現代的な活用として，社会的現実の組み立てのひとつを示したに過ぎない．

5　おわりに——「こじ開ける」発想——

現代日本社会がこれまで述べたように問題性に充ちているとするならば，マイナス要素があまりにも多いので，認識として単純に組み立てるならば，「出口なし」という帰結になるであろう．単純な認識を超えて未来をどのように考えかつ活動するかが問われている．「疎外情況」の克服の方向を求めるにあたって，マルクスの思惟の2つに注目したい．

ひとつは，人間・生活・社会のすべてにかかわるという意味で，マルクスの思惟には徹底した民主主義がベースにあることであり（初期の「ルーゲへの手紙」など），もうひとつは，「フォイエルバハにかんするテーゼ」の〈テーゼ1〉に基づく人間存在の本質的見方である．そこでは，主体的活動，対象的活動，認識そのものも主体的活動といった人間存在の能動的側面が（唯

物論的に）簡潔に述べられている．「出口なし」とも見える現実に私たちはどのように対応するか．私は，上の2つの思惟から，「出口をこじ開ける」という発想と活動を主張したい．「出口なし」とも思われる情況は自分たちがつくったものである．だとするならば，主体的活動としての人間存在は，情況認識と情況に働きかけること（＝対象的活動）によって，「出口なし」という情況を変更できるはずであり，これが「出口をこじ開ける」という発想にほかならない．危機的なマクロな情況の変更は個人レベルではおそらくむずかしいであろう．しかし，すでに確認したように身近な生活現場では「こじ開ける」ことが，気が遠くなるほどはるか彼方の国家・社会レベルとは違って，日々の生き方では可能なはずである．その場合には，民主的人間像と日常生活における民主主義の追求がとりわけ重要であることを強調したい．

　ここでもまた社会学が「生きること」と直結していることが確認できるはずである．現代日本社会の問題性あるいは社会的諸問題は私たちそれぞれの生活とは無関係ではない．社会学的思惟に親しむことによって，そのような考えと生き方が豊かになるであろう．この章で取り上げたマルクスの思惟とその応用は，ひとつの原理的見方と応用の方向のひとつの仕方を私たちの日常生活の見方を軸として示しているはずである．まずは身近な素材によって社会的現実を組み立てる試みをしてはどうであろうか．

　これまで述べたことによっておおよそわかるであろうが，マルクスの疎外論・貧困論そしてそれを支えている基本的思惟の社会学における活用についてまとめると，思考を経済学・経済的分野にとどめないことが大事であることをまずは強調したい．すなわち，疎外を労働現場に限定して考えないこと，貧困を「古典的な経済的貧困」に限定して考えないこと，にほかならない．マルクスの諸見解について，私自身は（具体的に展開しなかったが）社会学の方法的基礎として性格づけるとともに，それを現在的にいかに社会学に活用するかを現実認識のスタンスとしている．この章は活用のひとつの例

にすぎない．そこで最後に，「課題と展望」などというおおげさなものではなく，私たちそれぞれが日々の生活において，こんな風に考えたらどうであろうか，この程度のことならばほんの少しだけその気になればできるのではないか，ということからスタートすることが人間本来の活動（＝人間性の発露）であることを主張してこの章を結ぼうと思う．

「できることから実行すること」を私は機会がある度に主張し続けることにしている．だから，ここでは特別新しいことをいうつもりはない．「生活の社会化」と「情報の氾濫」が私たちをかつてないほど多忙にしている．そんな中で自らがつくりだした集団・組織に支配されない時間をできるだけ多く確保する方向を追求することである．それはやがて集団・組織にも波及するであろう．疎外からの脱却・出口のこじ開けはそこからはじまる．

注
1) やや専門的になるが，「マルクス主義社会学」の理論的提示としては本田喜代治，布施鉄治などきわめて少数であり，社会科学としての提示として庄司興吉，矢澤修次郎などを挙げることができる程度である．なお私自身は，著書『社会学の理論的挑戦』（学文社，2004年）において前者の発展的継承を試みたが，これらの整理・総括およびさらなる展開を今後の課題としている．
2) K. マルクス「ドイツ・イデオロギー」（大内兵衛・細川嘉六監訳）『マルクス＝エンゲルス全集　第3巻』大月書店，1963年，p. 17
3) 3部作とは「ルイ・ボナパルトのブリュメール18日」「フランスにおける階級闘争」「フランスの内乱」を指す．主体的条件の形成についてはその後の「マルクス主義」においても理論化がほとんど進んでいない．ずばり題名とした，元島邦夫『変革主体形成の理論―マルクスとウェーバー』（青木書店，1977年）でもマルクス，レーニンなどの解説の域を大きく超えてはいない．私自身は，前掲書『社会学の理論的挑戦』第10章で理論的発展の原理的試みをしており，生産的論議にしたいと思っている．
4) 前掲書『社会学の理論的挑戦』においては，発展の方向も含めて展開の試みをしている．pp. 275〜279，310〜313，355〜375を参照．
5) K. マルクス（城塚登・田中吉六訳）『経済学=哲学草稿』岩波文庫，1964年，p. 86
6) テレビでのタレントあるいはいわゆる有名人の私生活（結婚披露宴，新婚

旅行，その他）が放映というかたちで商品化していることは，ほぼ周知のことであろう．いやそれだけでなく犯罪の被害者の親族までも同じような状況にさらされている．

7) K. マルクス（長谷部文雄訳）『資本論　第1部　上冊』青木書店，1984年，p. 113
8) 飯田哲也『現代日本生活論』学文社，1999年を参照．
9) もっとも詳しくは，同上書を参照．

参考文献

K. マルクス『経済学・哲学草稿』（岩波文庫　青木文庫など）
K. マルクス『ドイツ・イデオロギー』（岩波文庫，大月文庫など）
K. マルクス（長谷部文雄訳）『資本論』青木書店，1984年
飯田哲也『現代日本生活論』学文社，1999年
飯田哲也『社会学の理論的挑戦』学文社，2004年
布施鉄治『行為と社会変革の理論』青木書店，1972年
細谷昂『マルクス社会理論の研究』東京大学出版会，1979年

第2章 ジンメルと地域社会
——地域集団の自己保存——

Georg Simmel

第2章 ジンメルと地域社会
——地域集団の自己保存——

1 ジンメル社会学のエッセンス

　G. ジンメルは，1858年プロイセンの首都ベルリンに生まれ，1918年にシュトラスブルク，すなわち現在のフランス，ストラスブールで亡くなった．同時代の社会学者には，E. デュルケム (1858-1917)，F. テンニース (1855-1936)，T. ヴェブレン (1857-1929)，少し年下に M. ウェーバー (1864-1920)，G. H. ミード (1863-1931) がいる．

　この時期の社会学者たちは，社会学第2世代とよばれることもある．そして，上述の学者のうち，経済学と社会心理学をそれぞれ志向したヴェブレンとミードの2人のアメリカ人を除いた残りの社会学者たちには，社会学の学問としての確立，その方法論の基礎づけに，強い関心と大きな精力を傾けたという共有された世代的特徴を指摘することができる．

　この章では，このうちジンメルの社会学（＝形式社会学）を解説し，その現代社会への応用を論ずることになるが，手始めに彼の主張した形式社会学を距離・相互作用・意味という3つのキーワードを理解することで明らかにしようと思う．

　ジンメルは，自らの社会学の方法論の説明をいくつかの論文と本の中で行っている．ここでは，それらのうち，もっとも完成度が高い晩年の著作『社会学の根本問題』(1917年) をテキストにして見ていくことにする．

▼距　離

　ジンメルは，次のように述べている．

　「私たちが或る物体を二メートル，五メートル，十メートルの距離から見ると，そのたびに，物体は違った姿を見せるが，それぞれの姿は，或る意味において，また或る意味においてのみ『正しい』可能性があり，また，或る意味において誤りである可能性もある．例えば，眼を極度に近づけて見た絵の微妙な細部を，数メートル離れたところからの眺めに嵌め込んだら，眺めはひどく乱れた歪んだものになるであろう．（中略）如何なる距離にせよ，或る距離から得た姿には，それなりの権利があって，それを他の距離から生まれた姿に取り替えるわけにも行かないし，それで訂正するわけにも行かない．このように，人間存在の或る領域の『近く』へ行くと，各個人が他の個人からハッキリ区別されて見えて来るけれども，観点を遠くへ移せば，個人そのものは消えて，独特の形態及び色彩を帯び，認識及び誤解の可能性を含んで『社会』というものの姿が浮び上って来る．この姿は，諸個人が目立って見える姿に比べて，決して権利が劣っているものではないし，また，その単なる予備段階というわけでもない．ここに存在する差異は，単に異なった認識目的の間の差異であって，それに応じて，距離の取り方が違うのである」[1)]

　社会を考える思想には，原理的に2つの潮流がある．ひとつは，社会を個人の単純な総和として考える立場である．これを社会名目論という．この立場からすれば，社会というのは個人の集合を名づけた名目に過ぎない．これに対して，社会を個人の総和ではなく，それを超えたものとして考える立場もある．これを社会実在論という．この立場からすれば，社会は個人を超えた何かであり，社会は個人に還元されえない．

　社会学においてこの2つの立場は，ウェーバーとデュルケムにもっともよくあらわれている．ウェーバーは，『プロテスタンティズムの倫理と資本主義の精神』において，資本主義の勃興という大きな社会変動を個人の信仰の

問題として論じたし，デュルケムは『自殺論』において，自殺という個人的問題を集団の自殺率の問題として論じた．すなわち，ひとつの現象を考察する際に，それを個人の問題として考えるか，社会の問題として考えるかで，社会学にも対照的な2つの潮流が存在する．

この問題に対して，ジンメルは第3の道を主張するのである．引用文にあるとおり，彼は，個人に注目するか社会に注目するかは，認識目的による距離の取り方の違いだと看破する．そして，それぞれには，それなりの正当性があるというのである．これは，絵画における遠近法の社会学的応用である．しかし，それだけではない．これについてはまた後で述べることにしよう．

ところで，距離を操作すると，違ったものが見えるということは，認識とは抽象であるということである．どのような距離を取るにしろ，認識目的によって捨象されるものが存在している．では，何が抽象されるのか．それは社会にあって真に社会であるもの，相互作用である．

▼相互作用

「社会というのは，もともと，機能的なもの，諸個人の能動的及び受動的な活動のことであって，この根本性格から見れば，社会（Gesellschaft）と言うより，社会化（Vergesellshaftung）と言うべきものである．そう見れば，社会は，このように行われる相互作用によって結び合わされた諸個人のサークルに与えた名称に過ぎなくなり，これらの諸個人を，一つの統一体と呼ぶのは，相互作用によって完全に運動を規定されている物質のシステムを統一体と見るのと同じである」[2]

ジンメルは，このように社会の本質を社会化として，相互作用として把握する．そして何を考察単位にするのかは観察者にゆだねられるという立場をとる．ところで，相互作用は，2つのパースペクティブをもっていると考えることができる．

「個人や神による生産という二つの可能性のほかに，社会生活による諸現象の生産という第三の可能性が明らかになる．これには二つの意味があって，第一は，相互に作用し合う諸個人の共存関係による生産という意味で，これによって，個人だけでは説明出来ないものが個人のうちに生まれるということになり，第二は，諸世代の継起関係による生産という意味で，諸世代の遺伝及び伝統が個人自身の獲得物と分ち難く融合し，これによって，社会的な人間は，人間以下の全生物と異なり，単に後裔ではなく，遺産相続人になる．純粋個人的な生産方法と超越的な生産方法との間に入り込む社会的な生産方法が意識されるにつれて，すべての精神科学の中へ発生的方法というものが現われてきた．国家，教会組織，言語，道徳制度などという精神科学の諸問題を解決するための新しい道具が現われて来た．社会学は，分業によって他のすべての科学と区別された独自の対象を有する一つの科学であるのみならず，同時に，歴史科学及び精神科学全体の一つの方法にもなった」3).

　すなわち，彼の視点はある程度の時間を共有する相互作用のみならず，ある程度の空間を共有する世代の継起における相互作用へも向けられている．彼の距離化の論理を遠近法とのアナロジーで理解しきれない理由がここにある．絵画は一瞬を固定するが，ジンメルの目は歴史の流れにも向けられている．いわば，横の相互作用と縦の相互作用という2つのパースペクティブで相互作用が考えられているのである．

　ジンメルは，相互作用を抽象するものとして社会学を考えた．歴史過程にも前述の距離化の論理が適用されるとするならば，個別具体的な歴史を明らかにするのも，普遍法則としての歴史を明らかにするのも，いずれも正当性があり認識目的によって使い分けられるべきだということになろう．ヴィンデルバンドは，『プレルーディエン』において普遍的な自然法則を探究するのが自然科学であり，一回限りの事件を観察するのが歴史科学であるとした．またリッケルトは，『文化科学と自然科学』において，それに同意して

自然科学は法則定立的であるのに対して歴史科学は個性記述的であるとした。ジンメルは，彼らのような単純な二分法をとらない。歴史をどのように記述するのかは，認識目的によって多様な水準がありえると考えたのである．

▼意　味

　形式社会学が，相互作用を抽象するものであることはすでに述べた．では逆に捨象されるものは何であろうか．このことは，意味をどう取り扱うのかという問題にかかわっている．

　彼は述べる．「人間は，他の人々との共同生活，相互援助の行為，相互協力の行為，相互対抗の行為，相関関係の状態に入る．即ち，他の人々に作用を及ぼし，他の人々から作用を受けるようになる．この相互作用というのは，あの刺激としての衝動や目的をもつ諸個人が一つの統一体になること，正に一つの『社会』になることを意味する」[4]．このように「衝動」や「目的」は，相互作用を生み出すものであるが，相互作用の発生以前のものである．ジンメルは，それを「社会化の内容」とよんで，相互作用そのもの，すなわち「社会化の形式」と区別する．

　諸個人は，さまざまな「衝動，関心，目的，傾向，心理の状態や運動」を有する．そこから相互作用が生まれるのであるが，同じ社会化の内容が，同じ社会化の形式を生み出すとは限らないし，逆に同じ社会化の形式を生み出した社会化の内容は同じであるとは限らない．たとえば，売上を伸ばそうと考えた商店主は，他店と競争する場合もあるし，逆に他店と協調する場合もあるだろう．同様なことは，成績を伸ばそうとする2人の生徒にも当てはまるかもしれない．

　彼は，以上のように考えて「社会化の内容」を捨象することを主張するのである．ただし，誤解してはならないことがある．それは，形式社会学は，心理的なもの一般を捨象するといっているのではないということである．ジ

ンメルは，相互作用を生み出した個人の個別的な心理は捨象しようといっているのであって，相互作用を「心的相互作用（seelische Wechselwirkung）」と言い換えていることからも明らかなように，相互作用の関係の中にある心理的なものは抽象対象になる．このことが彼の社会学は，心理主義とも形容されるゆえんである．

さて，このように相互作用に内在する心理を抽象するという形式社会学の方法論は，個人の動機を重視し，社会的行為の意味を理解することを糸口にして現実を解明しようとしたウェーバーとも，「意図にかんするあらゆる問題は科学的に取り扱われるにはあまりに主観的」（『社会学的方法の規準』）として，個人を超えた集合的なものの把握に専心したデュルケムとも異なっている．それは，すでに述べたように，社会名目論にも社会実在論にも与しなかったジンメル社会学の必然的な帰結であったと言えるだろう．

2　ジンメルの自己保存論

前節では，ジンメル社会学の論述全体に貫かれている方法論を解説した．この節では，彼の具体的な考察を取り上げて紹介することにしよう．ここで取り上げるのは，中期の著作『社会学』（1908年）である．この本は，「社会学の問題」「集団の量的規定」「上位と下位」「闘争」「秘密と秘密結社」「社会圏の交差」「貧者」「社会集団の自己保存」「空間と社会の空間的秩序」「集団の拡大と個性の発達」の各章からなっている．これらの章のうちとくに第8章「社会集団の自己保存」に注目してみよう．

自己保存（Selbsterhaltung）という概念は，日本語としては耳慣れない言葉だが，啓蒙思想の中では，たびたび現れる言葉である．カントは，『判断力批判』の中で「種の自己保存」を論じたし，スピノザは『エチカ』の中で，「自己の存在に固執しようとする努力」を「もの本来の生きた本質」と述べた．またホッブスは『リヴァイアサン』の中で「征服行為における自己

の力を眺めて楽しむ者」がいる以上「他に対する支配の増加は自己保存のために必要であり，許されるのは当然である」とした．

　ジンメルはこうした哲学者たちが問題とした「自己保存」概念を集団に適用し，集団はどのようにして自己保存を果たすのかを論じている．ただしこの章は，本論とは別に「世襲官職についての補説」「社会心理学についての補説」「誠実と感謝についての補説」の3つの補説を含んでいる．このうち，「世襲官職についての補説」と「社会心理学についての補説」については，全体のテーマからそれる内容も多いので，ここでは取り上げない．以下では，章の本論で述べられていることを社会集団の自己保存論として，「誠実と感謝についての補説」で述べられていることを社会関係の自己保存論として読み解いてみたい．

▼社会集団の自己保存

　ジンメルが指摘する自己保存の第1の要因は，場所の持続である．同じ場所に存在し続けることは集団を自己保存させる力になる．先祖から受け継いだ土地を守ることは，その集団の永続的基礎になる．彼は「祖国の地所の具象性は，祖国愛の時間的な無限性の担い手と象徴」になるという．

　しかし，場所の持続は，ただそれだけでは社会的な統一体の永続を意味しない．たとえば，国家の全人口が征服集団に追い払われたとしたら，追い払われた集団と乗り込んで来た集団は別の統一体として語られるだろう．また，家族は居住地の変更に際しても，まったく同一のものとして存続する．ここから理解される自己保存の第2の要因は，心的統一体の存在である．「この心的統一体がそれなりにはじめて領土的な基礎を統一的なものにする」．

　第3の要因は，変化の漸次性である．集団の成員交替が少しずつ行われることによって，その集団は自己保存する．「所与のあらゆる瞬間の変化が集団の総体生活の少数のみをとらえているにすぎないという状態のみが，集団にあくまでも自己を保存することを可能ならしめる」[5]．

第4の要因は，同じく成員の変化に関係する．彼は「集団そのものの保存は，補充不可能なはかない人格との結びつきに苦しまなければならなかった」という．集団と人格が深く結びついてしまうと，その人格の離脱は集団の存続を危うくする．この観点から述べれば，支配者の地位を世襲にするのは，人格的な要素を集団から切り離して集団の自己保存を可能にする工夫だともいえる．人格が集団から分離していることが集団の自己保存条件になる．

　第5の要因は，象徴の存在である．「集団の団結の客観化は，個人的な形式をもまたきわめて広範にかなぐり捨てて，客観的な象徴と結びつき，この象徴はその団結の原因及び結果としてあらわれる」[6]．このことは，しかし，危険性を抱え込むことでもある．歴史は，旗や守護神や金庫や聖杯が奪われ破壊されると，その集団の結合が緩み，集団の解消を招くことを教えている．

　逆にいえば，破壊されない象徴をもつことは，集団の自己保存にとってプラスである．それゆえ死手（dead hand），すなわち，教会の所有地のように処分できない財産をもつことは，「結合体に破壊不可能な軸点と中心点とを，集団の自己保存の貴重な手段を提供する」ことになる．

　第6の要因は名誉．道徳が自律的で心の自由から行為をうながすものとすれば，法は超個人的な規範として，不行為あるいは不中止に対する刑罰を与えるものである．名誉は，いわば両者の中間にある．法は，内面的な制裁を与えることができず，道徳は身体的な強制をもたない．名誉は一部は内面的，また一部は外面的な命令として集団成員の正しい行為を促すことで，集団の自己保存に貢献する．

　最後の第7の要因は機関の形成である．集団は内部に分業的な機関を形成することで，自己保存を可能にする．こうした機関形成のメリットは3つある．第1に小さな集団をつくることは，「容易な移動，より急速な集合，より正確な決定」が可能になるということ，第2に，専門知識が欠如すること

から生まれる摩擦と対立を回避するということ，そして第3に，集団としての社会的水準を高い程度で保つことが可能になるということである．

▼社会関係の自己保存

「関係の保存を安定の形式において担う本質的な個人・心理学的動機を，人びとは誠実と呼ぶ」「感謝はひとたび結合した関係の切断を妨げ，関係がその積極的および消極的な種類の不可避的な攪乱にたいして，〈現状に〉保存されるためのエネルギーとして作用する」[7]

これらの言葉は，「誠実と感謝についての補説」の直前に書かれている．慧眼な読者は，この言葉に潜む彼の方法論的立脚点に気づいたに違いない．彼は誠実を関係の保存を安定させる動機だとし，感謝を関係を保存させるエネルギーだという．一般に考えれば，誠実も感謝も個人的な心理だろう．社会学の領域でも，たとえばハーバーマスは誠実性を演技的行為にかかわるものとして定義している．しかし，ジンメルはそうは考えない．自分に正直に生きるのが誠実なのか，他者との関係を大切にするのが誠実なのか，これは民族的，文化的な問題でもあろうが，ジンメルは後者の意味で誠実をとらえている．

彼によれば，無数の関係は，それをはじめに成立させた感情もしくは実際の誘因が消滅した場合でさえ持続する．これは誠実があるからである．破壊は建設より容易であるという真理は，一定の人間的な関係には妥当しない．たとえば，性愛的な関係は，身体上の美に基づいて成立するが，その美が消滅した後も，またそれが醜悪になったとしても，生き延びることができる．愛があるから結婚するのではなく，結婚から愛が生まれる場合もあろう．情熱は他の人に向かう場合であっても彼らとの関係をもつことを必要としない．これに対して誠実は，情熱のように前社会学的，すなわち相互作用以前のものではなく，「他者との関係の保存をめざす独特の感情のための語」である．誠実は，流動する生を固定し安定した関係形式に移し替える．関係の

自己保存を支えるのである．こうした関係への誠実がもっとも先鋭化するのが，背教者の場合である．背教者は，「元へは帰ることができないという鋭い意識」に基づいて，古い関係から常に拒絶され，新しい関係へと促される．

次に感謝について述べよう．ジンメルは感謝が果たしている機能について論じている．

彼が指摘する感謝の第1の機能は，法的秩序の補完である．法制度は給付と反対給付を定めている．しかし，日常生活においては，譲渡に対する等価物の強制が問題になりえないような無数の関係が存在している．たとえば，席を譲られた，量をおまけしてくれた，親身に相談にのってくれた，こうした関係では，感謝が必要とされる．こうして感謝は，先に論じた名誉と同様に，法を補完するのである．第2に，感謝は「関係の観念的な存続である」．感謝は関係がいつか久しく断続し，授与と受領の行いがはるか以前に終結した後でさえ，主観的残滓として生き続ける．第3に，感謝は「善行と善行者への反応を一様に包含する」．交換において「彼の性質，彼から流れ出る力と機能は，売物台の商品のようにたんに彼の前のみに横たわっているのではない」から，物的客体のみによる返礼は，まったく不十分である．このとき，感謝は人格に対して機能することになる．第4に，感謝は解消されない．彼はいう．「われわれはつねになお，かつてわれわれの感謝に値した者に感謝しつづけることができる．この要請にたいして心は無条件的に従順であり，あるいはそうであることができる．そのためおそらくは，感情の他のいかなる過誤にたいしても，忘恩にたいするほど何の容赦もなく有罪判決が下されることはないであろう」[8]

以上，4つの感謝の機能は，貨幣機能とのアナロジーで考えればわかりやすいかもしれない．第1に，感謝は支払い手段機能をもっている．法的な規制がない無数の交換関係で，感謝は支払い手段として機能している．第2に，感謝は蓄蔵手段でもある．感謝は，蓄蔵され将来有用なものに変えられ

る機能をもっている．第3に，感謝は価値尺度であり，与えてくれる者への価値を表現する．そして，第4に，感謝は単なる蓄蔵手段ではなくて，資本的な機能も有している．深く感謝する者は，返しきれない負債を抱え込む人と同じである．感謝は価値を自己増殖させる．

　これまで述べてきたように，誠実と感謝は社会関係を自己保存させる．逆にいえば，誠実と感謝が機能しない社会関係は短命に終わるということである．ここでは，とりあえず，このことを確認しておこう．第1節との関連でいえば，ジンメルは，自己保存というテーマを対象との距離の取り方を変えて論じていることが確認されるだろう．彼は，「社会集団の自己保存」の章の本論において，社会集団の自己保存の問題そのものを論じ，そして補説では，対象により接近してより微細な社会関係の自己保存の問題を論じたのであった．

3　地域社会の自己保存

　さて，ここからは現代日本の話である．集団と関係の自己保存というテーマで現代の日本社会を考えるとき，地域社会における集団と関係の自己保存ほど，世間の関心を集めている課題はないだろう．

　災害が起きるたびに，あるいは，犯罪が起きるたびに，地域社会の連帯が弛緩しているという指摘，あるいは連帯する必要性とその困難が叫ばれる．「昔とは違ってご近所づきあいが減っているので……」というのが，これらの問題を語る際の常套句になる．最近では，近隣同士で地域の問題解決に当たっている人びとを称揚するテレビ番組も存在する．現代日本の地域社会では，テレビ番組であえて取り上げねばならないほど，こうした取り組みは稀になってしまったのだろうか．

　実際の地域社会では，さまざまな集団や関係が存在している．筆者の住む地域を例にとれば，自治会，各学校・園のPTA，学童保育保護者会，地域

振興協議会, 社会福祉協議会, 青少年育成市民会議, 地域教育協議会などのほか, リズム体操や歩こう会, ギター同好会などといったサークル, そして近くにある産廃処分場の問題に対応する委員会や高齢者の自警団シルバー・ボランティア・ポリスなど, さまざまな地域集団が存在しているし, それらの中ばかりでなく, それらの間での人びとの関係は, かなり緊密で, 時として集団の境目がわからなくなるほどである.

ただし, よく目を凝らしてみると, こうした集団や関係の活動には濃淡があって, きわめて熱心なところもあれば, 休止状態や活動が形骸化している集団や関係があるのも事実である. そして, こうした自己保存の力の優劣は, その地域集団の類型の違いと深くかかわっている.

▼2つの地域集団とその自己保存

これまで日本社会において, 地域集団といえば, 伝統的な神社の氏子組織や講, 町内会, あるいは各種の市民活動団体を指すことが多かった. しかし, 実際にはそれ以外にも, 上述したようなさまざまな地域集団が存在している. またそれらに加えて, 最近ではNPOが注目されていることは周知のことだろう. そうした多様な地域集団を理解するために, ここでは2つの地域集団の理念型を設定し, その中間に各種の地域集団を位置づけてみたい.

第1の類型は, 住民自身が自発的に組織し, 活動内容は各組織の裁量にまかされ, 財政は自前で賄っており, 世帯単位であれ個人単位であれ, その成員の参加は自由意志に基づいている, という組織である.

第2の類型は, 任意団体といいながら, 実際は行政の関与が強い集団である. つまり, 設立契機が, 住民の主体的な発意ではなく, 活動は上部団体からの下請け的であり, 財政は補助金などに依存し, 成員はなかば強制的あるいは自動的に参加するような組織である.

第1の類型は, これまで社会学ではボランタリーアソシエーションとよばれてきた. しかし, 第2の類型を言い表す言葉が今までなかったので, これ

を〈官製アソシエーション〉と名づけることにしよう．一般的にいえば，この2つの集団類型は自己保存性の面で特徴的な違いがある．

第1の類型の組織はきわめて活発に活動することもあるが，反面，いつの間にか消滅していることも少なくない．かつて鈴木榮太郎は，第1の類型を「生活拡充集団」と名づけ，このことを次のように表現した．

「生活拡充集団は所詮は余暇集団であって，生活と社会の基盤はそこには存在しないのである．都市の夜空に五彩の色も鮮やかに輝くネオン・サインは，正に都市の生活拡充集団を象徴するものである．暗夜には，輝くネオン・サインだけしか目に入らない．家屋も都市の大地も，闇の中では見る事ができない．然し，白昼にその骸骨を暴露しているネオン・サインの正体は，夜の華麗さにひきかえ，何と痛々しく見える事か，それ等は，家屋と都市の大地の上に，何とあぶない芸当をして立っている事であるか」[9]

少し古いデータであるが1980年から1981年にかけて横浜市立大学市民文化研究センターが行った調査によれば，ボランタリーアソシエーションの寿命は5年でひとつの節目を迎えるという．また筆者が淡海ネットワークセンターが滋賀県内のボランタリーアソシエーションについて作った『NPOデータファイル』を元に調べたところ，1998年に記載があった市民活動団体のうち，6年後の2004年にも記載が確認されたのは28％であった[10]．このように自己保存という観点からいえば，多くのボランタリーアソシエーションはけっして優れているわけではない．

これとまったく逆なのが，官製アソシエーションである．この種の組織は，行政がその設置を主導し，基本的には行政から補助金等の予算が付けられることで存在している．戦後生まれた社会福祉協議会や高度成長期に作られた青少年育成市民会議，最近では各地で作られている地域教育協議会などがこの類型の典型例といえよう．こうした組織の役員は，多くの場合，その他の既存住民組織の中から選ばれ，会議には地域住民のほか専従職員が同席する．このような組織は，活動の自立性のみならず，積極性や創造性という

面でもボランタリーアソシエーションに遠く及ぶものではない．しかし，どのような形であれ，行政からの物的，人的な面での支援が続く限り存続するのが常である．

このような2類型，ボランタリーアソシエーションと官製アソシエーションとの間には，その中間に属する地域組織がさまざまに存在している．また，各地域にある末端の組織はボランタリーアソシエーションであるが，それらを束ねる広域的な組織になるほど官製アソシエーションの性格を強める，といった場合も少なくない．

ところで，自治会は，地域集団の中にあってかなり強い自己保存力をもつ集団だといってよいだろう．では，自治会は官製アソシエーションなのだろうか．実は，自治会を官製アソシエーション的なものと考えるのか，あるいはボランタリーアソシエーション的なものと見なすべきなのかという問題は，長らく社会学上の論争のテーマであった．自治会を官製アソシエーションと考えれば，その自己保存性も単純に導かれる．それが存続し続けるのは行政権力の支援があるからというわけである．しかし，少なくとも戦後にかぎれば，自治会の設立を行政が積極的に奨励あるいは主導したわけではないし，その活動や財政には，かなりの程度の自立性があることは否定できないから，自治会を，官製アソシエーションだと言い切ってしまうことには無理があるだろう．

もし，自治会がボランタリーアソシエーション的な要素をもつのならば，高い自己保存性をもち，これまで存続し続けてきた要因について，別の解答が必要になる．なぜ自治会は，これほどまでの高い自己保存性をもつのか．次節では，自治会が多くの地域集団の中にあって，類い稀なる自己保存力をもつ理由を考えていくことにする．

▼戦後直後の町内会評価

20世紀前半の戦争は，日本社会を大きく変える衝撃であった．戦争を遂行

するために日本の地域社会は改造されたし，そして敗戦は，その改造された地域社会をまたまったく違った意味で改造する契機になった．

現在の自治会のルーツをいつの時代に求めるべきなのかについては，江戸時代の隣組に求める説やそれ以前の時代に求める説など諸説あるが，研究者が一様に認めるのは，1940年内務省訓令に基づき，戦争遂行のための末端組織として「町内会」が整備され，戦後は1947年に連合軍司令部の命令によって廃止禁止されたが，1952年の独立により，その多くが「自治会」という名称のもとに漸次復活したという事実である．

1953年の『都市問題』10月号は，「市民組織の問題」という特集を組んだが，高田保馬，鈴木榮太郎，奥井復太郎，磯村英一が論を寄せている．この特集号は，日本の都市社会学の第1世代である彼らが，当時町内会をどのように考えていたのかがわかって大変興味深い．

この4人のうち，もっとも否定的な見解を明確にしていたのは鈴木榮太郎である．彼は，都市住民の生活の基礎は世帯と職場であり，「世帯を単位とし地区的に構成される半強制的集団」である前近代的な地区集団と「個人を単位とするもので任意加入の多種多様な目的をもった」「近代都市をにぎやかに飾っている」生活拡充集団は，都市における第2次的集団だという．そして，都市が近代化すれば，地区集団の機能は職域集団にとってかわられるとし，他方，生活拡充集団は，「しょせんは堅実な日々の正常な生活の余力から生まれた浮動的余暇的団体」だとして切って捨てる．そして，「隣組，町内会のごとき制度の強制的施行は文明の方向とも都市発展の方向とも逆行する措置である」[11]と断じている．

磯村英一も，町会・隣組の集団について「少なくとも大都市においては」という留保をつけながらも「必要のものであるという理論的根拠を見出すことは困難」だという．なぜなら，「大都市の社会は複合社会で，形態的には地域共同体的結合の基礎をもっているが，実際はその中に近代的利益的集団関係がきわめて密接な関係においており込まれており，地域のみに限定され

た生活をしていないのであるから，そのような地域的形態のみをあらためてとりあげるのは都市の自然の発展の傾向からすれば明らかに逆行であるといわざるをえない」[12]からである．

　奥井復太郎の見解は，前二者とは異なっている．彼は，「近隣集団の組織化」そのものには一定の必要性を認めている．「多くの人々が職場と生活居所との分離を蒙り，勤人・労働者化している現代大都市において近隣社会の壊滅が原則的である」ことは疑えない事実である．しかし，日常生活の必要，生活利便の確保のために近隣集団が組織化することは有用である．奥井は，「かかる場合問題となるのは組織化の方式であって，それははたして公共的性格のものであるのか，あるいは関係者の自発的な活動なのであるか，そのいずれかという点である」という．そして，人権を尊重すること，画一的な組織化をしないこと，ボス支配にならないこと，の3つの条件を付けている[13]．

　4人の中でもっとも町内会を肯定的に評価したのは高田保馬であった．彼は戦争によって隣組が組織されたが，こうした組織は古くから農村社会にあったもので，隣組が「民主主義を破壊し戦争を促進させたと断定するには早い」という．高田によれば，「隣組が悪いのではなく，それを通して配給するものが悪かった」のである．そして，都市に人口が集中し利益社会化し，「個人はただ自己の力をたのみ自己のちからによって立つほかはない．いわば，万人は都市において社会の捨児となる」状況にあって，隣組の形成は「大都会の喧噪の中に地域を中心とする親和と追憶を作り上げ，時代おくれともいえようが，一種の共同社会的のものを作り上げた」とする．彼は隣組を「魂のオアシス」ともよび，「この意味における郷土を大都市に与えることは，人類を救い得る一の方向である」と述べている[14]．

▼町内会論争と越智昇

　このように4人の見解は，鈴木と高田を両極にしてそれぞれ個性的である

が，そのいずれもが町内会の将来を楽観していないことでは共通している．それを肯定的にみるか否定的にみるかは別として，都市において町内会的な地域集団は衰退していくだろうという認識では，四者に大きな相違はなかったと思われる．ところが，彼らの予想に反して戦後，町内会は多くの場合，「自治会」として名称を変えて復活再生する．それはなぜか．なぜ町内会は存続し続けたのか．これが都市社会学においてよく知られた町内会論争の発端の問いであった．

近江哲男は，この問題，すなわち「大都市では地縁が衰退して近隣集団は崩壊するという欧米社会の定説にもかかわらず，わが国の大都市に町内会がいまなお根強く広汎に存在している理由は何であるか」という問題に対して，次のような解答を与えた．

「これはわが国民のもつ基本的な集団の型の一つであり，人びとが集団を結成し維持して行く際の原理をこの『原型』に求めるためである．住民の地域生活上の諸要求を充たすために，欧米社会では違った形の集団をつくる．（中略）わが国の町内会は，封建時代に源流をもつ古い集団である．だから，ある意味ではこれを遺制ということはできるけれど，しかし，余分なものが惰性によって存続しているのではない．集団原理として現実に生きて働いているのである．してみれば，これは遺制としてよりも，文化の型の問題として捉える方が，より適切であると思うのである」[15]．

この「文化の型」説は，基本的にこれに賛成する立場の中村八朗と反対する立場の秋元律郎との間の論争に発展した．中村は，自らが行った東京都の2つの調査と歴史的資料調査の結論として，たしかに「歴史的に一貫した連続性を保つパターン」が存在すると主張した[16]．これに対して秋元は，敗戦による町内会廃止令が実効力をもたなかったのは，「ひとつには改革そのものが孕む弱さと，いまひとつは，改革を受け止める主体（市民）の側での弱さにあった」という吉原直樹の主張に同意して，自治会が一定の地域イシューの解決に積極的役割を果たした事例を認めつつも，自治会よりも「さまざ

まな任意的で自発的な集団や組織」の中間集団としての機能に期待すべきだと主張したのである[17].

　この論争は，学会に波紋を広げた．そして，自治会を「住縁アソシエーション」とみる岩崎信彦，「地域共同管理のための組織」とみる中田実，「地域自治論」を標榜する鳥越皓之などの研究を生み出した[18]．ここではその詳細を論じる余裕はないが，秋元以降の議論は，総じて，当初，近江が提示した町内会の自己保存の要因は何かという問題よりも，町内会の意味づけと価値づけ論にその重点をおくものであった．その結果として，当初の問題解決への接近という意味では，あまり進歩がみられなかった．

　ここで秋元の主張をもう一度振り返れば，その主張は自治会を官製アソシエーションととらえたものに過ぎないといわざるをえない．しかし，越智昇が指摘するように，「行政との関係密度が濃厚なのは単位町内会ではなくて，地区連合町内会である」ということを認めるならば，末端の自治会の自己保存性を説明する論拠としては問題が残ろう[19]．他方，「文化の型」説にしても，藤田弘夫が主張しているように，「文化」概念の中身が不明確であり，十分な説明なく日本人の「文化の型」というだけでは，「『一種の不可知論』へ引きずり込んでいく」だけになりかねない[20]．

　もう一度，原点に戻るべきである．自治会はなぜ高い自己保存力をもつのか．この問いにこだわり続けたのが，行政権力が単位町内会を支配しているわけではないと反論した越智昇であった．

　越智昇は，基本的には「文化の型」説に与する社会学者であるが，自治会に消極的に参加する人が多いという「みんな主義」，すなわち集団主義からだけでは，その自己保存力の高さを説明することにはならないという．そして，町内会には構造的自己保存原理があると見なして，それを3つの組織原理と2つの文化原理にまとめている[21]．

　第1は，組織運営システムとしての班制度である．彼は，「役員のなり手が乏しく，世帯の移動が多くなって近隣関係も疎になる，という傾向があ

る．それにもかかわらず，町内会が自己保存しているのは，まず第一に班（組）制度にある」という．それは「形式的に制度化された自己保存システム」であり，単なる地区区分以上のものだと述べている．

第2は，順番制リクルートである．順番で役職が回ってくる仕組みは，人員を常時確保するのに好都合であるばかりでなく，住民の地域社会への関心を惹起させる仕掛けでもある．町内会は，順番制リクルートによって構造的に「みんな主義」を制度化している．これは町内会の自己保存に有効な組織原理である．

第3は，共有財の存在である．多くの町内会は，町内会館のような施設ストックをもっている．これは，町内会の財政からみると大きな負担である．しかし，自前の会館を所有することへの願望は根強い．施設ストックはあくまで活動の手段であって目的ではないが，それを保持継承しようという努力が「自治へのステップ」になっていると言う．

越智昇が指摘する自治会の文化原理は，親睦と分担である．

まず親睦について述べれば，それは「権力の及びにくい最も私的な領域の社会関係原理」であり，村落社会にルーツをもつ「自治の文化型」である．親睦を図る活動は，住民の期待が大きいし，実際，町内会の財政面，活動面での割合からも大きな部分を占めている．

また分担とは，専門家を作らない思想である．越智はこのことを「『分担型』は，他のことをすることなしには自分のことも満足にはできないのであり，他のことをしてはならない『分業型』とは根本的に違う」と述べた．わかりやすくいえば，分担は役割が交替可能であり，分業は交替不能であるという違いであろう．越智は，コミュニティのエートスは分担型であり，行政や企業の論理とはまったく違うものだと言う．

親睦は即時的報酬を分担は遅延的報酬の喜びを抱かせる．これらの文化原理が組み合わされて，町内会の行事は実現される．越智によれば，行事は内発的にリフレッシュされて継続し，町内会の自己保存を可能にしているので

ある．

▼ジンメル自己保存論からの反照

　さて越智の指摘を前半に論じてきたジンメル自己保存論からとらえ直してみよう．

　まず，班制度であるが，越智はなぜこの制度が自治会の自己保存に有効なのかを明確化していない．筆者は，次のように考える．班の日常的な活動は，回覧板を回す単位となることとゴミの集積場所の管理であろう．多くの自治会がそれを班内部の持ち回りで行っていると考えられる．こうした活動は，近隣関係のネットワークを生み出し維持する仕組みとして有効である．ゴミ当番を回すのはもちろん，「見ないから飛ばしてくれ」という家もあるように回覧板を回すことも，人によっては負担である．負担を決められた順番に回すのは，マリノフスキーがトロブリアント諸島で発見したクラ交易に似ている．トロブリアント諸島では，首飾りや腕輪を渡し，その他の物をやりとりする．日本では，回覧板やゴミ当番表を渡し，余り物の「おすそ分け」や世間話をするのである．

　次に順番制リクルートは，集団と人格を分離させ，組織変化を漸次的なものにすることで，自己保存に貢献する．順番制リクルートといっても，毎年メンバー全員が変わるということはないだろう．また経験者が同じ役目に復活することもある．こうして経験は継承されるとともに，専門家をつくらないことで，自治会は集団として自己保存するのである．

　共有財としての施設ストックは，ジンメルのいう死手であり，処分できない集団の物的核心である．と同時に，集団の象徴として機能する．町内（自治）会館ではないが，滋賀県豊郷町の小学校校舎解体反対運動は，同様に小学校の校舎が実際の活動の場としてではなく，郷土の象徴，誇りとして住民を統合させることを示した事例であろう．

　親睦は，感謝と誠実のネットワークを活性化させ，分担は個人と集団の距離を調整し，集団に新しい力を供給する．付言すれば，ボランタリーアソシ

エーションが短命に終わりがちなのは，リーダーの人格と集団との結びつきが比較的強固で，自治会とは異なって個人的影響が集団全体に波及しやすいからだという仮説も成り立つだろう．

このように，越智昇の主張は，ジンメルの自己保存論と重なるところが多い．

越智は述べていないが，ジンメルの自己保存論から自治会の自己保存の問題を考えれば，さらに4つの指摘をすることができる．

第1は，名誉の配分である．自治会長は行政からの連絡員としての手当がでることを除けば，無給の名誉職である．選出に苦労する場合が多いとはいえリクルートされてきたのは，それが名誉な職であるからである．新住民が多くなった中でもまた仕事が大変なものであっても古くからの住民たちが役職を占有していることがあるが，それは役職が名誉なものであるからにほかならない．自治会は，名誉を配分する機能を有しており，それによって自己保存を助けているということができる．

第2は，部会制度である．自治会は，班制度だけをもつわけではない．一定規模以上の自治会では，婦人部，環境厚生部，体育部，総務部など，名称はさまざまであるが下部部会が組織されており，それが他団体（多くの場合官製アソシエーション）の下請け機能と役員の選出母体を兼ねている．こうした機関形成は，ジンメルが指摘しているように無用の意見対立や手間ひまを省くうえで有効であり，自己保存に貢献している．

第3は，居住地域を単位としているということの合理性である．一般的にいえば，住民の世代は一様ではなく，また転出転入もあるので，通常，自治会のメンバーは漸次的に交替する．このサイクルが適切なものであればあるほど自治会の自己保存は容易になると言えるだろう．

最後に，ジンメルが述べていた背教者の特徴について述べたい．賃貸住宅が多い地域や古くからの集落に比べて，新興住宅地の自治会が目覚ましい活動を行っている例は少なくない．その理由について，背教者と新興住宅地の

持ち家住民との類似を指摘することで説明することもできよう．彼らは，いずれも昔の関係性を断ち切ってきた存在である．意識しているかいないかにかかわらず，彼らは，「元へは帰ることができないという鋭い意識」に基づいて，古い関係から常に拒絶され，新しい関係へと促されるのかもしれない．

4　地域社会の再生のために

　このように考えてくると，自治会が高い自己保存性をもつのは，日本特有の「文化の型」というよりも，一定程度普遍的な集団の自己保存システムを内包しているからだと見なすことができる．

　では，自治会はこれからも安泰であり地域社会に存在し続けるのだろうか．この問に断定的な解答を与えるのはむずかしい．

　自治会が自己保存に適した組織原理を有しているとはいえ，戦後一貫して続く都市化の影響は，地域社会を不安定なものにし，人びとの連帯を困難にしてきていることも確かである．成員の異質化は都市化の指標のひとつであるが，今日の状況は，かつての水準をはるかに越えている．自営業者層が減少し，雇用者化がより一層進んだと同時に，その勤務形態の多様化によって生活スタイルが分化し，近所の人間関係が築きにくくなっている．9時から5時，盆と正月といった仕事と仕事の休みの時間の共有は，かつてほどたしかなものではない．住民同士の共有する時間が減っていくことは，地域社会の活動を困難にしている．

　そして，都市化以外にも，今日，地域社会を襲っている問題がある．そのひとつは，高齢化である．日本社会は急速なテンポで高齢化しており，それは地域社会に影を落としている．地域社会が老人ばかりになるという，かつて農村地域がかかえていた問題は，今や都市部でも現れつつある．これは地域社会の世代の継起を困難にする危機である．次の世代へのバトンタッチが

スムーズに進行しなければ，集団としての自己保存は望めない．

　もうひとつのインパクトは情報化である．インターネットの普及に代表される情報手段の発達は，交通手段の発達の影響とともに自らの居住点の意味を希薄化させている．直接的に自然や他者と接触する時間が減り，ディスプレイに向かう時間が多ければ多いほど，地域の自然や人間への関心は衰弱するだろう．

　こうした3つの危機を乗り越えるためには，何ができるのか．最後にこのことについて述べよう．

　異質化は，地域集団としての「心的統一体」形成を妨げる．かつてアルヴァックスは，集合的記憶が都市のカタストロフィー的崩壊をくい止めるとしたが，新住民の多い地域では，古いもの，自分たちが子どもの頃の町を守ろうという気運にも限界があろう[22]．むしろ，過去ではなく未来に向かって地域社会が集合的理想を共有すること，将来の地域社会をイメージすることが地域社会の統一には有効であるかもしれない．また高齢化を所与のものとするのならば，せめてその弊害を軽減するために計画的な人口誘導策が必要だろう．各世代がバランスよく居住するように都市計画や都市政策を立案することが肝要である．異世代共生はもっと積極的に志向されねばならない．そして，情報化という問題に対しては，地域社会を意識化する仕掛けがいるだろう．じつはこれは，すでに各所で実践されている．祭りの神輿は町内を回る．夜回りの「火の用心」もしかり．また最近では子どもたちに「町内一周マラソン」をさせる自治会がある．こうした地域行事は，人びとに自ら住んでいる地域社会を再確認させ，その連帯にとって大切な潜在的機能を果たしていると言えるだろう．

　現代の地域社会には，自治会のほかに個人の自発的意思で参加するさまざまなボランタリーアソシエーションが存在する．そして，それこそが民主的な社会にふさわしい真の中間集団であり，自治会は時代遅れの地域集団だとする見解は，すでにみたように戦後直後から今に至るまで存在し続ける主張

である．しかし，集団の自己保存という観点からみれば，ボランタリーアソシエーションに過度に期待するのは危険である．筆者は，自治会とボランタリーアソシエーションのどちらが優れているかを論じることに，さして意味があるとは思わない．地域社会の自己保存のためには，さまざまな地域集団がそれぞれの特性を活かして共存共栄していくことが望ましいのではなかろうか．

注
1) G. Simmel, *Grundfragen der Soziologie : Individuum und Gesellschaft*, 1917.（清水幾太郎訳『社会学の根本問題』岩波文庫，1979年，p. 18）
2) 同上書，p. 22
3) 同上書，pp. 26-27
4) 同上書，p. 68
5) G. Simmel, *Soziologie : Untersuchungen über die Formen der Vergesellschaftung*, 1908.（居安正訳『社会学 下巻』白水社，1994年，p. 109）
6) 同上書，p. 129
7) 同上書，p. 184
8) 同上書，p. 199
9) 鈴木榮太郎『都市社会学原理』有斐閣，1957年，pp. 221-222
10) 丸山正次「横浜市におけるボランタリー・アソシエーションの概要」越智昇編『都市化とボランタリー・アソシエーション』横浜市立大学市民文化研究センター，1986年，p. 25．また，寿命は平均約8年という調査結果もある．「おうみネット」第50号，淡海文化振興財団，2005年，p. 7
11) 鈴木榮太郎「近代化と市民組織」『都市問題』第44巻第10号，p. 22
12) 磯村英一「都市の社会集団」『都市問題』第44巻第10号，p. 43
13) 奥井復太郎「近隣社会の組織化」『都市問題』第44巻第10号，p. 31
14) 高田保馬「市民組織に関する私見」『都市問題』第44巻第10号，p. 10
15) 近江哲男『都市と地域社会』早稲田大学出版部，1984年，p. 100，pp. 187-188
16) 中村八朗「文化型としての町内会」倉沢進・秋元律郎編『町内会と地域集団』ミネルヴァ書房，1990年，p. 95
17) 秋元律郎「都市地域集団とその変遷」『社會科學討究』第37巻第2号，早稲田大學社會學科研究所，1991年，p. 496，516
18) 岩崎信彦他編『町内会の研究』御茶の水書房，1989年．中田実『地域共同

管理の社会学』東信堂，1993年．鳥越皓之『地域自治会の研究』ミネルヴァ書房，1994年．
19) 越智昇「ボランタリー・アソシエーションと町内会の文化変容」倉沢進・秋元律郎編，前掲書，p. 256
20) 藤田弘夫『日本都市の社会学的特質』時潮社，1984年，p. 173
21) 越智昇，前掲論文，pp. 241-255
22) M. Halbwachs, *La mémoire collective*, 1950.（小関藤一郎訳『集合的記憶』行路社，1989年，p. 174）

参考文献
G. ジンメル（居安正訳）『社会学　下巻』白水社，1994年
G. ジンメル（居安正訳）『貨幣の哲学（新訳版）』白水社，1999年
早川洋行『ジンメルの社会学理論―現代的解読の試み』世界思想社，2003年
越智昇『社会形成と人間』青娥書房，1990年
倉沢進・秋元律郎編『町内会と地域集団』ミネルヴァ書房，1990年

第3章 ウェーバーと経営組織
――「神の死」と「官僚制の死」?――

Max Weber

第3章
ウェーバーと経営組織
――「神の死」と「官僚制の死」?――

1　ウェーバーと現代

　M. ウェーバー (1864-1920) を読むことは現代を考えることである．ウェーバーの時代は，現代社会の構造的な特徴があらわれてきた時代であった．

　たとえば，ウェーバーはテイラー主義について触れているが，当時の欧米社会は，現代の特徴である大量の労働者，大規模な機械設備，巨額の資金，これらを管理するための階層組織という企業体制がまさに確立しようとしていた．テイラー主義はそのひとつの象徴である．

　また，国際化という共通点もある[1]．ウェーバーの時代はヨーロッパの拡大ともよばれた時代であり，非西欧文化との接触がいちじるしく増大した．一方，われわれは1980年代以降のグローバリゼーションと情報革命によって，多様な文化や価値観に接するようになり，異文化の中で自らの文化的アイデンティティをどう確立するかという切実な問題に直面している．われわれにとってウェーバーの比較社会学は，異文化世界を理解するための優れた知的ツールとなろう．

　さらに，ウェーバーの近代文化論が「意味喪失」というまさに今日的な課題を扱っていることも重要である．ウェーバーの合理化論は，近代西欧の合理的文化を楽天的に賛美しようとする進歩史観ではない．むしろ合理的文化の「破滅的な意味喪失」（ウェーバー）について論じているのである．ニーチェのいう「神の死」以降，人間が生きるということの「意味」について，合理性という現代社会の特殊な性質を見すえながらこれほど多くを語った社

会科学者はウェーバーを除いて他にはいない[2]．以下，ウェーバーの合理化論から考察を始めよう．

2 ウェーバーの視点——合理化論と方法論——

▼合理化と意味喪失

　ウェーバーの主テーマは「資本主義」であり，ウェーバーはこれを「組織問題」として歴史的に扱った，とシュルフターは述べている．その資本主義論と組織論の前提にあるのは合理主義論である．

　ウェーバー社会学の中心課題は近代西欧文化がもつ独特の合理性（Rationalität）であり，それはウェーバーの『宗教社会学論集』全3巻の冒頭にある有名な文章に明示されている．

　「近代ヨーロッパの文化世界に生を享けた者が普遍史的な諸問題を取り扱おうとするばあい，彼は必然的に，そしてそれは当を得たことでもあるが，次のような問題の立て方をするであろう．いったい，どのような諸事情の連鎖が存在したために，他ならぬ西洋という地盤において，またそこにおいてのみ，普遍的な意義と妥当性を持つような発展傾向をとる——少なくともわれわれは考えたい——文化的諸現象が姿を現すことになったのか，と」[3]．

　この文章の中にある「文化的諸現象」とは学問や芸術といった狭義の意味ではなく，国家の行政組織や政治制度，そして経済制度も含まれた広義の概念である．

　ウェーバーは合理化という概念を「主知化」と言い換えている．すなわち，近代の文化人は，世界を動かしているのは神秘的な力ではなく，すべての事柄は合理的に予測可能であり，制御できるという意味である．ウェーバーはこれを「魔術からの世界解放」（Entzauberung der Welt）とよんだ．晩年の講演『職業としての学問』で，魔術からの世界解放について触れたウェ

ーバーは，合理化した文化には客観的に内在する「意味」がなくなったと述べている．またウェーバーは，「中間考察」論文では，合理化された「文化」はわれわれに「死の無意味化」をもたらし，そのことは「生の無意味化」を決定的に前面に押し出したと論じている[4]．

ウェーバーが指摘した，合理化の行き着く先にある「破滅的な意味喪失」とはどのようなものであろうか．ウェーバーによれば，「『文化』なるものはすべて，自然的生活の有機体的循環から人間が抜け出していくことであって，そして，まさしくそうであるがゆえに，一歩一歩とますます破滅的な意味喪失へと導かれていく」[5] ということである．これが主知化した合理的文化という「時代の宿命」であるとウェーバーは言い，この「呪われた運命」にわれわれは「知的誠実性」をもって耐えるべきであると示唆している．

▼社会科学方法論

このような世界の意味喪失という世界観は，ウェーバーの方法論の前提となっている[6]．彼は，「客観性」論文の中で「認識の木の実を喰った一文化期の宿命」[7] に触れて，近代の文化人（Kulturmensch）は，世界についてどれほど研究したところで世界の「意味」を知ることができず，世界の「意味」を「創造」しなければならないと述べている．また，世界に客観的な意味が存在しなくなった以上，各人にとって最高究極の価値はそれぞれ異なるということ，したがってわれわれの理想はつねに他の理想との「闘争」によってのみ実現されると論じている[8]．ウェーバーは，文化科学の前提は，「われわれが，世界にたいして意識的に態度を決め，それに意味を与える能力と意思とをそなえた文化人である，ということにある」[9] と言う．この認識者の価値を全面に押し出す新カント派的な議論は，主観の上にいかにして客観性を構築できるかというウェーバーの理念型方法論の前提をなしている．

世界には内在する客観的な意味がないとすれば，そこには「客観的」に存

在するような一般「法則」もない．このような世界観からウェーバーは，一般法則を探求する自然科学の素朴な客観主義を否定し，さらに文化科学の素朴な発展論についても，法則探求という自然主義の残滓が残っているとして批判した．そこで，ウェーバーにとって，相対主義に陥るのではなく，どのようにして科学としての「客観性」を担保するかが問題になる．認識者の主観性の上に論理的な概念構成を組み立てて，その「客観的可能性」を判断するというのが彼の社会科学方法論の論理である．

　ウェーバーは，「価値自由」（wertfrei）な社会科学方法論を主張したが，それは自然主義が前提とするような「没価値的」な，つまり自然科学的な方法論ではない．反対に，誰もが自己の内なる価値観に根本的に縛られていることをむしろ積極的に認めること，それがウェーバーの「価値自由」論の出発点なのである．

　その前提のもとで「客観性」を構築するためには，理念型的に構成された概念という知的道具を用いる．理念型（Idealtypus）とは，自己の究極価値にしたがって構成された概念であり，他の価値観の人間には別様に世界は見えるかもしれないが，少なくとも自分には究極価値からして，このような姿にしか見えないという概念である．理念型は現実との比較において「索出的」（ウェーバー）な手段として社会科学的説明における因果連関の検証に用いられ，その意味での「客観性」を維持できるのである．

　以上がウェーバーの視点であり，ウェーバーの意味喪失という世界観は，彼の理念型的方法論の前提として，すなわち自然主義や歴史主義への方法論的な批判の背景として存在するのである．以下，このような意味での理念型概念としてのウェーバーの経済と企業組織についての理論をみてゆく．

3 ウェーバーにおける資本主義と官僚制組織

▼経済行為

　ウェーバー社会学は人間の社会的行為を扱う「行為の社会学」であり，また，社会的行為にこめられた主観的意味の理解を出発点とする「理解社会学」でもある．ウェーバーは，人間行為をその動機（主観的意味）に還元し，動機を直接に理解する（直接的理解）か，理解可能な意味連関を見出す（説明的理解）かの方法によって，明確性が高い因果的仮説を構築することを目指すのである．

　経済を行為の社会学から扱おうとする場合，最初の困難は，およそ人間の行為のほとんどが「経済」に関係しているという事実である．経済とは日々の労働と賃金，生活水準，働く仲間集団，地域社会など，人間の日常生活そのものであり，人間行為があるところにはどこにでも存在する．

　そこでウェーバーは，歴史上どこにでもある経済的行為と近代西欧文化のみが知っている経済的行為を区別するための理念型的概念を構成した．すなわち，前者を「経済的な指向をもっている行為」[10]と名づけ，その特徴を「打ち克ち難き伝統主義」[11]によって拘束されていることとした．

　ウェーバーによれば，伝統主義とは，祖先から伝承している経済的行為を墨守して，少しも改良しようとせず，伝統を神聖不可侵のものと見なすことであり，それは古代から今日にまで日常生活の中に深くおよんでいる．伝統的な生き方や労働に対して個人があえて逆うことが非常に困難になるのは，第1に何らかの既得権益が伝統の固持と結びついてしまっている場合，第2に呪術的な思想が行為を停滞的に固定してしまう場合である．経済の営利活動は，近代西欧以外では，この伝統主義の中に埋もれてきた．より正確に言うと，社会共同体の身内に対しては同胞愛で結ばれながら，共同体外部に対しては無制限の営利衝動を一切の良心の呵責もなく発揮するという，対内道

徳と対外道徳の二重道徳において営利活動は営まれてきた．したがってこの伝統的な意味での営利活動は，つねに暴力，戦争，略奪といった非経済的行為をともなっていたのである．

　ウェーバーの資本主義論の出発点は，こうした広義の経済的行為と近代西欧文化に固有の「経済行為」を明確に区別することにある．近代資本主義における「経済行為」とは，「経済の精神」によって行為することであり，「主観的かつ第一次的に経済的な指向をもつ行為」[12]と定義される．ウェーバーはこの意味での「経済行為」を次のように定義している[13]．

　① 第1次的に経済的な指向をもつ．すなわち直接は政治的目的をもち，間接的に経済的利益を指向するというような行為ではないこと．

　② 財の処分力の平和的な行使．すなわち暴力（戦争，略奪など）をその直接的な手段として用いないこと．形式上は平和的に交換を行わない場合は，経済行為とよべない．もちろん近代の交換は，国家の法的強制力（暴力）によって所有者の私的処分力が保証されている．しかし，暴力に支えられている経済それ自体を直接的な暴力とは区別しなければならない．市場の交換は，直接の暴力を用いないという意味で，形式的には平和的である．

　③ 費用を考慮に入れること．すなわち欲求に対してその充足手段は希少性をもつから，その費用と便益を配慮するという意味の「経済の精神」をもっていること．ウェーバーのいう費用は，現在の経済学でいう（機会費用 opportunity cost）に近い概念であり，「経済の精神」という概念は，目的と手段を比較して，手段の希少性から目的を慎重に選択することを指している．これに対して，技術的な合理性は，所与の目的に対していかなる手段を選択するかという限定的な意味での合理性を指している．

　このような経済行為の概念が，きわめて高度な合理性を前提としていることはいうまでもない．ウェーバーはこの意味での合理的な経済行為は，近代西欧文化の基盤のうえにのみ成立したというのである．

▼経済と理念

　経済学は上記のような合理性を所与とするが，社会学はこの合理性の歴史的由来と社会学的帰結を分析する．ウェーバーは，合理的な経済行為の由来を分析するのであって，これは，経済に対する理念のインパクトの，つまり日常性（経済）をつきうごかす非日常性（理念）の探求である．

　「人間の行為を直接に支配するものは，利害関心（物質的ならびに観念的な）であって，理念ではない．しかし『理念』によってつくりだされた『世界像』は，きわめてしばしば転轍手として軌道を決定し，そしてその軌道の上を利害のダイナミックスが人間の行為を推し進めてきたのである」[14]．

　経済は「日常性の本来の場所」[15]であり，経済的な行為は，無数の人間が平凡な日常生活を暮らしている世俗的な世界で営まれる．経済的な行為は，宗教的な行為からみれば，現世的で世俗的な行為なのである．ウェーバーが宗教社会学で神義論を中心に議論を構成しているのは，日常性と非日常性の緊張関係が社会をどのような方向に変えていくかという問題をあつかうためであり，非日常的な「理念」が日常的な領域にどのような「意図しない結果」をもたらしたかを示すためである．

　神義論の問題とは，合理化された宗教倫理は全知全能の神という概念をもつが，その万能の神が創造した日常性の世界（世俗世界）の不完全さというジレンマをいかに解決すべきかという問題である．ウェーバーはここから，経済に対する宗教の影響力ないし「親和性」を検出し，宗教倫理の「意図しない結果」としての近代資本主義のダイナミックな形成を描き出した．ここに，プロテスタンティズムの世俗内的禁欲と資本主義の精神との逆説的な親和性という，ウェーバーの有名な命題が導かれるのである．

▼近代資本主義

　ウェーバーにとって近代資本主義は，近代西洋に固有の合理的な文化事象であり，「もっとも運命的な力」[16]である．経済的な利益を衝動的に求める

ような資本主義は，歴史上どこにでも存在した．ウェーバーはそれを「非合理的資本主義」(nichtrationale Kapitalismus)とか「賤民資本主義」(Pariakapitalismus)とよび，その例として，租税請負のための資本主義的企業，戦費の融通のための資本主義的企業，商人的投機的資本主義，高利貸し資本主義をあげて，これらと西洋に固有の「合理的資本主義」を明確に分けている[17]．

合理的資本主義の要素として，ウェーバーは，① 商品市場による平和的な利潤獲得を指向する形式的に自由な労働の合理的経営組織，② 家計と経営の分離，③ 合理的な経営簿記の3つを挙げている[18]．

では，なぜこの3つの要素がウェーバーにとって決定的だったのであろうか．経済の根本類型は，家計と営利である[19]．家計とは，自己の需要の充足（消費）を指向するものであり，財を自分自身の生計のため，あるいは自分が使用する他の財の入手のために継続的に使用し，調達することと定義される．家計の対立概念としての営利とは自己の消費を目的とせず，収益を目的とする行為である．経済的営利ないし市場的営利とは，暴力的手段（政治）を直接的には用いないという意味で形式的には平和的に，市場機会を利用して収益を獲得しようとする営利活動を指す．

家計と営利を比較すると，形式合理性の度合いは明らかに営利のほうが優っている．とりわけ王侯や荘園領主の大家計（オイコス）では日常的欲望が洗練されることがないため，家計の余剰は資産を増やすよりも浪費に向けられる傾向がある．これに対して，経済的営利は貨幣の使用によって，形式的に合理化された「資本計算」という形態をとる．資本計算とは，貸借対照表によって，個別企業の営利活動を期首と期末における資産を評価比較することである．家計の計算が欲望充足に向けられているのに対して，営利企業の計算は営利に奉仕する．

ウェーバーは，人間の経済において，伝統的な家計から形式合理的な営利が分離することによって，合理的な近代資本主義が成立したとみている．そ

して資本計算がただ西洋においてのみ成立したと述べ，社会学はその原因を分析すると論じている．では「資本計算」は，どのような条件のもとでその形式合理性を最大化するのだろうか．ウェーバーによれば次の条件がある[20]．

① 財市場の自由：企業の所有者が，すべての物的生産手段を完全に専有し，市場における営利機会の形式的専有が完全に欠如していること．

② 企業の自由：企業の所有者が企業の管理者を完全に自律的に選択できること，すなわち管理の形式的専有の完全な欠如．

③ 自由労働，労働市場の自由，労働者選抜の自由：労働者が労働地位および利得機会を専有することの完全な欠如，および所有者による労働者の専有の完全な欠如．

④ 実質的な経済契約の自由：実質的な消費規制・価格規制およびその他交換条件の自由な協定を制限するような諸秩序の完全な欠如．

⑤ 機械的に合理的な技術：技術的な生産条件の完全な計算可能性．

⑥ 形式的に合理的な行政と形式的に合理的な法：行政的ならびに法的秩序の機能達成の完全な計算可能性，および政治権力をつうじてのすべての協定に対する信頼しうる純粋に形式的な保証．

⑦ 家計と経営の分離：株式会社形態ないし農業の大規模借地契約の場合のような大企業に関して形式的に最適な条件として，経営とその運命を家計および財産の運命から可能な限り完全に切り離すこと．

⑧ 貨幣制度の可能な限り形式合理的な秩序があること．

ウェーバーはこの8項目の条件のうち，とりわけ形式的に自由な労働について論じている．すなわち，古代資本主義では，不自由労働（奴隷）への投資リスクがとくに非合理的であった．「ことに重要なのは淘汰の可能性，すなわち試験によって採用し，景気後退の場合や消耗しつくした場合に解雇する，という可能性が欠けていたことであった」[21]と論じている．この説明は近代資本主義では，職務に合うかどうかを試験してから人を雇うことができ

ること，不景気の時，あるいはその労働者が「消耗しつくした」時は，解雇できることを示唆しており，ウェーバーのいう「形式的に自由な労働」のもつすさまじい実質非合理性を示唆している．

これに関連して，ウェーバーが市場経済について，限界効用学派とは異なる理解をしていたことも重要である．消費者と生産者が需要と供給として概念化されて対峙する場合，需要が市場の主であるという，限界的消費者の消費者主権説に対して，ウェーバーは，「企業家こそが消費者の欲望を大部分呼びさまし，また支配している」という「権力状況」が現実の市場経済であると述べている[22]．なぜなら，企業の資本計算は市場の価格機会を指向しており，市場価格とは「利害の闘争」を通じて形成されるからである．

市場においては，より多くの貨幣を所有する消費者がより高い価格で財を購入できる．また，より大きな生産力をもつ生産者がより安い価格で財を販売できる．市場経済ではどのような消費者の需要も満たされるわけではなく，貨幣による購買力のある消費者の需要に対してのみ収益性をもった生産をすることができる．消費者の人間的な価値（たとえば幸福の追求）という実質合理性からみると，こうした市場経済の形式合理性は非合理的である．しかしながら，企業の資本計算にとって技術的に最高度に達した収益計算手段としての複式簿記においては，人間的な実質合理性は形式上，問題とされない．まさに市場メカニズムの「非人格性」は形式合理性の完成によって最高度に達し，それと同時に，実質非合理性を含むことになる．この意味で，「資本計算はその最も形式的に合理的な形態においては，人間の人間にたいする闘争を前提としている」[23]のである．

ウェーバーの近代資本主義概念には，形式合理性と実質合理性の乖離という状況，言い換えれば，市場価格メカニズムと貨幣の流通を前提とする「非人格性」を特徴とする「市場における人間と人間の闘争」[24]が含まれている．それは「資本主義経済の内部においては人間の間の関係が物化され人間味を失う」という意味での「資本主義経済の非人格性」の姿なのである[25]．

しかし市場経済が，形式的にこれ以上ないほど合理化された機構であることもまたたしかであろう．なぜなら，他の形態の経済と異なり，ここでは人的な信頼を築き上げ，それを維持するという多大なコストが節約されるからである．市場では，匿名の，無数の参加者が，価格という情報だけに依存して交換を行うことができる．財の最適配分を，形式合理的な意味でもっとも低コストで行うことができるのは市場機構である．だからこそ，その実質非合理性にもかかわらず，近代資本主義は「普遍妥当的」なのである．

▼官僚制理論

近代資本主義が非人格性を特徴として，即物的（sachlich）な「人間と人間の闘争」の場であるとすると，市場において熾烈な競争を繰りひろげる企業もまた，非人格性と即物性をそなえた支配団体であらざるをえない[26]．市場経済における企業とは，上述のような独特の形式合理性をもっている．市場的利潤獲得の指向，形式的に自由な労働，合理的な複式簿記による資本計算，非合理で浪費しがちな家計からの合理的に運営管理される経営の分離，などの特徴をもった近代資本主義の生産者（企業）は，競争他社よりも合理的でなければ，ウェーバーのいう「淘汰」すなわち倒産が待っている．この際，企業が合理的であるという意味は，1円でも安く資金を借りて，1円でも多く増やすということや，工場の機械を工夫して使い尽くすということと形式上はまったく同じように，「形式上は自由な労働」を生産のための資源として完全に使い尽くすという意味である．形式合理性という意味で，これは合理化の高度化なのである．このような特定の価値に無関係に技術的に合理化が進むことを形式合理化とよぶが，ウェーバーは，特定の価値に対する合理化を実質合理化とよんで，近代資本主義の形式合理化は人間性という観点からは実質非合理性をもたらすと述べている．

ウェーバーの支配の社会学にとっては，市場における「利害による支配」と区別された「権威（命令権力と服従義務）による支配」が焦点となる．こ

こで「支配」とは，一人または複数の支配者によって示された命令が，他の一人または複数の被支配者の服従を導くほど影響をおよぼすような事態を意味する[27]．

いかなる支配も「行政」としてあらわれ，機能するというウェーバーは，歴史的な社会構造における2つの対極的な支配の類型を，家父長制を純粋型とする伝統的支配と官僚制を純粋型とする合法的支配に分ける．伝統的支配は，経済的行為の伝統主義に相当するものであり，行政としての家産官僚制はもつが，役人の専門能力による選択は存在せず，物的な行政手段は完全に支配者（ヘル）自身の直轄管理となる．ヘルと行政幹部（ヘルのしもべ）との関係は，個人的・人格的な誠実性がこれを規定している．これに対して合法的支配の官僚制では，官僚は専門能力や資格によって選択され，形式的に正当な手続きをもって制定された規則が支配の根幹にある．命令者も制定規則を守らなければならないし，命令者に対する服従の性質も，人格的な服従ではなくこの制定規則に対する即物的な服従である．上司の命令には，制定規則によって明確な権限の範囲が決められており，この権限は組織内の専門的分業によって定められる．ここでの行政は，人格的なものではなく，官職規律に基づく即物的な職務であり，理想の姿は「怒りも興奮もなく」，つまり個人的な動機や感情の影響をうけずに，厳格に形式主義的に，制定規則にしたがって処理される職務である．このような形式主義と即物性が，官僚制組織の計算可能性をもたらし，固有の形式合理性の基盤となる．

ここで留意すべき点が3つある．第1に，ウェーバーは，日常的なものとしての支配類型として，伝統的支配と合法的支配を挙げており，日常的な支配を打ち破るものとして，非日常的なカリスマ的支配という理念型概念を挙げたことである．官僚制的合理化もたしかに伝統主義を打ち破る「第一級の革命力」であるが，それは人間を「外部から」変革する．それに対し，カリスマ的支配者は人間を「内部から」変えるとウェーバーは指摘している[28]．つまり，その歴史的ダイナミズムからみると3つの支配類型は，前者2つと

カリスマ的支配はまったく異なる性質をもっている．だからこそ，ウェーバーは「カリスマ的支配の日常化」のプロセスについて論じているのである．価値合理的行為によって伝統主義が「内部から」乗りこえられていくというウェーバーの世界観は，彼に対する「決断主義」批判をよびおこしたが，その特徴はここでもみられる．また，カリスマ的な「非合理な」行為は，一度，伝統主義を打ち破った後は「日常化」していく．支配は日常的な行政として現れるというウェーバーの言葉のとおり，大量の事務的処理やルーティンワークを正確にすばやくこなしていく技術的卓越性という面からみると，歴史的にダイナミックな転轍手となるのはカリスマ的支配ではあるものの，家産官僚制か近代官僚制という行政類型が日常的な2つの対極的類型となる．

　第2は，伝統的支配はもとよりカリスマ的支配もまた非合理的な支配であること，それに対して近代官僚制は形式的に合理的な支配類型であり，ウェーバーの合理化テーゼからみると官僚制が人類の最終的な支配装置となる．すなわち，前者2つは支配関係に「人格的」要素を必要とする．人間の信頼や忠誠を築き，それを長年にわたって維持することは容易なことではない．支配者と被支配者の双方からのたゆまぬ努力が要求される．それだけこの支配類型は高コストであり，もろく，だからこそ形式的に非合理なのである．それに対して近代官僚制は，制定規則に従うという即物性のため，組織内の支配関係に人格的な要素を必要としない．この即物的な近代官僚制こそ，「信頼関係」を抜きに業務を遂行できる，人間を部品のように交換可能である，低コストな組織構造である．だからこそこの類型がもっとも形式上合理的なのであって，市場機構と同じ意味で「普遍妥当的」であり，見渡せる限りの未来は官僚制のもとにあるという「普遍的な官僚制化」というウェーバーの命題が出てくるのである．

　第3は，近代の官僚制という概念には，政治的な公官庁の組織制度だけでなく民間の企業組織も含まれている．また，行政という概念にも民間組織に

おける業務プロセスも含まれている．ウェーバーは繰り返し，資本主義的経営のもつ支配の性格が社会学的には近代国家の支配と同質であることや，企業が契約を基礎にして組織化されていることに関して資本主義的経営は合法的支配の顕著な類型であると述べている．

　以上のようなウェーバーの官僚制論からみると，工場に設置されている「生命のない機械」とともに，われわれの社会を即物的に支配しているのは「生命のある機械」である．「生命ある機械の役を演ずるのは，訓練を受けた専門的労働の特殊化・権限の区画・勤務規則および階層的に段階づけられた服従関係をともなう官僚制組織である．生命ある機械は，生命なき機械と手を結んで，未来の隷従の檻を作り出すように働く」[29]というのである．これが「未来の隷従の檻」というウェーバーの普遍的官僚制化論である．

4　現代企業における2つの官僚制問題

▼企業組織の官僚制化

　ここで，具体的に経営組織に目を向けてみよう．企業が現在のような官僚制化した組織となるのは比較的最近のことである．経営史家チャンドラー（A. D. Chandler, Jr.）によれば，19世紀半ばのニューヨークの会社はルネサンスのヴェネチアの商業会社と組織的にはほとんど同じだった．それは，経営者で出資者（所有者）兼従業員でもある2，3人の仲間によって運営される，小規模な，パートナーシップとよばれる企業形態だった．このような企業のライフサイクルは，よほど後継者に恵まれない限り，そのビジネスの鍵となる熟練をもった創業者の寿命とともに終わる宿命にあった．このような小規模企業が無数に競い合う市場においては，経済学の教科書に出てくる完全競争市場のように，価格という「見えざる手」（the invisible hand）が有効に機能したのである．

　これに対して20世紀初頭に成立した大量生産方式では，熟練は「人」にで

はなく機械（組織）に帰属し，組織はその創業者が去った後も存続することができた．しかし，企業はその機械設備に莫大な固定費を必要とするようになった．ピオリとセーブルが『第二の産業分水嶺』で明らかにしたように，単能機械によって単一製品を大量に生産する大量生産システムは，製品単価当たりの生産コストを劇的に引き下げたが，その収益性は固定費への先行投資の額に依存した．パートナーシップ企業は，とうていその巨額の固定費を賄うことはできなかった．こうして株式会社制度が活用され，主たる企業形態はパートナーシップから巨大株式会社にシフトしたのである．

株式会社が発行する大量の株を購入したのは一般大衆である．こうして19世紀までのヨーロッパのような，特定の階層が企業の所有者兼経営者となるタイプの株式会社ではなく，無数の大衆を所有者とし，俸給による専門経営者を管理者とするような，新時代の株式会社が組織化されたのである．こうした現象をバーリとミーンズは「所有と経営の分離」とよび，チャンドラーは家族資本主義から経営者資本主義への転換とよんだ．米国において，遅くとも1920年代の好景気にあらわれたこの新しい資本主義は，市場の「見えざる手」に替わって専門経営者という「見える手」(the visible hand) によって管理される，組織された資本主義となった．このような企業を官僚制企業とよぶ．

官僚制企業とは，チャンドラーの定義によれば，20世紀半ばまでに米国産業の主要な部門において大量生産と大量販売の主役となった巨大な株式会社を指し，その特徴は階層制組織にある．階層制組織は，その中で働く諸個人をこえて永続する機械であり，その技術的な卓越性から，いったん階層的な管理組織が形成され，管理的調整をうまく機能させるようになると，階層制管理組織それ自体が企業の活力や永続性，持続的成長のための原動力になる．

このような組織の官僚制化に対する反応は，2つに分けて整理することができよう．ひとつは官僚制化をさらに推し進めようとする動きであり，もう

ひとつは官僚制化への反対と不安の表明である．

▼官僚制化に向けての傾向

　1950年代から1960年代にかけて，米国が戦後の黄金期を迎えた頃，官僚制化は大きな社会現象となった．当時の社会学文献をみると，ミルズの『ホワイトカラー』，ホワイトの『オーガニゼーション・マン』，ブラウの『現代社会の官僚制』，ベンディックスの「官僚制：その問題と状況」，エツィオーニの『組織の社会学的分析』，グールドナー『産業における官僚制』のような文献が出版されている[30]．経営学や経済学の分野をみると，バーナードの影響のもと，その後の組織論研究の方向を決めた決定的な文献『オーガニゼーションズ』がサイモンとマーチによって書かれた．また，組織管理の実務書でもあるニューマンの『経営管理』や，チャンドラーやウッドワードなどのコンティンジェンシー理論が登場して，組織に対して経営者からの注目が集まるようになった．

　特筆すべきはドラッカーの貢献である．彼の『会社という概念』（原著1946年）はGM社のリサーチに基づいて，大規模会社の組織構造を論じた先駆的な業績であり，ドラッカーなしには米国の組織論はありえなかった．こうして当時の米国は，組織論の最初のブームを迎えたのである．ちなみに第2の組織論ブームは1980年代後半から1990年代における，経営戦略の視点からの組織変革論であるが，これについては本章のテーマではない．

　この第1の組織論ブームには2つの異なる傾向があった．ひとつは，先に述べた，官僚制化の進め方を実務的に模索するという傾向である．これを本章では「官僚制化に向けての（toward）傾向」とよぼう．もうひとつは官僚制化に対する不安ないし批判の表明である．これをここでは「官僚制化に対する（against）傾向」とよんでおきたい．

　ところで，本章前半で述べたように，理念型概念はあくまでも純粋なモデルと現実とのギャップを比較検討する索出的な手段なのであり，歴史的現実

を写実した「真実」ではない．ウェーバーの官僚制概念はもっとも純粋な理念型であって，組織が純粋に形式合理化したときの構造と機能を示したモデルであり，現実の大規模組織にウェーバーが概念化したとおりの効率性があるわけではない．

たとえば，理念型概念としての官僚制では，個人の人格に対してではなく職位に対して職務上の忠誠が捧げられるが，実際には，ゴールドナーが示したように，上司が替わると部下は前任者とは異なる行動に出る場合がある．新上司は，労働者との非公式的，人間的な接触がないので，組織を非公式的に動かすことはできない．そこで規則と公式組織によって労働者を動かしていこうとするのである．それはますます労働者の反発を招く結果になり，組織は麻痺するのである．現実には，組織には「非人格的」な公式組織の階層と制定規則以外の多くのものが残存している．こうした「前官僚制的」な組織を，理念型概念と同じレベルで合理化することは不可能である．なぜなら経営者は，階層組織をデザインすることはできるのだが，階層組織の中で働く従業員に経営規律を植え付けることは非常に困難だからである．

ここで注意すべきことは，経営組織はさまざまな形成力によって構造と規律が決定される多面的な存在であるということである．ジャコービィが『雇用官僚制』の中で示しているように，経営組織の構造はその国の市場と技術の構造，労働組合のパワーと性格，株主と政府のパワーなどの要因の闘争と妥協の産物なのであって，市場取引と内部取引の取引コストによってこれが決まるというものではないし，経営者の戦略的意図がそのまま具体化されるわけでもない．むしろジャコービィのいうように，経営者は外圧がかからない限りは組織を変えようとはしないものである．

組織を変えることは，コンティンジェンシー理論や取引費用論が想定するよりもはるかに多くの労力と費用と時間そして能力を経営者に要求するものであり，組織変革はまさしく「官僚制化に向けての」闘いなのである．これが本章でいう，経営の効率性（実質合理性）からみた組織の形式合理化を高

めようとする「官僚制化に向けての (toward) 傾向」である．

　さて，第1の組織論ブームは，組織の管理に苦悩している経営者と管理者の需要がもたらしたものであった．官僚制化に向けての傾向は，組織デザインに顕著にみられた．高度成長期は企業にとっては事業の多角化の時期である．当時，米国大企業の組織構造は戦略的に再設計された．集権的な職能制組織から，分権的な事業部制組織へという，事業の多角化にともなう企業組織の再構築は，よりマーケットに「適応」するための分権的な組織再設計であった．多角化戦略という戦略に従って，組織は再設計された．まさに「組織は戦略に従う」（チャンドラー）のであって，経営者は，当時の経営環境に適応するような経営戦略を策定し，その戦略を実行できるような組織構造を創造したのである．

　最近の第2次組織論ブームについて2つだけ触れておけば，ひとつは現代の経営者にとって組織の形式合理化は，ハードウェアとしての構造のみを効率化することでは達成できないとみなされているということである．むしろナドラーらがいうような意味で，企業内の非公式な要素，組織文化，業務プロセスを公式組織と整合化させることによって初めて，組織の効率化は達成できるとみなされている．この傾向は，官僚制が即物的な技術的卓越性を発揮するのは，従業員の経営規律が維持できる場合であるというウェーバーの理論を証明している．ウェーバーはハードウェアとしての階層構造だけを論じたのではない．むしろ正当性概念から行為の動機を論じたのであって，官僚制組織を動かす個人の「経営規律」や「職務義務」を官僚制の効率性における大前提としたのである．1980年代，米国産業が行き詰まったときに，従業員の内面的な仕事へのコミットメントを強調する企業文化論が一世を風靡したが，それはウェーバーの官僚制論の正しさをむしろ証明するものである．

　もうひとつは，近年の組織論ブームの中心がIT (Information Technology) による組織変革にあることである．ビジネスプロセスのリエンジニア

リング (Business Process Reengineering: BPR) とよばれた組織変革論は，IT 導入による業務プロセスの徹底的な合理化運動であった[31]．BPR は組織構造を徹底して合理化しようとするという意味で，きわめてウェーバー的な組織変革のトレンドだった．こうして今日まで経営者は，つねに「官僚制化に向けて」組織を変革し続けてきたのである．

▼官僚制化に対する傾向

経営者が組織の合理化の程度に不満を抱いていたのと同様に，従業員や市民もまた組織の合理化に不満を抱いていた．しかしそれはまったく反対の理由からであった．

この視点からとくに重要な業績は，マートンの『社会理論と社会構造』（原著1957年）である．マートンは，第 2 次世界大戦後，いちはやく官僚制の重要性に気づいて，この分野では古典的なリーダーを編集したり，官僚制のマイナス機能を分析して「官僚制の逆機能」を提唱した．彼は，官僚制のもつ規律の重要性に着目し，組織目標を達成するためのひとつの手段として規律を守るという元来の意味から，規律を守ることそれ自体が目標になる「目標の転移」によって，杓子定規な形式主義，儀礼主義，レッドテープが出てきてしまうという[32]．このような官僚の「訓練された無能力」は，マートンによれば，官僚制の構造自体がもたらしたものである．官僚制は第 1 次集団には十分遂行できない活動を営むために案出された組織形態であり，規則に反する行動はここでは認められない．一般規則にない，予測できない特殊な条件で，官僚が臨機応変の処置をすることは，規律と「人間関係の非人格化」を軸に構成されている官僚制の構造からいって不可能なのである．こうしてマートンは，官僚制の構造と，その中で行動する人間のパーソナリティの関係を分析して，官僚制の「逆機能」を提唱したのである．パーソナリティと組織の関係は，1960年代以降，アージリスのような組織心理学者によって，「人間性の成熟」と官僚制の断片的な専門化とのコンフリクトなどの視

点から理論的に完成されていった．

　さて，当時の米国の労働者にとって，こうした心理学的な反官僚制論が受容される余地は十分にあった．それは一言でいえば，急激に大きくなった公式組織に対する人間的不満である．大衆娯楽でみると，名匠ビリー・ワイルダーは『アパートメント（アパートの鍵貸します）』（1960年）を作って，巨大な保険会社の一平社員が，階層組織を駆け上がることと恋愛との間で悩む姿を切なくもコミカルに描いてアカデミー賞をうけた．出世主義者という意味の「梯子を登る人」という表現がジャーナリズムに出てきたのも当時である．米国の労働者や市民は，今まで経験したことのない階層組織の出現に抑圧感を感じていたのであり，ビリー・ワイルダーやホワイトなどの作品が受容された理由は，彼らが官僚制のもつ非人間的な構造に不安と憤りを表明したからである．これがいわば当時の米国市民や従業員の心情であり，その心情は，ホワイトがいみじくも述べているように，カルヴィニズムの時代の個人の自由という観点から現代米国の官僚制化が進んだ社会をみて，集団や組織に流されて自分を失う危険性からきていた．これを個人主義的な人間観という実質合理性から官僚制的な形式合理化に対する，官僚制化を阻止しようという「官僚制に対する（against）戦い」とよぶことができよう．

5　「神の死」と「官僚制の死」：結びにかえて

　理論的な純粋型としてウェーバーの官僚制論だけをみると，現実の組織化過程のダイナミックな動態を見失いがちになる．それはウェーバーが意図的に概念規定としては書かなかったものであろうし，現実の組織管理者や組織内で働く人びとが経験的に知っているものでもある．本章後半で述べてきたように，現実の企業組織では，つねに「官僚制化に対する」運動と「官僚制化に向けて」の運動の闘いが併存してきたのである．前者は公式化する組織に対して，より多くの人間性を求める闘いであり，後者は組織のさらなる効

率性を求める闘いである．この2つの闘いは今日もなお継続中であり，だからこそ，官僚制のストレスに苦しむ人もいれば，組織の非効率性や無駄をなげく人もいるのである．ウェーバーの官僚制理論はマートンの逆機能論によって否定されたのではなく，論点を変えてウェーバーの理論の妥当性を証明したのである．官僚制化は完結するプロセスではなく，現代ドイツの著名な社会学者の表現を借用すれば，「未完のプロジェクト」としての官僚制化がある．

われわれの生きる経営文明には独特の構造がある．それは「神の死」というウェーバーとニーチェが提起した世界の意味喪失と，その即物的な経済の上に活動する，即物的な官僚制の技術的卓越性である．

知識資本主義の発展に応じて，ITやインターネットが「官僚制の死」をもたらしつつあるというヘックシャーら (C. Heckscher & A. Donnellon) のような主張は少なくないが，経営者の間でフラット化組織論が流行しているからといって，それはウェーバー的な意味での「官僚制の死」をもたらすものではない．むしろ「官僚制化に向けて」，企業の形式合理性をより洗練させようという運動なのであり，「官僚制化に対する」トレンドではないことに留意すべきであろう．

市民的なネットワーク組織が「官僚制の死」をもたらすという説は，インターネットの2つの側面[33]のうち，グローバルなコミュニティとしての側面が，純粋に即物的な市場としての側面よりも速く発達すること，その意味での「官僚制の死」への期待である．しかし，少なくとも本章で論じてきたウェーバー組織論の視点からは，「神の死」後の近代社会を支配してきたメカニズムに取ってかわる効率的な制度が現れる可能性は，残念ながら見果てぬ夢に終わるというべきであろう．人間の自由は「官僚制を超えて」ではなく，「官僚制とともに」実現されなければならない．

注

1）ウェーバー当時の国際化と現代のグローバリゼーションにはもちろん違いもある．大きな相違点のひとつは国民国家の存在感である．当時の国際化が国家による政治的緊張を軸としたものであったのに対し，今日のグローバル化は企業による経済活動を第1義的なものとしている．ウェーバー当時は，ドイツやイタリアが国民国家として成立して間もない時期であり，ウェーバーの政治論文集にみられるように，国家に対して現在とは比較にならないほど過剰な期待がよせられていた．

2）当時，西欧ニヒリズムの中で「生」の意義を問うた代表的な思想家はニーチェだった．ウェーバーを近代合理主義賛美者としてではなく，ニーチェ的なニヒリズムとの関連で位置づけようとする研究については以下を参照されたい．鈴木秀一「『ウェーバーとニーチェ』問題の批判的考察—M. ウェーバー政治論批判の再検討」『哲学』77，慶応義塾大学文学部哲学会，1983年，pp. 83-112. 鈴木秀一「ウェーバーとニーチェにおける『近代』—合理化とニヒリズム」山岸健編著『日常生活と社会理論』所収，慶応通信，1987年．山之内靖『ニーチェとヴェーバー』未来社，1993年．山之内靖『マックス・ヴェーバー入門』岩波新書，1997年

3）M. ウェーバー（大塚久雄・生松敬三訳）「宗教社会学論集序言」『宗教社会学論選』みすず書房，1982年，p. 5

4）M. ウェーバー「世界宗教の経済倫理中間考察」同上訳書，p. 157

5）Weber, GARS, I, S. 570. 同上訳書，p. 158

6）本章で参照したウェーバー自身の文献は以下のとおりである．M. ウェーバー（富永祐治・立野保男訳，折原浩補訳）『社会科学および社会政策にかかわる認識の「客観性」』岩波文庫，1998年．M. ウェーバー（富永健一訳）「経済行為の社会学的基礎範疇」『世界の名著・ウェーバー』中央公論社，1975年所収．M. ウェーバー「文化科学の論理学の領域における批判的研究」，E. マイヤーとM. ウェーバー（森岡弘通訳）『歴史は科学か』みすず書房，1977年所収．M. ウェーバー（清水幾太郎訳）『社会学の根本概念』岩波文庫，1975年．M. ウェーバー（尾高邦雄訳）『職業としての学問』岩波文庫，1982年．M. ウェーバー（世良晃志郎訳）『支配の諸類型』創文社，1978年．M. ウェーバー（世良晃志郎訳）『支配の社会学（I・II）』創文社，1978年．M. ウェーバー（黒生巌・青山秀夫訳）『一般社会経済史要論』（上・下）岩波書店，1977年．

7）M. ウェーバー『社会科学および社会政策にかかわる認識の「客観性」』前掲訳書，p. 41

8）M. ウェーバー同上訳書，p. 41

9）M. ウェーバー同上訳書，p. 93

10）M. ウェーバー「経済行為の社会学的基礎範疇」前掲訳書，p. 301

11) M. ウェーバー『一般社会経済史要論』(下），前掲訳書，p. 238
12) M. ウェーバー「経済行為の社会学的基礎範疇」前掲訳書，p. 303
13) M. ウェーバー，同上訳書，p. 302
14) M. ウェーバー「世界宗教の経済倫理序論」前掲訳書，p. 58
15) 大塚久雄「Betriebと経済的合理主義」大塚久雄編『マックス・ヴェーバー研究―生誕百年記念シンポジウム』東京大学出版会，1965年，p. 310
16) M. ウェーバー「宗教社会学論集序言」前掲訳書，p. 9
17) M. ウェーバー『一般社会経済史要論』(下），前掲訳書，p. 209, 245
18) M. ウェーバー「宗教社会学論集序言」前掲訳書，pp. 16-17
19) 以下はM. ウェーバー『一般社会経済史要論』(上)，前掲訳書，pp. 15-16
20) M. ウェーバー「経済行為の社会学的基礎範疇」前掲訳書，pp. 436-438
21) M. ウェーバー，同上訳書，p. 437
22) M. ウェーバー，同上訳書，pp. 339-340
23) M. ウェーバー，同上訳書，p. 340．ウェーバーの市場経済論に闘争の概念を析出した先駆的文献として，石坂巌「歴史的・制度的経済学の展開―マックス・ウェーバー」遊部久蔵・小林昇・杉原四郎・古沢友吉編『講座経済学史V 歴史派経済学と近代経済学』同文舘，1977年，pp. 70-98を参照のこと．
24) M. ウェーバー「経済行為の社会学的基礎範疇」前掲訳書，p. 341
25) M. ウェーバー『一般社会経済史要論』(下），前掲訳書，p. 242
26) ウェーバーの経営組織概念を支配団体として解釈する先駆的業績として石坂巌（1975）および石坂巌（1977）がある．
27) 以下はM. ウェーバー『支配の社会学（I）』前掲訳書，pp. 11-57を参照．
28) M. ウェーバー『支配の社会学（II）』前掲訳書，p. 423
29) M. ウェーバー（中村貞二・山田高生・林道義・嘉目克彦訳）『政治論集（2）』みすず書房，p. 363
30) 官僚制についての基本的文献としては以下を参照されたい．R. ベンディクス（高橋徹・綿貫譲治訳）『官僚制と人間』未来社，1976年．P. M. ブラウ（阿利莫二訳）『現代社会の官僚制』岩波書店，1970年．A. W. ゴールドナー（岡本秀昭・塩原勉訳）『産業における官僚制』1963年．A. エツィオーニ（渡瀬浩訳）『現代組織論』至誠堂，1967年．石坂巌『経営社会学の系譜』木鐸社，1975年．佐藤慶幸『官僚制の社会学〔新版〕』文眞堂，1991年．W. Bennis, *Beyond Bureaucracy. Essays on the Development and Evolution of Human Organization*, San Francisco : Jossey-Bass Publishers, 1993. F. C. Fischerand Sirianni, ed., *Critical Studies in Organization and Bureaucracy*, Philadelphia : Temple University Press, 1984. G. Pinchot & E. Pinchot, *The End of Bureaucracy and the Rise of the Intelligent Organization*, San

Francisco: Berrett-Koehler Publishers, Inc., 1994. C. Heckscher & A. Donnellon, ed., *The Post-Bureaucratic Organization. New Perspectives on Organizational Change*, London: SAGE Publications, 1994.
31) M. ハマーとJ. チャンピー（野中郁次郎監訳）『リエンジニアリング革命』日本経済新聞社，1994年．1980年代の米国企業の官僚制化と硬直化の実態については，M. L. ダートウゾス他（依田直也訳）『Made in America：アメリカ再生のための米日欧産業比較』草思社，1990年を参照のこと．
32) R. K. マートン（森東吾・森好夫・金沢実・中島竜太郎訳）「ビューロクラシーの構造とパースナリティ」『社会理論と社会構造』みすず書房，1961年，p. 183
33) 岩井克人『二十一世紀の資本主義論』筑摩書房，2000年，p. 79以下参照．

参考文献
A. D. Jr. チャンドラー（鳥羽欣一郎・小林袈裟治訳）『経営者の時代』（上・下）東洋経済新報社，1985年．
石坂巖『経営社会学の系譜―マックス・ウェーバーをめぐって』木鐸社，1975年．
亀川雅人・鈴木秀一『入門経営学』新世社，2003年．
鈴木秀一『経営文明と組織理論・増訂版』学文社，1997年．
鈴木秀一『入門経営組織』新世社，2002年．
鈴木秀一編著『経営組織論を学ぶ人のために』世界思想社，2006年刊行予定．
鈴木秀一・齋藤洋編著『情報社会の秩序と信頼：企業・政治・法』税務経理協会，2006年．
P. F. ドラッカー（岩根忠訳）『会社という概念』東洋経済新報社，1966年．
R. K. Merton, A. P. Gray, B. Hockey and H. C. Selvin, ed., *Reader in Bureaucracy*, New York: The Free Press, 1952.
D. A. Nadler & M. L. Tushman, *Competing by Design. The Power of Organizational Architecture*, New York: Oxford University Press, 1997.

第4章 デュルケムと犯罪
―― 現代社会における欲望と
　　　道徳的連帯の失敗 ――

Émile Durkheim

第4章
デュルケムと犯罪
―― 現代社会における欲望と道徳的連帯の失敗 ――

1 デュルケムという社会学者

▼デュルケムがみた近代

　19世紀末から，20世紀初頭にかけて，欧米の先進国は産業化を急ピッチで進め，自国の富と覇権をかけて世界戦争を行いはじめた．社会学者 E. デュルケム（1858-1917）がリアルタイムで生きたこの時代は，以後21世紀にかけて急激に膨張することになる欲望社会が本格的に幕開けした時代であったといえる．急速な産業化が進展する一方で，宗教を典型とする伝統的な規範は衰退し，価値の多様化がすすんだ．近代化という言葉で総括できる社会変化は，具体的にどのような変化であったのか，また，そこで人間の生き方はどのように変化するのだろうか．デュルケムの問題意識は，急速な近代化に直面し動揺する〈社会〉と，欲望社会のただなかで苦悩する〈個人〉に向けられていた．

　デュルケムは，1858年，フランス東部の町エピナルで代々続くユダヤ教のラビの家族に生まれた．ラビとは，ユダヤ教における律法学者である．裕福とはいえないが教育熱心な家庭で，幼少の頃から，ヘブライ語やユダヤ教の伝誦であるタルムードの教え等を受けた．少年期のデュルケムは，1870年の夏，普仏戦争における第二帝政下の祖国フランスの敗戦を経験している．エピナルは，ドイツ領編入を免れたのであるが，世情の動乱に乗じてユダヤ人排斥が起こった．少年時代に経験した祖国の崩壊と，第三共和政の始まりという政治的動乱の経験は，後年，デュルケムの社会学研究における通奏低音

であるフランスの精神的再建と，普遍的な国民意識の再編の希望へと連なったといえるであろう．

▼デュルケムの略歴

デュルケムは，曽祖父の代からのラビを継ぐことを選ばず，パリの高等師範学校（エコール・ノルマル・シュペリユール）で，学問の道を歩み始めることとなった．高等師範学校では，受験準備時代からの友人である社会主義者ジャン・ジョレス（Jean Léon Jaurès, 1859-1914），後に「生の哲学」を説いたアンリ・ベルクソン（Henri Bergson, 1859-1941）等の学友に囲まれていた．また，デュルケムは，新カント派哲学者であるシャルル・ルヌヴィエ（1815-1903）やエミール・ブートルー（1845-1921），歴史家フュステル・ド・クラージュ（1830-1889）らから，思想形成上大きな影響を受けた．後年デュルケムは，「自由，平等，友愛」に裏打ちされた国民国家の形成を目指して活発な社会行動を行うことになるが，その思想的土壌と討論作法等も含めたアクティヴな研究姿勢は，高等師範学校時代の切磋琢磨のうちに培われたといえる．

1882年，哲学の教授資格試験（アグレガシオン）に合格し，本格的な学究生活に入った．この頃すでに高等師範学校卒業者の伝統である哲学ではなく，より実証的で，なおかつ社会の理念的創造を志向する学問を構想していたようである．つまり，フランスという国を道徳的に再建するための社会科学的課題とは何であるのか，デュルケムは非常に実践的な関心をもって研究に取り組んだのである．そしてデュルケムが見出した社会学的命題は，〈社会〉と〈個人〉の関係性への問いであった．

1885年から1886年にかけて，郊外の勤務地を離れてパリで社会学，人類学関係の文献を調べたのち，短いドイツ留学を経験している．デュルケムは，当時のフランスに，唯心論とカント主義の道徳と，功利主義の道徳という2種類の道徳しか認知されていないことを指摘し，道徳的事実は客観的・社会

学的に観察する対象であることを強調した．ドイツ留学の成果である「ドイツにおける道徳の実証科学」論文をはじめとした研究は脚光を浴び，1887年ボルドー大学にデュルケムのポストとして「社会科学および教育学」講座が創設された．同年，ルイーズ・ドレフュスと結婚し，その後二児をもうけている．1893年には博士論文『社会分業論』を発表し，これによってデュルケムは一躍名声を馳せた．ボルドー大学で正教授に就いたデュルケムのもとには，後に『贈与論』等を著し，社会学および社会人類学の分野において中心的役割を果たすことになるマルセル・モース（1872-1950）が進学し，デュルケムの研究に助力した．その成果のひとつが1897年の『自殺論』である．

一方，研究活動以外に目を転ずれば，1898年，ユダヤ系フランス人ドレフュスが軍の機密文書を漏洩したというスパイ疑惑，いわゆる「ドレフュス事件」が起こり，フランスの世論を二分する事態となった．デュルケムは，ドレフュス派組織「人権同盟」に加わり，再審請求活動に奔走し，ボルドーにおける支援活動の中心を担っている．これらの活動は，私利私欲に基づく個人主義（＝功利主義的個人主義）ではない，国民の道徳的連帯を可能にする普遍的な個人主義（＝道徳的個人主義／社会化された個人主義）[1]の希求というデュルケムの根底的問題関心の発露であった．

1902年からはソルボンヌ大学の教育科学講座の教授に就任した．これに先だつ1898年には，『社会学年報』が創刊されている．そこでは社会学，哲学，人類学，地理学等々広範な研究が行われ，デュルケム学派と称される学際的な研究グループが形成された．ソルボンヌに籍を置いたデュルケムは，晩年の『宗教生活の原初形態』に結実する宗教社会学研究に取り組む一方で，教育学に重心をおいた研究教育活動を行った．ソルボンヌ大学の開講の挨拶では，教育を「社会がその固有の存在諸条件を不断に更新していくための手段」であり，子どもの精神に本質的な類似性と等質性を定着させつつ，他方で多様性を実現していくものとして社会学的教育観を説いている．この挨拶の一節からも，デュルケムが，保守主義に与した社会学者というよりも，よ

りよい社会の構想とそのための学問を希求してやまなかった理想主義者の顔をもつ社会学者であったことがうかがえよう[2]．

1914年，第1次世界大戦が勃発した．デュルケムは「戦争の研究および記録刊行委員会」に加わり，国防活動においても大いに活躍していた．しかし，翌年の1915年，息子アンドレがブルガリア戦線で消息を絶ったのち，戦死確認の報に接するにいたり，激務で疲労したデュルケムの健康はさらに害された．1917年，『道徳学序説』の絶筆を残し，59年の生を閉じた．

▼「合理主義」と「社会学主義」

デュルケムの社会学の特徴を簡潔にいうならば，それは徹底した「合理主義（rationalisme）」と「社会学主義（sociologisme）」にある．

まず合理主義について，デュルケムは，「われわれが受け入れる唯一の名称は，合理主義者という名称である」[3]と述べている．これは，非合理的要素を根拠に解明されようとしてきた宗教や道徳についても，科学的方法によって合理的に説明されるべきであり，科学によって理解不可能なものはないとする立場である．

次に，社会学主義とは，社会と，その社会で生じるさまざまな社会的事象の根拠を，個々の人びとのメンタリティや，それらメンタリティの単なる総和に求めないデュルケムおよびデュルケム学派の立場である．社会的事象を個人的要因から説明することを拒絶し，一種独特のリアリティとしての社会を論拠に社会的事象を説明しようとする立場である．〈社会〉と〈個人〉の関係性という問題，詳しくいえば〈社会〉は〈個人〉をいかに社会化するのかという社会的統合に関するテーマと，近代社会において人間はいかにして道徳的連帯を生きうるのかという人間論的テーマは，デュルケムの社会学研究を貫くものであった．

以上のようなデュルケムの研究人生を踏まえつつ，デュルケムの博士論文であった『社会分業論』から，社会学的方法を説いた『社会学的方法の規

準」，そして実証主義の見地から自殺の社会的要因に徹底してこだわった『自殺論』，晩年に結実をみせた『宗教生活の原初形態』に代表される宗教社会学研究までを鳥瞰しつつ，デュルケム社会学の具体的内容についてみていくことにしよう．

2　デュルケムの主著からみる足跡

　デュルケムの社会学研究は，研究前期で取り組まれた社会学的方法論の精錬と実証主義的研究，中期に展開された教育社会学および道徳社会学に関する諸研究，後期に結実した宗教社会学研究に大まかに分けることができる．ここでは，時系列的に主要著作をとりあげ，諸概念がどのように形成されたか概観する．

▼『社会分業論』──「機械的連帯」から「有機的連帯」へ──

　「本書は，何よりもまず，道徳生活の諸事実を，実証諸科学の方法によってとりあつかおうとする，ひとつの試みである．……われわれは，科学から道徳をひきだそうとするのではなく，これとはまったく異なった道徳の科学 (la science de la morale) をつくろうとするものである．」[4)] という宣言から『社会分業論 (*De la division du travail social*)』（1893年）は始められている．

　ところで，なぜ「道徳の科学」の対象が「分業」なのであろうか．当たり前のことであるが，私たちが社会生活で使用するすべてのものは，無数の人を介して生産され供給され処分されている．分業とは，「ひとつの仕事を幾つかの段階に分け，それぞれ違う人が分担して仕上げること」である．合理的に分業することにより，大幅に速く，かつ大量に仕上げることができる．また，それぞれの工程に特化された労働に就くことにより，労働者のスキルは増大する．このように，分業は，社会の物質的発展をうながし，社会の知識量は増える．

デュルケムは，ひとつの閉じた地域で，みんなが同じ仕事に取り組むような分業の未発達な社会を，「環節的社会」と言った．簡単に言うと，「みんなが同じで当たり前」の社会であり，ここで人間の個性は極小である．それは，人間が生まれながらに所属する社会に完全に埋め込まれた「機械的連帯」でつながる社会である．しかし，分業が発達し，人それぞれにさまざまな職業をもちはじめると，生活スタイルや価値観はおのずと多様化する．社会移動が活発化し，社会圏も拡大する．デュルケムが言うところの「有機的連帯」に基づく社会が成り立つ．諸個人が異質化し，それぞれの差異を生きはじめる．機械的連帯の社会が「みんなが同じで当たり前」ならば，分業が発達した有機的連帯に基づく社会は，「みんなが違って当たり前」の社会である．

ここで大きな問題は，分化し，異質化した諸個人が，どのような社会生活を営むのかという問題である．それぞればらばらに生きはじめ，功利主義的な社会生活をおくるという予測もありうる．功利主義とは，「行動を個人の欲求ないし欲望の合理的追求といった観点から説明する」[5]立場である．しかし，デュルケムはそのような功利主義に基づいて社会生活が営まれるとは考えなかった．デュルケムは，分業は社会の知的発展と物質的発展をともにうながすと指摘するが，それ以上に重要な機能として，「道徳的効果」を強調した．分業が発達すればするほど，諸個人間の相互依存関係が増大し，それぞれの差異を前提とした有機的連帯が紡がれると考えたのである．ここには，一定のルールや規制があって初めて，自律や自由が個人にとって可能になるというデュルケム社会学の根底的命題が含まれていることに留意しておきたい．

しかし，分業は正常に機能するだけではない．有機的連帯を可能にするための規制を超えた無規制な分業は，「アノミー状態」をもたらす．また，強制の結果，自発性に基づかないカーストのような規制がある場合の拘束的分業は，拘束される当事者にとって耐えがたい社会的不平等に帰結する．これ

らの分業の異常形態について論じることで，デュルケムは近代社会の道徳的危機に警鐘を鳴らしたのである．

　理論的整理に関して付け加えておくと，以上のような分業と社会関係の変化に関する分析は，社会変動論とともに社会学的人間論を射程に含んでいることも看過してはならない．「人間性は歴史のさまざまな時代を貫いて不変のままであるのではない．社会とともに変わるもの」[6]である．

▼『社会学的方法の規準』――社会的事実をもののように考察せよ――

　『社会分業論』の次作である『社会学的方法の規準』において，デュルケムが取り扱った問題は，著作のタイトルどおりに，客観的な社会学的方法を確立することであった．個人的意識に関する科学である心理学と社会学を峻別することにより社会学の方法を明示することと，〈社会〉と〈個人〉の関係性についての功利主義的解釈をのりこえることを意識して著されたのが『社会学的方法の規準（*Les règles de la méthode sociologique*）』（1895年）である．

　デュルケムは，「社会学は，諸制度およびその発生と機能にかんする科学である」[7]と定義している．科学的な思考においては「すべての予断を系統的に斥けなければならない」[8]．これをふまえて，社会学は社会的事実を固有の対象とする．社会的事実を，外部から観察可能な客観的事実としてとらえ，予断を排して，「もののように」観察せよとデュルケムは主張したのである．

　社会的事実とは，「行動，思考および感覚の諸様式から成っていて，個人に対しては外在し，かつ個人のうえにいやおうなく影響を課することのできる一種の強制力」[9]であり，個人の内面にある「心理的現象」とは混同されえないものである．私たちは，自分の使用する言語や自分のよって立つ価値や規範を，自分で産出することも選択することもなく，日々それらに依拠して生きているのではないだろうか．このように考えると，社会的事実の外在

性ないし強制力を感知することができるだろう．また，それら社会的事実は，私たちの個人的意識に還元されえない，そして私たち一人ひとりの個人的意識の単なる総和に還元しえない一種独特のリアリティである．

デュルケムの社会学的方法を端的に示す社会的事実という用語は，集合意識（conscience collective）という概念と密接な関連をもっている点も確認しておきたい．集合意識は，「同じ社会の成員たちの平均に共通な諸信念と諸感情の総体は，固有の生命をもつ一定の体系を形成する．これを集合意識または共同意識とよぶことができる」[10]と定義されている．

▼『自殺論』──自殺の社会学的研究──

『自殺論（Le suicide）』（1897年）は，社会的事実をもののように観察するという社会学的方法を用いた，実証的研究である．デュルケムがサーベイした既存の自殺研究は，ひとはなぜ自殺するのかという問いに対して，精神病理，遺伝などの個人的要因や病苦や家庭不和などのさまざまな「動機」，または季節等の要因に答えを見出していた．デュルケムは，そのような自殺の解釈を退け，自殺がある社会的環境の下で一定の頻度で生ずる社会的な現象であることを明らかにした．たとえば，カトリックよりもプロテスタント，女性よりも男性，既婚者よりも未婚者，農村よりも都市において自殺率が高いことが指摘されている．

近代化が進行する過程では，伝統的な社会とは異なった〈社会〉と〈個人〉の関係性があらわれる．社会的な統合が弛緩することによって，個人は伝統的思考から解放され，「自由」を享受することになるが，一方では依拠する価値や規範を見失う個人がエゴイズムの病を抱え込む可能性が高まる．また，たとえば商業の世界では，ギルドに代表される同業組合等は伝統的な規制にのっとって商取引の過度な過熱を抑制していたが，この規制力が弱まると，欲望が無規制に追求され始め，アノミー状態をきたす．

これらエゴイズムないしアノミーという近代社会に特徴的な兆候を原因と

して，自殺が増加すると考えたのである．逆に，前近代の伝統的社会においては，過剰な社会的統合のもとで，特徴的な自殺が生じると考えた．アノミーとエゴイズムについては別項を設けて詳述する．ここでは『自殺論』において提示された自殺の4類型を，簡潔に整理しておきたい．

① 自己本位的（égoiste）自殺—社会的統合が過度に弱まり，個人が孤立した結果生じる自殺
② 集団本位的（altruiste）自殺—過度に統合された社会における，権威のための犠牲的自殺
③ アノミー的（anomique）自殺—社会的規制が過度に低下し，無規制状態で欲望が無限昂進する結果生じる自殺
④ 宿命的（fataliste）自殺—欲望に対する社会的圧力が強大で，その結果生じる自殺

▼『宗教生活の原初形態』——聖なるものと道徳的共同体——

　宗教社会学研究は，デュルケムの研究生活においてライフワークともいいうる重要な位置を占めている．先に触れた雑誌『社会学年報』では，「分類の未開形態」（1903年）に代表されるモースとの共同研究が発表されている．このように，デュルケムは，研究生活の早い時期から社会と個人の関係を解き明かす糸口として，宗教に着目していたのである．デュルケム宗教社会学は，まさに研究生活の晩年，『宗教生活の原初形態（Les formes élémentaires de la vie religieuse）』（1912年）として結実し，生前最後の出版物となった．

　ところで，宗教とは何だろうか．デュルケムは，霊魂への崇拝や自然物への畏敬の念などを宗教の根拠とは考えなかった．デュルケムの定義によると，宗教とは，分離され，禁止された「聖なるもの」と関連する信念と行事との連帯的な体系であり，教会とよばれる同じ道徳的共同体に，これに帰依するすべての者を結合させる信念と行事である．また，聖なるものとは，社会のメンバーが共通して信服するものである．聖なるもの自体は，石でも，

布でもよい.聖なるものが帯びる聖性は,もの自体の属性に左右されるものではなく,ものに外づけられた属性である.では,単なる「もの」に,何を外づければ聖なるものになり,その「もの」を諸個人が崇拝するようになるのであろうか.デュルケムは,この答えを,集合的沸騰のメカニズムに求めた.

多くの人間が集合し,時空を共有する状況において,人間は,例外的に強烈な力を経験することがある.そこで人びとは,ふだんの生活からは想像不可能な強烈な外的エネルギーにとりつかれたように感じ,激昂した感情と,激しい踊りや身振りを外から強いられ,それに忘我する.圧倒的な社会的統合の契機である.多数の個人意識が,集合意識へと融合・合一され,それは,単なる個人意識の足し算に還元しえない水準に「一種独特」に「綜合」される.しかも,集合的沸騰において,社会は現状維持的に再構成されるのではなく,力動的に生み出される理想にむけて社会変動が生ずるとデュルケムは考えた.革命のような政治的活動の沸騰等を,典型として考えればよいであろう.

デュルケムは,民族誌的データを読み解き,宗教的観念は,このような集合的沸騰そのものから生じたと論じた.そして,ふだんの自分を超越したかに感じさせ,おのおのの個人に社会の全体性を感知させる聖なる力の世界と,俗的で平凡な日常の生活世界という,聖と俗,2つの世界に関する観念が生じたとデュルケムは考えた[11].

ところで,集合的沸騰で生ずる宗教的な力は,熱狂の祭りの後,当然,徐々にさめていく.個人は,俗なる世界で,それぞれの生活に没頭し,ばらばらに生き始める.ここで,個人を社会につなぎとめるものが,集合的沸騰の記憶が投影され,象徴化された聖なるものなのである.俗なる世界において,諸個人は,聖なるものに対する儀礼を執行することによって,集合的沸騰の熱と社会生活の生命の源泉を,小さく賦活しながら生きるのである.

デュルケムが生涯にわたって構想した,社会の再組織化と道徳の再生とい

うテーマは，以上のような，諸個人を生き生きと賦活するメカニズムとしての宗教を対象とした動態的な社会学研究に結実された．

3 デュルケム社会学における犯罪への視角

社会的な事象を，個人的な要因に還元することなく，社会的事実として考察することが，デュルケム社会学の基本的な方法であった．このような現実理解の方法をふまえ，デュルケムは社会現象としての犯罪を社会学的に考察するという視角を提示している．以下では，デュルケムが犯罪の社会学的理解に向けて展開した諸議論をみていく．

▼アノミーとエゴイズム

アノミー（anomie）とエゴイズム（egoisme）は，デュルケム社会学の社会診断学的視角において，とりわけ重要な概念として位置づけられる．

近代化の要点のひとつは，進歩の精神が社会生活全般に普及し浸透することである．近代がはじまる以前の社会では，過去・現在・未来が，宗教を典型とする同一の価値規範体系に貫かれて営まれ，所与の社会のメンバーは，伝統を固守することを当然のこととして生きている．そこに，進歩の精神がきざすと，過去よりも現在，現在よりも未来へという志向が生じ，社会の物質的富は倍加的に蓄積されていく．進歩の精神は近代化の進展に不可欠であるのだが，過剰になれば弊害が生ずる．伝統的社会において「産業上の諸関係に規制を加えることを任務としてきた」[12] 宗教や同業組合の拘束力が緩むと，欲望は無限に昂進しはじめる．アノミーの蔓延した社会においては，「物質的幸福の神格化」がすすみ，個人は果てのない欲望を充足させるために，焦燥感の中で奔走し，疲弊することになる．アノミーとは，社会的な規制力の衰退によって生じる欲望の無限昂進の病理である．

近代社会においては，個人は，伝統的な共同体における「みんなが同じで

当たり前」の価値規範体系から解放される．ここには，縦横無尽に経済的利益を追求し，一方では他者との差異を尊重する個人主義者として生きる資本主義社会の人間像がある．しかし，個人主義がゆきすぎると，社会集団への愛着を欠いたエゴイスティックな人間が増殖する．近代社会にとって個人主義は欠くべからざるものであり，個人の自律や主体性の根拠である．しかし同時に，個人主義の極北たるエゴイズムが諸個人に蔓延する危険性をも孕んでいる．ばらばらに個人化される社会で，果てのない欲望に駆られながら，社会的存在としての自己を見失わせるほどの孤独や不安に苦しむ人間があらわれる．エゴイズムとは，諸個人の社会に対する愛着の失効によって生ずる，肥大した自己の病理である．

　アノミーとエゴイズムという近代社会の病理のもとで，「外部から抑制するものがない限り，われわれの感性そのものはおよそ苦悩の源泉でしかありえ」[13]ず，社会的人間は「底なしの深淵」を見てしまうかもしれないのである[14]．

　すでに見たとおり，アノミーとエゴイズムが自己に向けられると，個人は自殺に駆り立てられる．19世紀のヨーロッパ社会における自殺率の上昇は，アノミー的自殺と自己本位的自殺に起因するとデュルケムは診断したのである．また，アノミーとエゴイズムが他者に向けられれば，犯罪の発生へとつながる．

　たとえば，典型的には，金銭目的での犯罪行為は，いずれも貨幣に至上の価値を見出すアノミー的な社会を背景として生ずる．とはいえ，社会全体の経済的水準いかんによって，底辺的人間のルサンチマンが凝った犯罪であったり，場当たり的な享楽追求型の犯罪であったりするので，「貨幣崇拝」の具体的な現れ方は相当に異なる．また，個人主義化の果てのエゴイズムに関係する病理として，近年の少年犯罪にみられる過度な自己承認欲求にかかわる犯罪が挙げられるが，これについては後に詳述する．デュルケムは，「無規制というものは，エゴイズムの芽ばえなくしては起こりえない．なぜな

ら，もしも人が強固に社会化されているなら，およそ社会的束縛にたいして反抗的であることはないであろうからである」[15]と述べて，エゴイズムとの関連においてアノミーを考えていた．あまりに強力なアノミー的状況は，自己に閉塞する余裕さえ与えることはないとデュルケムは注釈を行っているが，そうでない場合，アノミーはエゴイズムと混合し，相乗して犯罪に結びつく．

▼犯罪常態論

　デュルケムは，社会診断学としての社会学という大きなテーマを提起している．観察される社会的事実には，正常な現象と病理的な現象があるというのである．ここでいわれる病理とは，平均的類型からの逸脱である．つまり，ある特定の属性が絶対的に病理的であるのではなく，「ひとつの種との関係において」規定されるのである．正常も病理もひとしく，外部から特徴づけられた結果である．このような社会診断学的見地に立って，デュルケムは，「それらに犯罪としての特徴を付与するものは，それらに内在する重大性ではなく，共同意識がこれにみとめるところの重大性である」[16]という犯罪の定義を行っている．この定義は，犯罪とは，ある行為が重大であるから犯罪なのではなく，それが集合意識（共同意識と同義）に影響を及ぼすがゆえに犯罪であると主張しているのである．デュルケムの犯罪定義には，「社会集団はその違反が逸脱となるような規則を作ることにより，またそれらの諸規則を特定の人々に適用し，彼らをアウトサイダーとラベル付けることにより，逸脱を創り出す」[17]と論ずる，後のラベリング理論に通じる相互作用論的視角が含まれている点に留意しておきたい．

　犯罪を集合意識の観点から考察することにより，犯罪のない社会はないという犯罪常態論も導かれる．これは，いかなる価値規範体系ももたない社会が存在しないということとパラレルな犯罪理解である．また，管理とルールが徹底された社会において，犯罪や逸脱がどのような特徴をもって生ずるか

という問題とも関係している．この問題について，デュルケムは，「もしも共同意識が強力となり，こうしたズレを絶対量においても僅少化してしまうほどの権威をもつようになれば，それはいっそう鋭敏に，また要求がましくなり，他所ではより重要な不一致に対してしか発揮されないような強い力をもって，わずかなズレにも反作用をおよぼし，前者におとらぬ重大性をこれに付与することになろう」[18]と述べている．聖人たちからなる僧院という「非のうちどころのない」社会においては，俗人たる一般の人びとに許容されるはずのさまざまなことがらが，スキャンダルとして扱われるであろうと指摘されている．つまり，集合意識を傷つけるような社会はある行為ないし対象に対して，社会は「犯罪としての特徴を付与」し，それに対する懲罰等々のサンクションを行う．

　さらに，デュルケムは，「犯罪が公共的な健康の一要因であり，およそ健康な社会にとっての不可欠な一部分をなして」[19]おり，「犯罪は必然的かつ必要なもの」であるという社会学的犯罪観を提起した．これは，犯罪は集合意識を活性化し，社会的統合を強化する契機でもあり，また古い道徳を廃棄し，更新するために不可欠な現象であるという主張である[20]．ただし，それぞれの社会の「固有の犯罪行為」のある種の「形態」の増加は正常なものであるということはあくまで仮説であるとデュルケムは注釈している．これをふまえたうえで，一定率の犯罪が発生し，その犯罪に対する反作用としての制裁，抑止が発動し適切に機能する社会を，デュルケムは健康な社会であると考えたのである．この作用と反作用が正常にかみ合わない，一定の水準を越えた犯罪率の上昇については，病理として理解される．

▼人格崇拝

　すでに指摘したとおり，デュルケムは，研究人生の初期から晩年にいたるまで，宗教社会学に多大な関心をもち続けた．社会のメンバーが一致して信仰する神をもちえた未開社会とは異なる，近代社会における宗教の特質とし

て，デュルケムは人格崇拝（culte de la personne）に関する指摘を繰り返した．

『社会分業論』においては，「宗教以外のあらゆる信念と行動とが，ますます宗教的性格を希薄にしてゆくにつれて，個人こそがある種の宗教の対象となる．われわれは，人格の尊厳のために，ある礼拝式をもつ．この礼拝は，すべての強烈な礼拝と同じように，すでに盲目的な信奉がついてまわる．いってみれば，それは共同の信仰なのだ」[21]という指摘がなされている．この人格をめぐる崇拝は，「個々人を同じ思想へむすびつけ」[22]ると述べられ，個人主義化する社会の社会的統合の根拠として理解されていたといえる．

分業が発展し，個人の差異が多様化した社会においては，いずれ，「人間であるということ以外にもはや共通の要素がなに一つ共有され」[23]ることはない．「人格とは，だれかれにかかわりなくすべての心にふれることのできる唯一の目的であるから，衆目は一致してそれに一種異常な価値を与えずにはいない．こうして，人格は，ありとあらゆる人間的な目的をこえて，ひとつの宗教的な性質をおびるように」[24]なり，「人は，人びとにたいして一個の神となった」[25]と論ぜられるのである．歴史をひもとくと，1789年のフランス人権宣言は，「人は生まれながらにして自由かつ平等の権利を有する」とうたっている．一般的に，フランスはユマニテ（humanité）を尊ぶ人道主義の国といわれるが，デュルケムが強調した人格崇拝は，人道主義の精神の基底的要素であるといえる．

以上のような近代社会における宗教と人格の聖性に関するデュルケムの問題提起は，後年，アメリカの社会学者ゴフマン（1922-1982）によって継承された．ゴフマンは相互行為が行われている状況において，参加する諸個人が相互に取り交わす儀礼に着目し，精密な分析を行った．日常生活を振り返ると，私たちは，相互に挨拶を交わし，対面を気遣い，さまざまな儀礼を実践しているが，この儀礼が行われる根拠のひとつは，価値あるものとしての人格や自己である．この人格に対する価値づけが例外的に高いのが，先進諸外

国ないし日本社会の特徴であるといえる．ゴフマンは以上のように，日常生活における儀礼が，実は，人格を崇拝する現代社会の特質を具体的に示すものであるということを明らかにした[26]．

4 社会現象としての犯罪
——豊かな個人主義社会における生存の安逸と存在の不安——

▼デュルケム社会学のラジカルな現代性

　ここまで，デュルケムの主著と主要概念を通して，デュルケム社会学の考え方を見てきた．デュルケムは，ヨーロッパ社会が近代化していく過程の只中に生きて，方法論的集合主義の立場から近代社会の社会診断を試みた．デュルケムの社会学的挑戦は，現代社会における社会現象，とりわけ犯罪を分析する際に，どのような示唆を与えてくれるであろうか．

　デュルケム社会学理論の基本的概念である集合意識とは，諸個人の意識を超越した一種独特のリアリティであった．私たちが個人的経験として考えがちなことがらの多くは，実は，個々別々の個人的要因に帰しえるものではない．さまざまな社会現象を，個人の病理でなく，社会の病理として読み解こうとする社会学的視角は現代社会においてこそ，ますます重要であるといえるのではないだろうか．

　ひるがえって現代の日本社会を大局的に見ると，さまざまな問題や困難を個人の責任として考える傾向が強まっている．21世紀の幕開けに前後して汎用されはじめた「勝ち組」と「負け組」という通俗的な言葉は，マクロな社会経済的構造のレベルでもてる者ともたざる者の二極分化が進行している状況を表現しているともいえる．デュルケムが病理を抑止するものとして期待をかけた職業集団や地域等の中間集団は有機的連帯の中核として十分な機能を果たしているとはいえない．とくに職業集団についていえば，「合理化」と称されるコスト削減が推進され，パートタイム労働や「契約社員」といった職業集団を組織することさえ困難な形態の不安定就労が労働市場において

比重を増している．正規雇用の現場でも，リストラか過重労働かという追い詰められた環境におかれている労働者は少なくない．また，その他の具体的な不平等社会の実相は，困窮する生活保護世帯やホームレス，雇用・労働問題としてのニート（Not in Employment, Education or Training）に現れている．

このように不安定な社会環境の下，努力すれば報われるという希望的観測をもつことのできない子どもが増加している．「希望格差社会」[27]ないし「意欲格差社会」[28]において，学校的価値観のものさしで「負け組」に入った層は，将来の成功に向けて努力するという勤勉と努力の動機を見出すことが困難である．なぜなら，努力せずとも，日々の生活にさしたる困難を経験しない程度の生活水準にあるからである．しかも，学業のつまずきや失業，健康障害等々，さまざまな社会生活の困難は，ともすれば自己責任による失敗として理解される．子ども自身が拒絶する学校と学校的文化に，親や学校が無理やり引きとめようとすれば，学校における「負け組」の子どもは，その教育的配慮を「理不尽」として感知し，反発したりルサンチマンを鬱積させる場合もあるだろう．不登校の場合では，学校を拒絶したがりながら拒絶しきれない子どもと，その家族は，政治的言説に巻き込まれながら，暗中模索せざるをえない．一方，いわゆる勉強の上手な「勝ち組」の子どもは，場合によっては「降りられないゲーム」の重圧にさらされながら，競争原理の学校社会を疾駆し続けねばならないだろう．

ただし，「勝ち組」といわれる人びとが幸福で，「負け組」とされる人びとが不幸であるとは必ずしもいえない．学業成績の良し悪しや経済的成功だけが，幸福の指標でありえるわけではない．そうであるにもかかわらず，極度に単純化した思考方法で勝ち負けを議論する傾向が強いということが問題的であり，現代社会の性質をあらわしているのである．

いずれにせよ，現代の「格差社会」で問題を抱え込む個人に「自己責任論」を突きつけることは，問題を抱える個人と支えようとする人びとをます

ます追い詰め、孤立させる。もちろん、それらの諸問題は、「格差社会」に特徴的な外的要因と、家庭を含めた教育の現場全体の制度疲労と機能不全等に少なからず規定されている。

▼戦後日本社会における少年非行

現代日本におけるアノミーとエゴイズムは、具体的にはどのように観察されるのであろうか。デュルケムは、アノミーは殺人の発生と密接な関係をもっていると指摘していた。過剰な欲望と焦燥に駆られた結果の激情的な殺人事件としては、1968年の永山則夫による連続射殺事件[29]、1979年の梅川昭美による三菱銀行襲撃事件[30]等が挙げられる。これらの事件には、高度経済成長期の繁栄からこぼれ落ちたもたざる者たちのルサンチマンの暴発という共通点が見られた。

ここで、戦後日本社会の少年非行の変遷について概観しておきたい。非行には、少年たちの欲望の所在と、欲望を実現する仕方ないしは実現しない仕方／放棄する仕方が少なからず投影されている。非行とは、少年法第3条によって定められた20歳未満の少年による犯罪行為（14歳未満の少年の場合は触法行為）および、虞犯を含むものである。

戦後日本の少年非行は、検挙人員数の増減を根拠に、4つのピークがあるといわれている。第1のピークは、敗戦後間もない1951年を頂点として、1959年までである。衣食住に事欠く少年が窃盗などを犯すことが多く、貧しさの病理としての非行が特徴的に見られた時期である。第2のピークは、1964年から1972年までであり、高度経済成長期の後半と時期的に重なっている。経済的発展に取り残された層の少年による非行が発生する一方で、経済的繁栄を享受する少年の享楽的な非行も見られるようになった。第3のピークは、1983年から1992年であり、競争社会の浸潤と学歴社会化を背景として、学校教育からのドロップアウト組による非行や享楽型非行を含めた「遊び型非行」が指摘され、問題化された。また、非行の低年齢化が問題視され

始めた時期でもあった．また，この頃から「動機」が見えにくい非行のケースが増えたという指摘がされるようになった．ただし，この第3のピークの形成には，青少年に対する社会的関心の増大と警察による青少年取締りの強化というラベリング作用が，大きな影響を及ぼしている．バブル崩壊を経て1998年の「第4のピーク」が指摘され，「バーチャル・リアリティ」と少年非行の関係に注目が集まった．2003（平成15）年の刑法犯少年の検挙人員は，人口1,000人当たり17.5人（前年比0.8ポイント増）と，戦後最大のピークであった昭和50年代後半の水準に近づきつつある．また，以下で詳述する少年による重大事件の発生を契機として，「低年齢化」ないし「凶悪化」のイメージが流布されることになった[31]．

▼1990年代以降の少年による凶悪犯

1997年に神戸で児童連続殺傷事件が発生し，犯人が14歳の少年であったことと残虐な犯行やメディアへの犯行声明の特異さから日本社会は激しい社会的衝撃を受け，モラルパニックを引き起こした．この事件は，その後少年法の改正等に関する議論を惹起し，2001年には改正少年法が施行された．

『警察白書』によると，凶悪犯（殺人・強盗・放火・強姦）を犯した少年は，1959年のピーク時（7,684人）と単純に比較すると，2003（平成15）年の検挙人員2,212人は激減ともいうべき状況である．凶悪犯を犯した14歳未満の触法少年については，同2003（平成15）年で212人であった．ただし凶悪犯の触法少年は，たとえば，1983（昭和58）年の検挙者数は307人，1990（平成2）年は同116人であり，その他の年はほぼ100人台の半ばから200人弱で推移している．このデータは，突出した激増を示しているとはいえない．

しかし，2000年に西鉄バスジャック殺人事件，2003年長崎男児誘拐殺人事件，2004年長崎小6女子児童同級生殺人事件等が発生し，2005年には中学1年生の母親暴行致死事件，女子高生による母親毒殺未遂がセンセーショナル

に報道され,「凶悪化」のイメージが強化され続けている.なお,これらの事件の多くが,インターネットの利用と関係しており,日本社会の高度情報化を反映していると言える.

▼現代日本社会における社会意識と犯罪

1980年代のバブル崩壊を経て,日本社会は低成長時代に入ったといわれている.とはいえ,実態をみれば,日本社会の経済的水準は底上げされ,大多数の人びとは,教育や娯楽に支出する経済的余裕をもっている.競争社会の中で追い立てられ,欲望に翻弄されるというアノミーを自覚しない青少年層も多い.上昇志向や所有欲をもって全力で競争するという経験をしないまま,享楽的にほどほどの今を生きる脱力系のライフスタイルの方が,大学生世代の共感をよびやすいようにも見える.彼らは,貧しい社会を生きた人びとがもったような切実な物質的欲望を感知した経験がない世代なのである.このような社会状況をみるならば,現代社会学にとって,アノミーはすでに失効した概念であると考えられるのであろうか.

また,個人主義と,その過剰としてのエゴイズムは,携帯電話の操作に没頭し,スケジュールを埋め尽くしながら生きる私たちには,関係のない話であろうか.人と人をつなぐコミュニケーションは,マスの水準からパーソナルな水準まで,半世紀前に比べてもその頻度は増し,情報量は飛躍的に高まってきた.エゴイズムの病理などという議論も,産業社会化の過渡期で行われた机上の推論にすぎないのであろうか.

高度経済成長期に生まれ,「企業戦士」として生きてきた男性労働者が,リストラという名目での解雇や,慢性化した激務の果てに自殺し,年間3万人を越える自殺者数のボリュームゾーンを形成している.金銭やモノを越える「生きる意味」[32]や「幸福の確固たる元手」[33]を喪失した結果,21世紀を前後して,自殺者が増え続けてきた.

自殺する中高年の子どもたちにあたる世代は,労働市場における正規雇用

の縮減と非正規雇用の増大という圧倒的なマクロ要因に規定されながら，「ニート」として問題化されている．バブル経済の余韻が残っていた1990年代においては，ポジティブなイメージで語られた「フリーター」層が，早期の更生と労働力化が必要な対象として問題化されるようになり，「若者バッシング」[34]を受けてきた．

ところで，アルバイト就労で必要最低限に収入を得て，ひとまず安寧に日常生活をおくることができて，仮に高齢期の生活設計について心配がなければ，デュルケムが説いた「中庸の健全さ」[35]を具えた，新しい生き方の出現と言えるかもしれない．しかし，実際に，彼らは「幸福の確固たる元手」を手にしているのだろうか．そうではなく，表層的に脱力しながら，肥大した欲望が，向けられる対象のないまま内部に潜在するのだとしたら，〈社会〉と〈個人〉は，より不穏なアノミー状態にあると言える．「噴火するエネルギーを内に宿してはいるが，噴火の方向が定かでない」，「いつなぜ問題が噴出するか」[36]わからないという状況が，「動機」のみえにくい犯罪，理由なき犯罪の発生に深くかかわっているのではないだろうか．

2004年，奈良小1女児誘拐殺人事件が発生し36歳の男性が逮捕された．女児の携帯電話で遺体の写真を撮影し，女児の母親に送信するなど，特異な犯行である．2005年には，インターネット上の自殺サイトを利用した連続殺人事件が発生した．37歳の男性被告は，警察の取調べに対して，人の苦しむ姿に異常に執着してきたことを自白している．自殺サイトを通じて集団自殺に誘い，これに応答した人びとを次々と殺害したことが報道されている．これらは，インターネットを駆使して，偏執的で身勝手な欲望を他者にさし向けて起こった，きわめて残虐な今日的事件である．特定の対象に怨恨を募らせて殺傷に及ぶのではなく，不特定の他者を憎悪の対象としたこれらの犯罪は，欲望社会日本の帰結であり象徴であると言えるだろう．

もうひとつ，2004年に発覚した福岡の看護師グループによる保険金殺人にも触れておきたい．保険金殺人が発覚すれば，それぞれの事件ごとにそれな

りの理由と動機が問われ，報道されることになるが，人間の生命が金銭に換えられるなら，そうすればよいという短絡的な発想が根底にある点は共通していると考えてよいであろう．この事件は，短大時代から友人関係にあった看護師のグループによる，医療関係の知識を利用した犯行であるという点と，主犯格の夫等が殺害され，保険金が詐取されているという点が特異であった．金銭的価値を崇拝するアノミーの社会が，人間精神を荒廃させる可能性を極大化して示している犯罪であると言えよう．

▼エゴイズムの犯罪と道徳的連帯の失敗

　近年の凶悪な殺人事件には，他者の生命や人格を極限的に貶めるというケースが多々見られる．「世間には『いのちの重さ』を訴える言葉が溢れかえっている．しかし，だからこそ彼らは，その『いのちの重さ』を自らの身体で実感し，そこに生の感触を得るために，命を傷つけてみたいと夢想しているのではなかろうか」[37]という見識は，人を殺す少年や大人たちのリアリティをすくっているように思われる．それほど大事ないのちを，自分の思いどおりに扱ってしまえるほどに「すごい自分」という価値づけを行うための殺人，ふつうの人がやらないことを事もなげにやってしまえるほどに「個性的な自分」になるための犯罪が，さして珍しいものではなくなってきた．「キレやすい青少年」は，彼ら自身が社会的世界の中で，「もっぱらモノとして」，「価値の低いモノとして」扱われた経験を基底にして，物象化した関係を生きているがゆえに，「モノである以上，感情に紛らわされずに，クールに扱うこともできる」[38]という指摘もなされている．肥大し屈折したエゴの病理的な表出が犯罪への引き金となりうるという現代社会の特質を見出すことができるであろう．

　デュルケムは，社会が過度にエゴイスティックな状態に陥った場合，「人びとは，ほかに共有するものがなくなると，最後に悲しみの心を共有するようになる」[39]と述べている．〈社会〉と〈個人〉がそのような病理的な状態

にならないために，国家による教育や中間集団の諸機能，そして宗教による不断の道徳的再建にデュルケムは望みを託したが，実現するには至っていない．社会的不平等の実態と噴出するテロリズムをみると，むしろ，人道主義の放棄と見境のない暴力が豊かな先進諸国を侵食しつつあるように思われる．

　戦後の日本社会は，困窮した人びとや外国籍の市民を，制度に包摂するよりも，排除してきた．戦後日本の国家政策自体，人道主義を逸脱するものであったといわねばならない[40]．戦前の日本帝国主義から敗戦，そして戦後の国家再建をへて日本社会が経済的成長を遂げてきたことは事実であるが，有形無形の国籍条項や性差等の条件を設けて社会的不平等を再生産してきたという現実がある．機会的不平等の社会は，個人を連帯へと誘うよりも，ゲリラ的戦略でマネーゲーム等に興ずる「勝ち組」と，個別の保身のみに粛々と努める「負け組」への二極化を招いた．現代の日本社会は，他者への想像力と道徳的連帯への理想を私たち一人ひとりがもち，実現に向けて行動することが非常に困難な社会である．

　社会学の視座は，以上みてきたような社会の病理を，私たちすべてが共有しているという事実に対する自覚をうながしてやまない．

注

1) 宮島喬『デュルケム社会理論の研究』東京大学出版会，1977年，p. 96
2) デュルケムを保守主義的に解釈する立場に対して，ギデンズは，「デュルケムは『秩序の問題』にではなく，社会発展という一定の枠組みから見た場合の『秩序の変動過程とその性格』という問題に第一義的関心を置いたのである」．A. ギデンズ（犬塚先訳）『資本主義と近代社会理論—マルクス，デュルケム，ウェーバーの研究—』研究社，1974年，p. iv）と指摘し，デュルケムにおける社会変動論を評価している．
3) É. デュルケム（宮島喬訳）『社会学的方法の規準』岩波文庫，1978年，p. 19
4) É. デュルケム（田原音和訳）『社会分業論』青木書店，1971年，p. 31
5) T. パーソンズ（稲上毅・厚東洋輔訳）『社会的行為の構造3・デュルケー

ム編』木鐸社，1982年，p. 65
6) É. デュルケム『社会分業論』前掲訳書，p. 386
7) É. デュルケム『社会学的方法の規準』前掲訳書，p. 43
8) É. デュルケム，同上訳書，p. 97
9) É. デュルケム，同上訳書，p. 54
10) É. デュルケム『社会分業論』前掲訳書，p. 80
11) É. デュルケム（古野清人訳）『宗教生活の原初形態（上）』岩波文庫，1941年，p. 383
12) É. デュルケム（宮島喬訳）『自殺論』中公文庫，1985年，p. 313
13) É. デュルケム，同上訳書，p. 302
14) このような近代の病理を抑止する方策として，デュルケムは職業集団等の中間集団を核とした社会的連帯に可能性をみていた．
15) É. デュルケム『自殺論』前掲訳書，p. 361
16) É. デュルケム『社会学的方法の規準』前掲訳書，p. 157
17) H. ベッカー（村上直之訳）『アウトサイダーズ』新泉社，1978年，p. 17
18) É. デュルケム『社会学的方法の規準』前掲訳書，p. 157
19) É. デュルケム，同上訳書，p. 152
20) 佐々木嬉代三『社会病理学と社会的現実』学文社，1998年，pp. 68-71．高原正興『非行と社会病理理論』三学出版，2002年，pp. 20-21
21) É. デュルケム『社会分業論』前掲訳書，p. 167
22) É. デュルケム『自殺論』前掲訳書，p. 426
23) É. デュルケム，同上訳書，p. 425
24) É. デュルケム，同上訳書，p. 425
25) É. デュルケム，同上訳書，p. 421
26) E. ゴフマン（浅野敏夫訳）『儀礼としての相互行為〈新訳版〉』法政大学出版局，2002年，p. 96．ところで礼拝を手向けられる現代的個人の「自己」は，未開社会において大いなる神を信仰した人間の「自己」とは異質なものであると考えねばならないであろう．未開における宗教的祭祀においては，人身御供，人柱等の言葉を思い出すまでもなく，神の威厳のために人間が犠牲になりえた．しかし，近代以降の社会では，神のために人間が殺されることはなく，仮にそのような事態が発生すれば，虐殺等と解釈されるであろう．近代社会において，それぞれの人間はかけがえのない生命と人格主体をもった存在として尊ばれねばならない．その結果，個人の「自己」は，有史以来もっとも尊ばれ，比類のない価値をもつものとして位置づけられることになった．これは，エゴイズムの発生論的問題とも密接に関連している．
27) 山田昌弘『希望格差社会―「負け組」の絶望感が日本を引き裂く』筑摩書房，2004年

28) 苅谷剛彦『階層化日本と教育危機―不平等再生産から意欲格差社会へ―』有信堂高文社，2001年
29) 見田宗介『現代社会の社会意識』弘文堂，1979年，pp. 1-57
30) 魁生由美子「病理現象と社会的現実―戦後日本の社会変化と病理現象―」飯田哲也・浜岡政好・早川洋行・林彌富編『応用社会学のすすめ』学文社，2000年，pp. 235-242
31) 高原正興『非行と社会病理学理論』前掲書，pp. 110-131
32) 上田紀行『生きる意味』岩波新書，2005年，p. 11
33) É. デュルケム『自殺論』前掲訳書，p. 316
34) 宮本みち子『若者が〈社会的弱者〉に転落する』洋泉社，2002年，p. 44
35) É. デュルケム『自殺論』前掲訳書，p. 302
36) 飯田哲也「人間性の危機としての問題状況」飯田哲也・中川順子・浜岡政好編『新・人間性の危機と再生』法律文化社，2001年，p. 9
37) 土井隆義『〈非行少年〉の消滅―個性神話と少年犯罪―』信山社，2003年，p. 213
38) 宝月誠『逸脱とコントロールの社会学―社会病理学を超えて―』有斐閣，2004年，p. 123
39) É. デュルケム『自殺論』前掲訳書，p. 257．近年の日本で発生する「集団自殺」などを想起すれば，この部分のデュルケムの指摘は的を射ているといえる．大村英昭「自殺（デュルケム）」大村英昭・宮原浩二郎・名部圭一編『社会文化理論ガイドブック』ナカニシヤ出版，2005年，pp. 237-240
40) 外国人の年金制度からの排除は典型的な例である．NPO法人神戸定住外国人支援センター（KFC）『在日マイノリティ高齢者の生活権―主として在日コリアン高齢者の実態から考える―』新幹社，2005年．魁生由美子「大阪市生野区における福祉ネットワークの形成―在日コリアン高齢者の社会保障と生活支援―」『立命館産業社会論集』第41巻第1号，2005年，pp. 153-170

参考文献

土井隆義『〈非行少年〉の消滅―個性神話と少年犯罪―』信山社，2003年
É. デュルケム（宮島喬訳）『社会学的方法の規準』岩波文庫，1978年
É. デュルケム（宮島喬訳）『自殺論』中公文庫，1985年
É. デュルケム（古野清人訳）『宗教生活の原初形態（上・下）』岩波文庫，1941年，1942年
浜口晴彦『社会学者の肖像―甦るエミール・デュルケム』勁草書房，1989年
佐々木嬉代三『社会病理学と社会的現実』学文社，1998年
高原正興『非行と社会病理学理論』三学出版，2002年

第5章 マンハイムとポストモダン
―― 相関主義とデモクラシー ――

Karl Mannheim

第5章 マンハイムとポストモダン
——相関主義とデモクラシー——

1　はじめに

　K. マンハイム（1893-1947）は，1893年，ハンガリーのブダペストに生まれ，政変による迫害を逃れドイツに亡命した後，さらにヒトラー政権でのユダヤ人迫害を逃れイギリスへと亡命し，1947年，53歳の若さでその生涯を閉じた社会学者である．一般的に，マンハイムの社会学は，ドイツ時代の知識社会学と，イギリス時代の現代社会論によって知られている．ただ従来，この2つの時期の関係について，それが連続的なのか，むしろ断絶したものなのかという点で議論があった．本章では，この2つのフェイズを連続したものとしてとらえ，マンハイムの社会学の全体像を描きだす．そのさい，まず第2節においては，社会的背景，歴史的経緯と並行させてマンハイムの社会学の展開を理解することによって，その連続性を浮き上がらせる．そして第3節においては，「相関主義」と「デモクラシー」という，それぞれドイツ時代，イギリス時代を代表するマンハイムの基軸的概念の連続性を確認する．このようにして描き直されたマンハイム社会学の全体像は，現代の日本社会についての，マンハイム流にいえば「時代診断」を行う上でも，重要なヒントをあたえてくれるはずである．第4節においては，マンハイムの社会学とポストモダニティ論を関連づけながら，現代の日本社会についてそれらが開きうる視野について考察する．

2　知識社会学と時代診断論

▼ドイツ時代とイギリス時代の連続性

　すでに述べたように，従来のマンハイム解釈における，もっとも大きな問題のひとつとして，ドイツ時代とイギリス時代のマンハイムの仕事が連続的なものであるか否かという問題がある．言いかえれば，『イデオロギーとユートピア』ドイツ語版（1929年）に代表されるような知識社会学と，『変革期における人間と社会』英語版（1940年）に代表されるような時代診断論が，内的な連続性をもつものとしてとらえられるのかどうか，という問題である．たしかに，表面的にみると，ドイツ時代の知識社会学とイギリス時代の時代診断論は，それらが異なる言語で書かれているということ以上に，内容的にみて，テーマにおいても研究スタイルにおいても，大きく異なるものであることは明白である．この問題に関して従来，たとえば，哲学的・思弁的指向の強いドイツの大学や社会から，経験的・実務的指向の強いイギリスの大学や社会へと活動の場をうつしたマンハイムが，新しい環境に適応した結果が，この非連続性であるという説明がなされることもあった．

　しかし，マンハイムがイギリスへと1933年に亡命する直前の，フランクフルト時代（1930年にフランクフルト大学教授に就任以降）の資料を見ると，すでに，この時期から，後の時代診断論の構想がマンハイムの中でかたちをなしつつあったことがわかる．たとえば，1990年代になってハンス・ガースの遺品から発見された，フランクフルト大学の1930年夏学期の講義，「一般社会学」のほぼ完全な記録の中で，マンハイムは，「再原始化」について論じている．マンハイムは，自己の生を反省的な距離をおいて眺め，結果として自己を相対化し，さらには，視野の多元性・部分性があまねく意識される時代として現状をとらえる．そしてそのうえで，逆にこうした相対化の進行が「再原始化」へと反転する可能性を孕んでいることを指摘している．それは

たとえば，相対化と反省性の浸透をふまえたうえで，なおかつそれらすべてをあえてなかったことにし，単純な過去の状況へと意図的に回帰しようとするファシズムの可能性である．また，ヒトラーの独裁体制が出現する1年以上前の，1932年2月の報告，「社会学の現代的課題」においても，マンハイムはすでに，民主主義そのものから独裁制が非常に簡単にうみだされてしまうという「今日明白になりつつある事実」にふれ，民主主義が「大半の者がただその時々の気分にだけ支配されてふるまうような情緒民主主義」に変質することに警鐘をならしている．「もっとも広義での社会生活の民主化，とりわけ広範な大衆の潜勢的な決定参加という意味での政治の民主化は，社会学的な市民教育を不可欠のものとする」[1]．

このようにみると，知識社会学から時代診断論への変化は，マンハイムがイギリスという新しい環境に適応した結果生じたというよりは，むしろ，ファシズムの台頭を目前にしたマンハイムが，社会の急速な変化にあわせて，論じる対象やスタイルを急速に変化させた結果だとみたほうがよいだろう．では，その内的な連続性はどのようにとらえられるべきだろうか．

マンハイムが知識社会学を展開した主著，『イデオロギーとユートピア』を構想した1920年代後半は，いわゆる相対的安定の時期にあたる．各政治的党派が，基本的に不安定であるものの，あやうい均衡を保ちつつ，対立しあうという状況にあって，こうした時代状況を全体として診断し，そこになんらかの方向づけを見出していこうとする意図が，『イデオロギーとユートピア』の基底にあったといえる．知識社会学は，知識・認識・意識をそれ自体として独立したものではなく，それが組み込まれている社会的文脈との関連において，つまりは，「存在拘束性」において理解しようとする．当時の状況を，政治性を有する複数の精神的潮流の対立としてとらえたうえで，それらの存在拘束性を明らかにすることが試みられる．

このような手続きをつうじて，おのおのの立場は，普遍的妥当性を有する絶対的なものとはなりえず，部分的・相対的なものにとどまるということが

明確になる．1929年2月に，ハイデルベルク大学において開かれたアルフレート・ウェーバーとの合同セミナーの席上でマンハイムが述べているように，「知識社会学は，いくつかの思考の立場がイデオロギー闘争において互いに盲目になり，それぞれが唯一の真理の名のもとに対抗しあっている段階の克服を意味している」[2]．そして，マンハイムが重要視するのは，こうした相対化をへて，おのおのの立場が，自らの立場に閉塞するのではなく，逆に，自らの立場の部分性を他の立場を通じて補完することに開かれてあり，視野を拡大していくということである．『イデオロギーとユートピア』において，マンハイムは次のように述べている．「われわれの時代における……歴史的研究の役割は，まさしくこうした一時的な必要のために余儀なくされる不可避の自己実体化をくり返し後退させ，自己神化をたえまない対抗運動のなかでくり返し相対化すること，こういう仕方で，自己を補完してくれるものにたいして開かれてあることを強いるという点にある」[3]．同様のことを，マンハイムは次のようにも表現する．「全体性とは，部分的な視野を自らのうちに受けいれつつ，不断にそれを越えていこうとする，全体への志向を意味するものである．この志向は，認識の自然な進行のなかで一歩一歩自己を拡大していく．そのさい目標として切望されるのは，時間を超えて妥当する最終的結論ではなく，われわれにとって可能な，最大限の視野の拡大である」[4]．ここで述べられているのは，いわば，「補完への開放性」「視野の拡大」といった，規範的要請である．すなわち，自己絶対化に向かうことなく，自己の立場の部分性を認識し，自己を相対化すると同時に，自らの部分的な視野にとどまることなく，他の視野に開かれてあり，それによって自らを補完し，自らの地平を拡大していくこと，いわば「自己相対化と自己拡張の連動」が求められることになる．こうした精神的態度の中で，新しい社会的・政治的方向性を探り出していくことが，ここでのマンハイムの基本的姿勢であった．「相関主義」や「自由に浮動するインテリゲンチア」というよく知られた概念も，このような精神的態度を体現するものにほかならない．

さて,『イデオロギーとユートピア』出版後の1929年秋,世界恐慌が勃発し不安感が社会全体に広がっていくことになる．同じく1929年の秋頃から,いくつかの地方自治体選挙において,ナチスの躍進が無視できないものとなりつつあった．そのような中,1930年9月の国会選挙では,前回の選挙では12しか議席を得ていなかったナチスが,107の議席を掌中にし,社会民主党（147議席）につぐ第2党へと躍り出るという地滑り的な勝利をおさめることになる．皮肉なことに,『イデオロギーとユートピア』においてマンハイムが「自己相対化と自己拡張の連動」を説いたその直後に,彼をとりまく社会は,ナチズムという唯一絶対の教義の自己神化の渦にのみこまれていくことになるのである．

以上のような経緯をふまえて考えると,知識社会学から時代診断論へというマンハイムの変化の内的連続性を,次のように理解することができる．つまり,先にみたように,フランクフルトにおいて,すでに後の時代診断や社会計画論の構想がマンハイムの中でかたちをなしつつあったのは,それ以前にマンハイムが彫塑した知識社会学的思考,その基底にある「自己相対化と自己拡張の連動」という精神的態度が,現実的にみて,社会的に成立しえなくなってしまうような状況が,フランクフルトにおいて,マンハイムの眼前に展開していたからである．そして,逆に言えば,これ以降のマンハイムの関心は,かの「自己相対化と自己拡張の連動」という精神的態度を破壊する勢力が近代社会を制覇してしまうのはなぜなのか,また,そうした勢力に抗して,かの精神的態度の本質的部分を保持するために,どのような社会的手段が講じられるべきであり,また,どのような社会的基盤が必要とされるのか,という問題に移行していく．まさしくそれを論じるものこそ,イギリス時代の時代診断論である．

▼近代社会の危機

では次に,マンハイムの時代診断論について,その概要をみておきたい．

マンハイムは，ファシズムの台頭という危機を，単に特定のカリスマ的個人や集団によるものとしてではなく，むしろ近代社会全般が孕む危機としてとらえる．社会の大規模化，流動性の上昇にともない，家族や小規模のコミュニティにおいて自然に育まれていた価値観を見失った人びとは，集団の絆という「甲羅」を失い，あまりにも脆弱で不定形な姿を外気にさらす，「甲羅のない蟹」と化している，とマンハイムは述べる．もちろん，集団の絆を喪失し，ある意味では小集団に閉じこめられた状態から解放されたともいいうるこうした状況は，場合によっては，先にみたような「視野の拡大」をもたらすものとなりうる．しかし，近代社会において，多くの人びとは，むしろ「所属感」を喪失し，さらにその帰結として，なにかに対して具体的に感じるものである「責任感」をも希薄化させている．このような状況下で，判断や行為を統制する規範は，不安定で，なおかつ予測のつかない仕方で推移するものとなる．『現代の診断』(1943年) においては，次のように述べられる．

「われわれの生活においても，また食事や作法やふるまいのような基本的な習慣のレベルにおいてさえも，見解が対立していないものはなにひとつとして存在しない．われわれは，このように意見が著しく分かれていることが，はたして善いことなのか悪いことなのかということについてさえも，また，過去のようにもっと強い同調性が好ましいのか，それとも近代のように個人の選択を強調することが好ましいのかということについてさえも，意見の一致をみることがない」[5]．

とはいえ，集団の絆の喪失という事態は，ただちに，人びとが集団に所属しないようになったということを意味するものではない．産業化の進展にともなって，分業化が進み，新たな経済的組織が形成されていくにしたがって，人びともまた，そうした組織，『変革期における人間と社会』でのマンハイムの表現によれば「機能的合理性」が浸透した組織へとあらたに組み込まれていくことになる．この「機能的合理性」とは，一連の行動が，あらか

じめあたえられた目標を達成するために，もっとも効率よいかたちで組織されているという意味での合理性である．こうした合理性が貫徹した組織において，人びとは，組織全体，さらに社会全体における自らの行動の位置やはたらき，またその究極的意味について考えることを徐々に放棄していく．これをマンハイムは，「機能的合理性の判断力麻痺作用」とよぶ．「産業的合理化はたしかに機能的合理性を高めはするが，しかし自ら判断をかたちづくる能力という意味での実質的合理性の育成に，社会的に寄与するところはますます少なくなる」．ここでいう「実質的合理性」とは，「所与の状況を見据えて，物事の連関についての自らの洞察にもとづいて，判断力ある行動をする能力」である[6]．機能的合理化の貫徹した組織において，人びとは，組織全体，さらには社会全体について洞察することを自ら放棄し，結果的に，決定権を組織者に引き渡してしまう．そのため，組織や社会全体を見渡し，その方向性について判断をくだす力は，ますます少数者のもとに集中していくことになる．マンハイムは，次のようにも述べている．「平均的な人間は，機能的に合理化された一連の行動に順応する新しい行為をするごとに，自らの精神的な成熟を少しずつ手放し，指導されることにますます慣れ，自分で洞察することを諦めることにますます慣れていくようになる．危機の時代になって，徹底的に合理化された機構がひとたび崩壊してしまうと，個人は自らの見識によってそれを修復することができず，むしろそうなってはじめて，自らの無力さを，なにも知らないでいることの不安として感じるようになるのである．そしてまた個人は，社会の危機的状況にあって，洞察をおこなう判断力をうるために必要な努力を，放り出してしまうかもしれない」[7]．

　そして，一方でこのような機能的合理化の進行とともに，他方，「基本的民主化」の進行によって，多くの人びとが政治へと参入するようになる．しかし，そうした人びと，大衆は，これまでのマンハイムの考察をふまえていえば，現状では，生活の指針を見失った「甲羅のない蟹」のような人びとであり，また，機能的合理化の進行によって判断力を麻痺させた人びとであ

る．彼らが抱く不安感，非合理的な衝動がもし組織化されるようなことがあれば，それは，社会全体を一定の方向へと動かすことにもなりかねない．このように，基本的民主化という過程が，時として，民主化そのものを否定してしまうような傾向を自ら生み出す事態を，マンハイムは，「否定的民主化」とよんでいる．独裁制の成立にしても，それは，非民主的な敵によってデモクラシーが外部から破壊されたと考えるべきものではなく，むしろ，デモクラシーの内部にある，まさにそれ自身の特質によって，デモクラシーが自らを否定してしまったことの帰結と理解すべきものである．

　さらに，否定的民主化は，独裁制というかたちで姿を現すのみではない．独裁制を拒否する他の諸国においても，近代社会そのものに孕まれる，以上でみてきたような状況は，同じように存在している．そして，現状をそのまま放置すれば，権力を手中にした少数の人びとによって，社会が特定の方向へと急激に動かされてしまう可能性もある．マンハイムが述べているように，「デモクラシーは，道徳的に建設的な力と同様に破壊的な力をも拡散させることのできる社会的な放射装置である」[8]．このようなデモクラシーの二面性を見据えて，いわば，その否定的な側面の作用に抗しつつ，その肯定的な側面の進展を促す方途を探ることが，マンハイムの課題となるのである．

▼社会計画と教育

　次に，以上のような時代診断をふまえて，そこにどのような処方箋が存在しうるとマンハイムが考えるのか，みておくことにしたい．

　マンハイムの基本的な考え方は，自由放任的な自由主義ではなく，またコミュニズムやファシズムとも異なる，「第三の道」へと歩みをすすめること，つまり，「最大限の自由と自己決定を許容するような計画の形式」としての「自由のための計画」をすすめる必要性を強調するということである．その際，最大限の自由と自己決定は，最小限の同調性を支える基本的価値観の共

有を前提としたものである．1938年にオックスフォードのマンチェスター・カレッジで行われた講義の記録である「計画社会と人間のパーソナリティ」において，マンハイムは，自発的な活動を尊重しつつも，社会における合意や協力がそれなくしては成立しなくなってしまうような，人びとの基本的な同調性をはぐくむことが重要であると述べる．それは，たとえば，フェアプレー，親切心，共同体精神，正義の感覚，労働意欲などにかかわる最小限の同調性である．したがって，自由のための計画を行う立場は，すべてに寛容であるものではなく，かの基本的価値観の破壊や侵害に対してのみ戦闘的となり，かの価値観を積極的に擁護しようとする．これがマンハイムのいう「戦闘的民主主義」の立場である．

　自由のための計画は，社会全体を一気に変革することを目指すものではなく，社会の構造の把握を基礎として，「鍵となる位置」からの介入を行うものである．その際の手段となるのが，各種の「社会技術」である．『現代の診断』において，マンハイムは次のように述べる．「『社会技術』とは，私の理解では，人間行動に影響をおよぼすことを意図し，統治機関の手中にある場合には，社会統制のための非常に強力な手段として作用するような諸方法の総体のことである」[9]．具体的には，社会技術とは，たとえば，暴力的強制装置としての軍事技術，社会組織の管理技術，人間行動の統制技術，また，新聞やラジオなどのメディアの利用，学校における教育，社会福祉事業の導入などである．マンハイムによれば，社会技術は，それ自体としては善でも悪でもなく，その効果は，それがどのような目的のために利用されるかということにかかっている．大規模化した近代社会において，秩序を維持するためには，社会技術の使用は不可欠である．であるからこそ，「自由のための計画」という理念のもとに，社会技術の使用が，意識的にコントロールされていく必要がある．

　そして1940年代以降，このような社会技術の中でも，マンハイムがとりわけ重視するようになるのが，教育である．先に，自由のための計画は，自由

第5章　マンハイムとポストモダン　133

の最大限の許容と，その許容のための統制という二重の戦略をとると述べた．これに対応して，自由のための計画における教育も，いわば二段構えのものとなる．『現代の診断』において，マンハイムは次のように述べている．「段階をふんだ教育，すなわち，最初に集団への同調性のための教育，そして次に多面的でバランスのとれたパーソナリティ形成のための教育」[10]．

つまり，教育的戦略として，まずは，先にみたような，同胞愛や相互扶助などデモクラシーの基盤となる価値観を，子どもたちに，教え込んだり説教したりするのではなく，自然に納得できるようなかたちで身につけさせる必要がある．そして，このような，社会の秩序を成立させる基礎となる社会的同調性がひとたび培われたなら，次には，個人の自発的な選択，自由な実験的態度による試行錯誤を重んじる教育を行うことがむしろ必要となる．このようにして，「合意された同調と，自由のあいだのバランス」のとれた「調和のとれた態度」を育むことが，民主主義的教育の目標となるのである．

そして，このような二段構えの教育，民主主義的教育という目標のために必要とされるのが，「社会的教育」である．『現代の診断』において，マンハイムは次のように述べている．「教育というものは，具体的な社会から離れて抽象的に人間をつくるというものではなく，所与の社会のなかで，またその社会のために人間をつくるものである」．「それぞれの時代が直面しなければならない状況や，教育目標がそれにあわせてかたちづくられる社会秩序から切り離されてしまうと，社会の教育目標を適切に理解することはできない」[11]．これに対して従来，教育は，社会生活から切り離された独立区画として考えられる傾向が強かった．そうであると，社会の状況と教育の内容がたとえ乖離したものであっても，あるいは，各科目の内容と社会組織としての学校のあり方やその中での生活が乖離したものであっても，等閑視されてしまうだろう．そうではなく，教育もまた社会の中に組み込まれたものであり，生活に根ざした営みとして理解される必要がある．マンハイムの観点からすれば，教育もひとつの社会技術なのであり，学校もそれをになう社会統

制のためのひとつの機関である．そういうものとして，教育や学校は，それが「社会に対して盲目」にならないためにも，成人教育をも含めた生涯にわたる教育，また，学校外の諸集団やメディアと連携した教育，つまりは，社会生活の場そのものを教育の場と考えるような「社会的教育」を志向する必要がある．

マンハイムの考えでは，以上のような社会的教育をつうじて，人びとのあいだに「自己相対化と自己拡張の連動」という先にみた精神的態度，つまりは民主主義的な思考・行動様式が培われていくことが，最小限の同調性と最大限の自己決定を両立させる社会，つまりは，「第三の道」としての民主主義的社会を構築するための礎石となるのである．

3 相関主義とデモクラシー

▼相対主義と相関主義

では次に，ドイツ時代の知識社会学の基底にある相関主義と，イギリス時代の現代社会論の基底にあるデモクラシーの理念について，またその連関について，より詳細にみていくことにしたい．

マンハイムの知識社会学は，知識・認識・意識をそれ自体として独立したものではなく，それが組み込まれている社会的文脈との関連において，つまりは，「存在拘束性」において理解しようとするものであった．したがって，それは，マンハイムの表現でいえば，他者の言説の一部分について，そこに含まれている意識的・無意識的な虚偽・隠蔽を，利害心理学的な地平で暴露する立場である「部分的イデオロギー」ではなく，他者の言説の全体について，その背後にある思考・意識の構造を，精神論的・社会学的地平で解明する立場である「全体的イデオロギー」としてある．そしてさらに，マンハイムは，この全体的イデオロギーを，「特殊的イデオロギー」と「普遍的イデオロギー」に区分する．特殊的イデオロギーは，他者の言説の存在拘束性の

みを問題とする立場であり，マルクス主義の立場がこれに該当するとされる．それに対して，普遍的イデオロギーは，自らの言説をも含めたあらゆる言説の存在拘束性を承認する立場であり，知識社会学の立場がこれに該当するとされる．ただ，ここで注意すべきなのは，この普遍的イデオロギーという立場が，「知識の存在拘束性」を前提としたうえで，自他の存在拘束性を問うという立場ではないという点である．そうではなく，そもそも「知識の存在拘束性」という認識自体を可能にしているような視座構造の特性をも問うということ，したがって，いいかえれば，知識社会学的認識自体の存在拘束性をも問うということである．

　このように問うた場合，知識社会学の基底にある「存在論的決定」として見出されるのが，「相関主義」である．相関主義とは，知識や認識に限らず，意味をになうあらゆる要素がそもそも有意味なものとなりうるのは，特定の意味的・社会的存在との関係性のうちにおいてのみであるとする立場である．従来，この相関主義に対して，それが結局のところ相対主義にほかならず，その結果，ニヒリズム，あるいは根本的な優柔不断に陥るものであるとする批判がたびたびなされてきた．たとえばルカーチは，相関主義と相対主義の区別は，「黄色い悪魔と緑色の悪魔の区別と同じようなものである」としたうえで，つまり，要するに「悪魔」であることには変わりないとしたうえで，相関主義においては「認識のあらゆる客観性が拒否されることになる」と述べている．またクルティウスも，マンハイムの主張は，結局のところヨーロッパ・ニヒリズムの一変種，「懐疑論の時代制約的な一形式」にすぎないとする．

　しかし，マンハイム自身は，相関主義と相対主義を対比しつつ，たとえば「精神的なるものの領域における競争の意義」(1929年) において，次のように述べている．「特定の認識の『存在相対性』というこの洞察は，……誰もが正しい，あるいは誰も正しくないということになる相対主義にではなく，むしろ特定の（質的な）諸真理は，存在相対的に把握可能であり，定式化さ

れうるものであるとする相関主義へとつうじる」[12]. また，1934年に公表された論文「ドイツ社会学」においては次のように述べられている．「相対主義が意味するのは，客観的価値は存在せず，それゆえ道徳的義務は存在しえないということであろう．他方，相関主義が強調するのは，道徳的義務は存在する，しかしその義務は，それが関係している具体的状況から導きだされてくるという事実である」[13]. このように，普遍妥当的な真理や道徳的価値は存在しないとする点で，相関主義と相対主義は共通している．しかし，相関主義から，懐疑論的な相対主義におけるような，真理や道徳的価値についての決定不能性が導きだされてくるわけではない．相関主義において，真理や道徳的価値は，ある特定の意味的・社会的存在に共属する人びとに「とっての」真理や価値という意味においてのみ可能であるとされる．いいかえれば，相関主義において，真理や価値もまた，特定の意味的・社会的存在との関係性のうちにおいてのみ有意味なものとなるとされる．たしかにその結果，真理や道徳的価値の妥当性は，普遍的なものではなく，限定された，部分的なものとなる．しかしだからといって相関主義の主張が懐疑論的な相対主義と同一のものとなるわけではない．相関主義は，真理や道徳的価値の存在可能性それ自体を否定するものではないからである．相関主義の主張が懐疑論的にみえてしまうのは，それをみる者が，普遍的妥当性を有する絶対的な真理や道徳の存在を前提としている場合である．C. W. ミルズがかつて述べたように，相関主義の矛盾とみえるものは，マンハイムの議論自体の矛盾ではなく，むしろ「絶対主義者のディレンマ」なのである．

　さて，以上のような相関主義によって開かれる経験の地平のもとに，知識の存在拘束性を事実としておさえていくのが，まさしく知識社会学であった．しかし，こうした事実の確定のみにとどまらない志向が知識社会学には存在する．マンハイムは，このような知識社会学の営み自体が，同時に，特定の態度に対する闘争手段となっていると述べている．たとえば，自らの存在拘束性を認識したうえで，それをもって自らの認識を，自らの全存在を賭

けた決断として正当化するような決断主義的な態度を，マンハイムは容認しない．批判の対象となる態度とは，本来，関係性のうちにあり，部分的なものであるにすぎない自己の立場を絶対的なものとみなす，自己絶対化へと向かう態度である．こうして，知識社会学の営みは，価値自由な事実確定という側面と同時に，「全体的・普遍的・評価的なイデオロギー」としての，批判的側面をも有することになる．

　そして，こうした批判の拠り所こそ，すでに第1節においてみたような，「補完への開放性」「視野の拡大」という，相関主義自体が含みもつ規範的要請である．この規範的要請のもとに，「自己相対化と自己拡張の連動」という精神的態度が，少なくとも知識社会学的視野を採用する者，つまりは知識人に対して求められることになる．

▼精神的態度としてのデモクラシー

　次に，デモクラシーについてのマンハイムの議論をみていきたい．第1節でみたようなファシズムの台頭を目前にして，マンハイムは次第に，「自己相対化と自己拡張の連動」という以上で述べた精神的態度の「民主化」を求めるようになる．つまり，かの精神的態度が要請される対象が，狭義の知識人に限定されなくなり，むしろ最終的には社会を構成する人びと全体へと拡張されていく，また，そうでなければナチスのような独裁的勢力に抗することはできないという考え方が，マンハイムにおいて強くなっていくのである．たとえば，第1節でみた，「判断力麻痺作用」をもたらす機能的合理化に対置されていた実質的合理性も，結局は，かの精神的態度の帰結として現れてくるものである．

　そして，このような精神的態度を人びとのあいだに培う手段として，マンハイムが，教育，とりわけ社会的教育を重視したということもすでに述べた．このような教育の帰結となるべきであるのは，マンハイムによれば，人びとが「社会的自覚」をもつということである．『現代の診断』において，

マンハイムは次のように述べている．「『自覚』ということが，合理的な知識のたんなる集積であるという理解を私はしていない．自覚とは，個人の生活および共同体の生活のいずれにおいても，自らがおかれている全体的な状況を観察しようという姿勢ができているということ，そして，自らの行為を目前の仕事や目的に方向づけるだけでなく，より包括的なヴィジョンのもとに基礎づけようとする姿勢ができているということを意味する．こうした自覚のひとつの現れが，状況についての正確な診断ということなのだ」[14]．これについて，マンハイムは，一人の老農夫の例をひいて説明している．たとえば，その老農夫が，経験をつうじて制度や習慣を熟知しており，若い村人にも，仕事や家族，恋愛のことなどについて「適切な」助言をあたえることができるとしよう．しかし，彼には，ここでいう「自覚」は欠けているかもしれない．なぜなら，彼は，自らが依拠している基準を，たまたま彼が住んでいる限定された生活圏を超えた，普遍的な基準とみなしている可能性があるからである．この点からすると，かの老農夫が，「自覚」という精神的態度に目覚めうるのは，たとえば彼が突然，村から都市へと移住して，行動様式や思考様式の相対性と多元性に気づき「より包括的なヴィジョン」のもとに自らの生活を方向づけていく必要性を，つまりは，「自己相対化」と「自己拡張」の必要性を感じた時かもしれない．

　そして，このような「より包括的なヴィジョン」を志向する態度はまた，「民主主義的パーソナリティ」の基盤となるものである．これについて，マンハイムは，心理学者，アンダーソンとハーディングが述べた「統合的行動」という概念を手がかりとして，遺稿『自由・権力・民主的計画』において，次のように論じている．「統合的行動というこのとらえ方の重要な要素は，その精神において行為する人物が，自分の見解や意志を他の仲間に押しつけること——独裁的な支配をおこなう態度の本質——を好まないということのみならず，不一致に寛容であるということである．その人物が寛容であるのは，妥協のためではなく，自分とは本質的に異なる人間のいくつかの特

徴を吸収して，自分自身のパーソナリティを拡大することができるという期待からである」[15]．

　ここで統合的行動とよばれている民主主義的な行動様式が，知識社会学の基底にある相関主義，またそれが含みもつ「補完への開放性」，「視野の拡大」といった規範的要請，さらには，「実質的合理性」「社会的自覚」といった理念と通底するものであることは，もはや言うまでもないだろう．

4　ポストモダニティとしての日本社会

▼ポストモダニズムとポストモダニティ

　では次に，ポストモダニティとしての日本社会について，マンハイムの視座から考察することを試みることにしたい．

　世界的な動向としてみるなら，1990年代以降，社会理論において，現代社会に生じつつある変化をモダニティからポストモダニティへの推移として理解するという理論的枠組みは，一般的なものとなったといってよいだろう．日本においては，それに先立つ1980年代，ポストモダンについて論じることが一種の知的流行となった．ただ，そのさい，主として論じられていたのは，実質的には，ポストモダニズムについてであった．ポストモダニズムは，きわめて図式的にいえば，第1に，ポスト構造主義に代表されるような哲学における思潮であり，普遍的根拠の存在の否定や，事象の意味を一義的に決定することの不可能性の指摘などを特徴とする．そして，第2に，ポストモダニズムは芸術や建築などの文化的活動における潮流であり，制度的表現形式からの離脱，異質なスタイルの混成，大胆な遊びや自由な発想などを特徴とする．

　以上のようなポストモダニズムがひとつの思想的・文化的潮流と理解されるのに対して，ポストモダニティとは，そうした思想的・文化的潮流をもその一部として内包する，社会全般の編成のあり方を指し示す語である．言い

かえれば，ポストモダニズム的な思想や文化的活動が注目を浴びたり流行したりすること自体が，ポストモダニティ論からすると，ポストモダニティへと向かう社会の動き，ポストモダニゼーションの一部を成す現象としてとらえられるということになる．

ポストモダンについて論じる際に，決まり文句のように言及される語として，フランスの思想家，リオタールの「大きな物語の終焉」という表現がある．リオタールによれば，普遍的妥当性を有するとされる根拠のもとに進歩や解放の歴史を語るモダンの大きな物語はいまやその信憑性を失い，代わって，相互に異質で局所的な，無数の小さな物語が散乱する状況が生起したとされる．これは，たとえば，「科学技術の進歩が明るい未来をもたらす」とか，「経済発展が幸せな社会を実現する」とか，社会主義国家であれば「革命をつうじて真に平等な社会が実現する」といった，近代社会の編成の中軸として共有されていた信念や生活指針が徐々に失われ，代わって多種多様な信念や生活指針が，それぞれの個人や集団ごとに，局所的に抱かれ競合するようになったということを意味する．こうした変化は，社会の編成のあり方にも波及していく．近代社会を支えていた国家，企業，家族といった集団はその堅固さを失い，人びとの関係はよりフレキシブルなものとなり，新しい多様な政治的活動のかたち，生産や労働のあり方，男女関係のあり方などがひろがっていく．イギリスの社会学者，バウマンが「リキッド・モダニティ（流動的近代）」という語で表現しようとしたように，消費社会化，情報社会化，グローバリゼーションといった社会変動が相まって，人びとの考え方や関係のあり方，組織のあり方が多様で流動的なものとなっていくのである．

日本社会もまた，ポストモダニズムが流行した1980年代以降，ポストモダニティとしてのその様相を深めていったといえる．1970年代に電気冷蔵庫，電気洗濯機，カラーテレビの世帯への普及率はほぼ100％に達し，乗用車，ルームエアコンなどの普及率も1980年代以降，上昇し続けていく．基本的な耐久消費財を手にし，ある程度豊かになった人びとは，もはや，大量生産さ

れた画一的な商品を他人と同じように追い求めることに飽きたらず，むしろ，消費をつうじて「自分らしさ」を表現すること，他人から自分を「差異化」することを求めるようになった．そうしたニーズに応える「多品種少量生産」型の商品が健闘するようにもなった．人びとはもはや画一的な大衆ではなく，趣味や感性に応じて細分化された「少衆」，「分衆」としてあるとする議論も当時なされた．

　消費生活のみならず，生活全般においても，人びとは，この時期以降，単なる物の所有におさまりきらないさまざまな生きがいやライフスタイルを，「心の豊かさ」という名目のもとに，それぞれのやり方で求めはじめたといえる．「男は仕事，女は家庭」で，仕事への「滅私奉公」，でなければ「マイホーム主義」をうたうかつての「大きな物語」は終焉をむかえた．そして，このような生活指針の流動化・多様化という流れの延長線上において，とりわけ1990年代以降，未婚率や離婚率の増大，また，「ホテル家族」とよばれるような個別化された家族の出現など，家族の流動化もまた顕著なものとなってくる．また，企業についても，終身雇用や年功序列などかつての日本的経営は，リストラ，若年労働者におけるフリーターの増大，成果主義の導入などによって大きく変化し，雇用のあり方も流動的なものとなっていく．このようにとりわけ1980年代以降，日本社会において，生活指針のうえでも，あるいは，社会編成においても，流動化・多様化という動き，ポストモダニゼーションとよびうる動きが加速化していったと言えるだろう．

▼マンハイムとポストモダン

　以上でみたような，ポストモダンをめぐる議論と社会学の関連性について考える場合，2つの方向性があることを，バウマンが示唆している．第1に，現代思想や文芸批評を中心として，文化的領域全般においてあらわれているポストモダンの風潮の「一部」として社会学をとらえるという方向性である．バウマンは，社会学のこうした局面を「ポストモダン社会学」とよ

ぶ．この場合，たとえば，ポスト構造主義やポストモダニズムに連動する社会学内部の動き，といったことが問題となる．そして第2に，現代の社会的状況，あるいは近未来に望まれる社会的状況の特徴を総括し，「対象化」する社会学的概念としてポストモダンをとらえるという方向性である．同じく，バウマンは，こうした方向での社会学を「ポストモダニティの社会学」とよぶ．

そして，バウマンが，第1の，ポストモダン社会学の特徴をしめす典型的な事例として言及したのが，ヘクマンの，『解釈学と知識社会学』(1986年) におけるマンハイム解釈であった．ヘクマンによれば，マンハイムは，啓蒙主義的な理性・客観性の理念，超時間的に妥当する真理といった理念を廃し，代わって「反基礎づけ主義の社会科学」を提起した先駆者とみなされる．つまり彼の知識社会学は，あらゆる知識が社会的・歴史的に条件づけられているという事態（知識の存在拘束性）を指摘し，しかもそれを因果的な意味においてではなく，社会的に共有された，特定の意味のコンテクストへの内属という解釈学的な意味において論じているとされる．さらにマンハイムは，解釈者としての自らの知識もまた，解釈される知識と同様に存在拘束的であるという事実を承認しており，この意味で「リフレクシヴ」であった．ヘクマンにおいて，マンハイムの知識社会学は，普遍的妥当性を有する基礎というものが存在しないポストモダン的な状況に即したアプローチとして描きだされる．

ヘクマンのマンハイム解釈の基本線は，マンハイムの知識社会学とガダマーの解釈学の類似性を強調するという点にあった．たしかに，普遍妥当的な真理や理念の存在を前提としないという点では，両者の議論は，反基礎づけ主義的である．ただ，そうはいっても，ガダマーの解釈学は，理解行為全般の存在論的条件を解明するものであり，この解釈学的な存在論自体をも相対化するものではなかった．これに対して，マンハイムの議論，とりわけ『イデオロギーとユートピア』における議論は，知識社会学的な視座構造のうち

に含まれる存在論的前提をも相対化するものである．この意味では，ガダマーではなく，マンハイムの立場こそポストモダン的といえるかもしれない．しかし，マンハイムの議論は，際限なき自己相対化へと無限後退していく類のものではない．すでに述べたように，相対化された存在論的前提を，相関主義というかたちで定位し直すというのが，マンハイムの立場であるといえる．

また，スルバールは，先に述べた第2の，ポストモダニティの社会学という方向において，リオタール，バウマンといったポストモダニティに関する代表的な論者の議論と，マンハイムの議論の同形性を指摘している．たとえば，リオタールの「大きな物語の終焉」というテーゼと同様に，マンハイムの社会学において前提とされていたのも，相対化の進行の帰結として世界解釈が多元化し，相互に異質な複数の世界解釈が，解釈上の優位を求めて競争しあうという状況であった．

しかし，一部のポストモダン論者の，多様性礼賛へと向かう傾向とは，マンハイムは一線を画している．1930年の「一般社会学」講義において，マンハイムは，ポストモダニズムとの思想的親近性を指摘されることも多いニーチェの『善悪の彼岸』を引用しつつ，人間が有する真理というものは，天から降ってくるようなものではなく，人間の意志や本能，生への衝動と結びついており，それによって駆動されているものだというニーチェの議論に，全面的に同意している．知識社会学は，このようなニーチェの直観的な洞察を，ひとつの研究方法へと彫塑したものにほかならない．しかし他方，ニーチェと自らの立場の相違点として挙げられるのが，マンハイムが，こうした状況を，自己拡張の契機としてとらえるという点である．マンハイムは，各自にとっての真理がそれぞれの生への衝動と結びついたものであり，それゆえ真理は永遠に多様なままであり続けるということを，単に肯定するわけではない．また，「一般社会学」において言及されているマンハイムのいう「再原始化」，つまり真理の多様性を故意に無視して自らの真理を外部全体へ

と押し広げようとしたり，あるいは逆に，自らの真理を固持してその体系の内部へと閉じこもろうとしたりする立場を支持するわけでもない．マンハイムによれば，社会学的に考えるとは，視野を拡大すること，いいかえれば，他者の存在を発見すること，自らの経験や生活が他者のそれと編み合わされたものであることを発見することである．

マンハイムの以上のような考え方を前提とすれば，日本社会も含めたポストモダニティ化という現状に対して，どのような診断を下すことになるだろうか．もちろん，社会的背景や歴史的文脈を無視して安易な推測をすることは控えるべきである．ただ，これまで述べてきたことからして，その診断の基本的な方向性は明らかである．「最大限の自由と自己決定を許容する」ことを基本的認識としつつも，それが自由放任主義へと向かうことなく，最低限の社会的連帯の基盤を培うことを目指すこと．ただし，その社会的連帯への志向が，何らかの集団を絶対視し，そこへと人びとを同化し，また特定の人びとを排除する傾向へと転化してはならないこと．言い換えれば，「自己相対化と自己拡張の連動」という精神的態度のもと，相互の不一致に対する寛容のもとに成立する連帯のあり方を模索すること．そして，これらの指針を具体化するために，従来の学校を中心とした教育の枠にとらわれない，社会的教育が大きな役割をはたすこと．以上のような方向性において姿を現す社会のあり方こそ，マンハイムのいう「デモクラシー」にほかならない．

こうした方向性を念頭においてみた場合，先にみたポストモダニティとしての日本社会について述べるべきことは何か．たしかに，生活指針や社会編成の流動化・多様化というポストモダニティへと向かう傾向は，ヒット曲「世界に一つだけの花」に象徴されるように，かけがえのない個の尊重という風潮をともなうものではある．それはまた，既成の価値観の相対化という動きと裏腹の関係にある．この意味で，マンハイムが述べていた相対化の動きは，たしかにこの社会においても加速化している．しかし，家族や友人などの親密な関係性において，また職場において，さらには一般的風潮として

実際に生起していることは，おそらく，個の尊重という建前のもとにできるだけ他者に関与しないで済ますという姿勢，そして，不都合なことが起こった場合にそれを当該の個人の自己責任というかたちで処理するという管理のあり方の蔓延である．90年代後半以降に顕著なものとなった中高年者の自殺者数の増大もまた，このような傾向と無縁のものではないだろう．そして，そうした傾向の基底においては，なんのための相対化かという基盤を欠いたまま，ただ相対化の動きが自己目的化し，加速化している．そして，そのような際限のない相対化によって醸成される不安感は，時として人を宗教や国家というかつての伝統的な共同性へと，場合によってはカルト的集団や国家主義的姿勢へと引き寄せていく．マンハイムが危惧していたのは独裁的権力の台頭ということであった．しかし，現在むしろ警戒されるべきであるのは，不安という名の不定形の流動体が人びとを駆動し，予測しえない排他的な政治的動きが，独裁者と断定できるような存在の顕現を待たずに，いとも簡単に実現されてしまうことである．ただ，それを生起させる構造は，マンハイムが「再原始化」という言葉で表現していたこと，つまり，加速化し，自らの基盤さえ掘り崩す相対化の動きが，その進行過程において，逆になんらかの排他的な共同性をよび寄せてしまうという現象にほかならない．

　マンハイムもまた，相対化の動きを否定していたわけではなかった．それはもともと，人びとを拘束する狭隘な価値観や生活様式からの解放を意味するものであった．しかし，マンハイムの考え方によれば，そうした相対化は同時に，他者に関与し互いに自己相対化を行うことで自己を拡張していくという姿勢と結びついていなければならない．それは，このような他者との関係のあり方，関係性を再構築するという合意のもとに，互いの自己決定を最大限許容し，互いの不一致に最大限寛容であろうとする倫理，「デモクラシー」という名の倫理なのである．現在の日本社会において顕著である一般的傾向は，こうした倫理さえ相対化してしまい「なんでもあり」であることを簡単に容認してしまう一般的風潮，そして，繰り返せば，関係性を欠いた個

にすべての責任を負わせるというかたちでの管理の浸透である．こうした傾向が，結果的に何を呼び寄せるのか，すでに述べた．先にみたように，マンハイムもまた，かの倫理を相対化する．ただ，そのうえで，マンハイムは，かの倫理をデモクラシーのために定位し直す，つまり，相対化されたものをあらためて基盤として選び直し，そこを自らの拠点とするのである．

マンハイムの主たる処方箋は，学校という枠をこえた「社会的教育」であった．現代社会において，このような教育が，一元的な管理に陥ることなく，なおかつ先の倫理的姿勢を育むために，具体的にどのようなかたちをとりうるのか，その方策はおそらくポストモダニティ化に連動してきわめて多様なものとなるだろう．ただ，確かであるのは，そうした営為をつうじて，われわれ一人ひとりが，他者との関係性の中で自らをたえず再帰的にみつめ直しながら，その関係性を不断に再構築していく姿勢を培うことこそ重要だ，ということである．シンプルな指針であるが，マンハイムにならっていえば，これこそが，そしてこれのみが，デモクラシーの基盤をかたちづくり，デモクラシーを支えるのである．

注

1) K. マンハイム（朝倉恵俊訳）「社会学の現代的課題」『マンハイム全集』第3巻，潮出版社，1976年，p. 304. なお，文中の訳文は，訳書のものとは異なる場合がある．
2) K. マンハイム（伊藤美登里訳）「歴史と階級意識について」『青年期マンハイムとその作品』梓出版社，1995年，p. 190
3) K. マンハイム（高橋徹・徳永恂訳）「イデオロギーとユートピア」『世界の名著68　マンハイム・オルテガ』中央公論社，1979年，p. 197
4) 同上訳書，p. 217
5) K. マンハイム（長谷川善計訳）「現代の診断」『マンハイム全集』第5巻，潮出版社，1976年，p. 255
6) K. マンハイム（杉之原寿一訳）「変革期における人間と社会」『マンハイム全集』第5巻，潮出版社，1976年，pp. 47-48
7) 同上訳書，pp. 48-49

8) 同上訳書, p. 62
9) K. マンハイム「現代の診断」前掲訳書, p. 234
10) 同上訳書, p. 314
11) 同上訳書, pp. 348-349
12) K. マンハイム（田野崎昭夫訳）「精神的領域における競争の意義」『マンハイム全集』第2巻, 潮出版社, 1975年, p. 144
13) K. マンハイム（川崎嘉元訳）「ドイツにおける社会学の問題論」『マンハイム全集』第3巻, 潮出版社, 1976年, p. 240
14) K. マンハイム「現代の診断」前掲訳書, p. 328
15) K. マンハイム（池田秀男訳）『自由・権力・民主的計画』未来社, 1971年, p. 344

参考文献

『現代社会学大系8　マンハイム　シェーラー知識社会学』青木書店, 1973年
K. マンハイム（福武直訳）『変革期における人間と社会——現代社会構造の研究』みすず書房, 1962年
K. マンハイム（澤井敦訳）『文化社会学草稿——思考の構造』学文社, 1995年
秋元律郎『マンハイム——亡命知識人の思想』ミネルヴァ書房, 1993年
秋元律郎『知識社会学と現代―K・マンハイム研究』早稲田大学出版部, 1999年
秋元律郎・澤井敦『マンハイム研究——危機の理論と知識社会学』早稲田大学出版部, 1992年
澤井敦『カール・マンハイム—時代を診断する亡命者』東信堂, 2004年

第6章 ヴェブレンと教育
——ビジネス至上主義を超えて——

Thorstein Veblen

第6章 ヴェブレンと教育
――ビジネス至上主義を超えて――

1　ヴェブレン――その今日的意義――

▼大学人ヴェブレン

　人間の経済行動を規定している要因は見栄である．アメリカの経済を支配しているのは，詐術と暴力とによって巨富を手にした人びとである．これらのテーゼによって知られる T. ヴェブレンの『有閑階級の理論』は，いまや社会科学の古典となっている．『有閑階級の理論』は出版当時から大きなセンセーションを巻き起こしていた．しかし，一人の大学人としてみた時にヴェブレンの歩んだ道のりは，決して平坦なものではなかった．その華やかな名声とはおよそ不釣合いなほど不遇なものであったとさえいえるだろう．

　1857年，ウィスコンシン州のノルウェー移民の閉鎖的な開拓村に生まれたヴェブレンは，12歳になるまで英語を話すことができなかったという．しかし，ヴェブレンの輝かしい才気に期待をかけた両親は，乏しい家計の中からヴェブレンの学費の援助を惜しまなかったのである．カールトンカレッジを卒業したヴェブレンは，ジョンズ・ポプキンス大学を経て，1884年，イェール大学で哲学博士の称号を得ている．この後，ヴェブレンは就職難に直面する．いまだピューリタンの聖職者の影響下にあり，基本的には WASP の世界であった当時のアメリカの大学に，無神論者のノルウェー系移民2世がポストを得ることは困難を極めたのである．就職に失敗したヴェブレンは，最初の妻エレン・ロルフとともに故郷に戻り，7年におよぶ失意の浪人生活を送っている．

シカゴ大学ではじめて教職に就いた時，ヴェブレンはすでに35歳を過ぎていた．シカゴ大学在職中にヴェブレンは『有閑階級の理論』(1899年) を著し，一躍時代の寵児となる．20世紀に入るとアメリカの大学の支配権は，ピューリタンの聖職者からビジネスマンの手へと移っていた．「ジョン・D. ロックフェラーによって創立された」シカゴ大学が，私有財産を「成功した略奪のトロフィー」とみなし，ビジネスと詐術とを同一視するヴェブレンにとって居心地のよい場所であるはずなどなかった．シカゴ大学を追われるようにして去ったヴェブレンは，スタンフォード，ミズリー，途中のアカデミックキャリアの中断（第1次世界大戦下の食糧管理庁の行政官，左翼雑誌『ダイヤル』編集者）を経て，さらにはニュースクール・フォー・ソーシアル・リサーチへとさまざまなポストを転々とした．そして1929年，大恐慌の年にカリフォルニア州パロアルトの山荘で，失意と孤独のうちに72年の生涯を閉じたのである．

女性関係の度重なる不品行，大学において教師業を実質的に放擲していたこと（出席簿を読み上げることに授業時間の過半を費やす等々），著作や論文の矯激極まる論調，ヴェブレンの大学人としての不遇なキャリアは，彼自身が好んで招きこんだものであることに疑いをはさむ余地はない．大学はビジネスの論理とキリスト教の精神が支配する，いわばWASP文化の本拠地であった．マイノリティとしての出自をもつヴェブレンが，そこに違和感を覚えたとしても何の不思議もない．

1918年，ヴェブレンは，「辛辣な大学批判の書」である『アメリカの高等教育』を上梓している．「完全なる腐敗の研究」と題された本書の最初の草稿は，編集者をして「この本の著者は完全に気が狂っているという印象を与えるだろう」[1] といわしめるほど，大学と大学人への過激な批判を含むものであった．ヴェブレンはこの忠告を入れて，全面的な書き直しのうえで本書を出版した．しかし，それでもなお本書は強烈な毒を含んでいる．大学人としてのヴェブレンの地位の安定に寄与するものでなかったことは言うまでも

ない．

▼「意味学派」への親近性と記号論的思考
——ヴェブレンのアクチュアリティー①——

　ヴェブレンは，リースマンやミルズのような社会学者たちに大きな影響を与えながらも，社会学史の文脈の中で語られることはこれまで稀であった．それは，ヴェブレンが社会学者ではなく，「制度派経済学」の祖とみなされてきたことによるものであろう．しかし，ヴェブレンの意味での「制度」とは，企業・銀行・経済官庁等の実体的な存在を意味するものではない．彼は，経済活動を行う人間の「思考習慣」こそが，経済学の対象であると考えていた．人間は環境に働きかけて，自らが必要とするさまざまな物を産出していく．この過程が，すべての経済活動の基底にはある．それゆえ，環境に働きかけていくさいの人間の思考を規定していく枠組み（制度＝思考習慣）こそが，経済学の対象とすべきものなのである[2]．

　人間の経済活動が，どのような意味に従ってなされたのかを明らかにする．ヴェブレンの経済学の課題を，このようにパラフレーズすることが可能だろう．もちろん，その場合の意味とは，単に思念されたものばかりではなく，習慣の力によってほとんど身体反応と化してしまい，行為者によっては自覚さえされていないようなものも含まれている．ヴェブレンが経済学の課題としたものは，社会学の中の「意味学派」が担うそれに近い．「意味学派」の重要な潮流のひとつに，シンボリック・インタラクショニズムがある．周知のようにブルーマーは，パークやミード等，20世紀初頭のシカゴ大学で活躍した理論家たちを，シンボリック・インタラクショニズムの源流として位置づけている．ヴェブレンの研究生活の出発点はシカゴ大学であり，『有閑階級の理論』の雛型となった論文は，『アメリカ社会学雑誌』に掲載されたものである．ヴェブレンの「経済学」は，当時シカゴ大学を中心として急速に発展しつつあった，社会学や文化人類学の成果を大幅に取り入れながら形

成されていった.

『有閑階級の理論』においてヴェブレンのまなざしは常に,何気ない言葉の用い方や,男女の衣服,競走馬や大きな犬などに対する偏愛等々,文字どおり,日常生活の些事に注がれている.トリヴィアルな細部の分析を通して,当時のアメリカ社会において支配的な思考習慣がなんであったのかを巧みに浮かび上がらせていく.そこにヴェブレンの本領はある.日常性に注目する姿勢も,ヴェブレンとシンボリック・インタラクショニストたちとの共通項である.そしてトリヴィアルなものへの偏執的なまでの拘泥と,市民社会の「俗物」たちへの悪意に満ちた晦渋な筆致とは,ゴフマンを想起させるものがある.

人間の経済行動を,実際的な効用の充足という観点からではなく,「見栄」に支配されたものとして説明していること.トリヴィアルなもののもつ象徴的な意味の読解を志向する記号論的な思考法.ヴェブレンの理論とボードリヤールらの消費記号論の親近性もつとに指摘されている.ヴェブレンが経済学史の博物館の中で「制度学派」のレッテルを貼られて陳列されていた時代は過去のものとなった.ヴェブレンの理論が今日,大きなアクチュアリティーをもっていることは疑いえない.

▼世界を覆う「アメリカニズム」
―― ヴェブレンのアクチュアリティー② ――

ヴェブレンは,現代は機械の時代であり,それにふさわしい合理的な思考習慣を身につけた「産業的階級 (industrial class)」こそが社会を進歩させていく担い手であると考えていた.「産業的階級」とは機械を扱う技術者や工場労働者・農民等々の勤労者の総称である.しかし彼らは巨富を手にすることはない.ヴェブレンのみるところ,アメリカ社会のなかで巨富と巨大な権力とを手にしているのは,勤労や生産によってではなく金融取引によって自らの財産を拡大していくような「金銭的階級 (pecuniary class)」なのである.

「金銭的階級」とヴェブレンが言うとき，そこにはロックフェラーやバンダービルドのような（captain of industry）がイメージされている．「ロバーバロン（泥棒男爵）」とよばれた彼らは，詐術と暴力とによって巨富を築いた人たちであった．「泥棒貴族」の収奪に苦しんだノルウェー移民の子であったヴェブレンの中には，「金銭的階級」の行う「ビジネス」への憎悪が染みこんでいる．ヴェブレンのみるところ，ビジネスとは他人の富を収奪する詐術の別名なのである．

　冷戦終結後のアメリカは，世界経済に対して巨大な支配力を行使している．しかしアメリカ経済の強さは，「産業」の力に由来するものではない．アメリカの企業群の中で圧倒的な力を誇っているのは，世界最強の通貨ドルを背景にした債権・証券・通貨の取引，さらには有力企業の買収等々によって，錬金術のようにマネーを増殖させていく各種の金融業である．90年代のアメリカはIT産業の目覚しい技術革新に成功し，ビル・ゲイツのような若き経営者が時代の寵児となった．しかし，ゲイツのようなIT革命の申し子たちも，「産業」の世界に属する人びとではなかった．ミレニアムの転換点の空前の好況の中で生まれたアメリカのIT長者たちは，株の取引によって巨富を得た人たちなのである．21世紀のアメリカ経済を牛耳っているのも，ヴェブレンのいう「金銭的階級」である．そしてこの同じ時期に，アメリカ社会においては貧富の差が途方もない規模で拡大していった．

　いまや「グローバリゼーション」の美名の下に，アメリカ的な「ビジネス文明」が世界を覆っている．もちろん日本もその例外ではない．高度経済成長期の英雄は，井深大や松下幸之助のような「産業」の分野に属する経営者たちであった．ところが今日では，アメリカと同様，IT長者が時代の寵児となっている．富を得ること，成功すること，虚名を得ること，それらを盲目的に賞賛する文化がこの国の中にも深く根を張ってきている．そのことは，大学をはじめとする教育の分野においても例外ではない．学問や教育の世界へのビジネス原理の浸透を批判した，ヴェブレンの『アメリカの高等教

育』をここで取り上げるゆえんである．

2　ヴェブレンの大学論──『アメリカの高等教育』を読む──

▼大学とは何か

　大学とは，純粋な学理が追究されるべき場所である．ヴェブレンはそう考えていた．ヴェブレンが理想と描く大学において教育は，二義的な意味しかもってはいない．大学の主たる活動は研究であり，教育とは次世代の研究者を育てるという以上の意味をもたない．大学においては，「学生の教師に対する関係は，必然的に生徒と先生というよりはむしろ，「徒弟（apprentice）と親方のそれに似たものになる」[3]．大学にたどりついた若者は，何の強制を受けなくとも，自分の取り組むべき課題をすでに知っているはずである．何を勉強すればよいのかわからない．仮にそんな学生がいたとすれば，それは彼自身の責任であって，教師が責めを負うべきことではない[4]．ヴェブレン的大学の学生とは，探究すべき課題をすでに自覚した研究者の卵なのである．

　ヴェブレンは学部（under graduate）段階で行われている一般教養に類する教育や，さまざまな実学・職業訓練に属するものを大学から切り離すべきだ，とも主張している．大学とは，「事物についての知識を獲得して，それを理解可能な体系に還元しようとする無私の傾向性（disinterested proclivity）」[5]である「怠惰な好奇心（idle curiosity）」につき動かされながら，事実と学理とをひたすら探究すべき場所である．ところが大学内部の実学の担い手たち（工学や農学を含めて）は，実用性・応用可能性に関心を抱いている．実際的な関心の介入は，知識の追究が自己目的であるべき大学人のまなこを曇らせる．逆に学者気取りは，専門技術者の技能と能力とを損なうものだ．大学という看板のもとに両者が一緒にいてもよいことはひとつもない．だから大学と専門学校，純粋学問と応用学問とは，はっきりと分離し

た方がよい[6]．

　こうしたヴェブレンの主張に対しては，次のような反論が予想される．西欧の大学は中世に起源をもつ．中世の大学においては，神学・医学・法学等の「実学」が中核をなしていた．大学は，僧侶・医師・法律家等を養成する職業訓練をその使命としていたのである．中世におけるそうした起源にとどまらず，近代以降の大学の歴史においても，ヴェブレンが理想とするような研究にのみ特化した大学は存在した例などないではないか．

　ヴェブレンの反論は以下のとおりである．西欧の大学が，神学・医学・法学等々の実学の研究に従事し，職業訓練の場として発足したことは，単なる歴史的偶然に過ぎない．ヨーロッパ中世は，個人の魂の救済を至高の価値とするプラグマティックな文明に支配されていた．魂の救済という目的に貢献しない，いかなる制度もこの時代においては存続を許されなかったのである．神学を頂点とする実学の府としての装いをもつ伝統的な西欧の大学組織は，西欧中世文明のプラグマティックな性格に呪縛されたものだったのである[7]．しかし，ものごとの起源がそうだからといってわれわれはそこに回帰しなければならないわけではない．いまさら手工業の時代に戻ることができないのと同じように，実学中心の大学に戻ることはできない．ヴェブレンはいう．「歴史的論議は，事物がどこに行きつつあるのかについての知的評価を行うことを命じるものである．事物の始まりに回帰せよと命じるものではない」[8]．

　ヴェブレンは，職業教育とともに，学部レベルで行われている一般教育の大学からの追放をも宣言している．ヴェブレンは中等教育と高等教育の厳密な区分を行っている．中等教育の役割は，市民生活の中に子どもたちを導き入れることである．他方，大学は科学と学問の生活に人間を特化させることをその目的としている．多くの人間に関わりをもつのはいうまでもなく前者，中等教育である[9]．よき市民としての資質の涵養と職業訓練とは，社会にとっては学問や科学よりも重要性の度合いは高い．そうであるならばなお

さら，それらが学問研究の片手間になされてはならないとヴェブレンは主張している．

　ヴェブレン的大学は，研究に特化したものである．そこでは教育でさえ，次世代の研究者の育成という副次的な意味をもつものでしかない．現代風にいえば基礎研究に従事する大学院部門のみが，ヴェブレンの意味での大学の名に値するものなのである．そしてヴェブレンのみるところ，アメリカの大学も職業訓練から研究へとその力点をシフトさせてきた．本書執筆時点ですでに，研究を行わない大学は大学とは認められなくなってきているとヴェブレンは述べている[10]．しかし，ヴェブレンのみるところアメリカの大学は，研究重視の理想的な方向から大きく逸脱する危険性をはらんでいる．ヴェブレンは，ピューリタンの聖職者に代ってアメリカの大学を支配するようになった，ビジネスマンたちの野望への，強い警戒心をあらわにしている．

▼高等教育を支配するビジネス原理

　著書の中でヴェブレンは，20世紀初頭のアメリカの大学が，ビジネスマンによって支配されている有様を活写している．かつての聖職者たちと同様，現代のビジネスマンは意味もなく尊敬され，万能視されている．そのためビジネスマンたちは，州立であると私立であるとを問わず，大学の経営評議会 (governing board) のメンバーに選ばれ，予算配分や学長の選任等の大きな権限を握っている．ところが彼らは，学問についてはまったくの門外漢なのだから，ビジネスマンが支配する経営評議会は，ただ高等教育を妨害するだけの存在なのである[11]．

　大学は，巨大な財政基盤をもっている．ビジネスマンであればそうした組織の運営に慣れているだろう．それに富裕なビジネスマンたちは，大学が経営困難に陥った時には金銭的な援助を与えてくれるかもしれない．そして何よりも拝金主義の支配するアメリカ社会の中で巨富を手にしたビジネスマンは至高の成功者なのである．「ビジネスでの成功は，ビジネスとは関係のな

い事柄をも包括した賢明さを証するものであると，一般には考えられている」[12]．彼らの実際的な手腕や財力以上に，アメリカ社会を支配しているビジネスマン信仰が，ビジネスマンが経営者として大学に迎え入れられた最大の理由なのである．こうして金銭的能力が経営評議会への参入資格とされるようになった．大学の最終的な意思決定機関は，本来，高等教育とは何の関わりももたない者たちの手に落ちてしまったのである．

　ヴェブレンは，アメリカ人のビジネスマン崇拝に嘲笑を浴びせている．ヴェブレンのみるところアメリカのビジネスマンは，知性と冒険心とを根本的に欠いている．ただ，臆病で抜け目なく狡猾な人たちなのである．冒険心と知性の欠如とは，アメリカ人一般の特徴ではない．アメリカの技術者や発明家，そして冒険家たちは，その優れた資質をいかんなく発揮してきた．しかし，彼らが巨富を手にすることは稀である．彼らは何かを創り出し，あるいは何かを発見すると，そのことに満足してその場を立ち去ってしまう．自らは何ら手を下すことなく，じっと彼らの活動を眺めていたビジネスマンたちが，彼らの手柄を横取りして，タナボタ式に巨富を得てしまうのである．ヴェブレンは，アメリカの格言を引用している．「豚は黙って残飯をむさぼる」[13]．

　ビジネスマンたちは，実際的な効用を重視する彼らの思考習慣を大学にもちこみ，ロースクールやビジネススクールをアメリカ中に繁茂させていった．ヴェブレンはすべての実学を大学から排除するよう主張していた．しかし，彼は実学の効用も大いに認めている．農学や工学の研究は科学の成果に多くを負っている．そして，何よりそれらは公共の福祉に寄与するものである[14]．ところがビジネスは科学とは何の関係もない．またビジネスの世界の中では，他者の被る損害がおのれの利益となるのだから，ビジネスという営みはコミュニティの物質的な福祉の増大になんら寄与するものではない．ビジネスの才を豊かにもつものが増えれば，逆に貧しくなる者の数が増えるだけなのである．大学におけるビジネスの研究教育は，体育のそれと並んで百

害あって一利なきものだとヴェブレンはきめつけている[15]．

　ヴェブレンは，ロースクールへの嫌悪感をも隠さない．法学教育は，中世の大学に位置を占めていたというだけの理由で，大学内部にとどまっている．法体系の基礎をなしている哲学的思弁については何も教えることなく，ただ実務と詭弁の訓練とに明け暮れるロースクールは，まったく大学に相応しくない存在である[16]．ヴェブレンは，弁護士という職業の社会的な有用性も認めていない．ヴェブレンのみるところ，弁護士の仕事もビジネスマンのそれと同様，手のこんだ詐術なのである．有能な弁護士同士が争えば裁判はいつまでたっても決着がつかないから，訴訟に要する費用は膨大なものになってしまう．だから，弁護士の数は少なくてその能力も低い方が「コミュニティの全体にとって役にたつ」[17]．

　規模拡大の野望をもつビジネスマンたちは，学問的な素養と関心をまったくもたない学生たちを大量に大学に受け容れていった．そうした学生たちを引きつけるために，スポーツや学生クラブのような「学生活動（student activities）」が盛んになり，大学からは学問をする雰囲気が失われてしまう[18]．そしてやる気をもたない学生たちに勉学を強いるために，単位制度やカリキュラム，成績評価によって学生を管理する中等教育の手法がまず学部レベルに，そしていまやそれらは研究者養成の場である大学院にまで入りこんできている．機械的で標準的な課業の強制は，自由で自発的な知の探究という大学本来の使命をいちじるしく損なうものであるとヴェブレンはいう[19]．「親方」と「弟子」という表現が示しているように，高等教育のコアをなすものは，教師と学生のパーソナルな関係性であって，機械的に標準化されたシステムに還元しうるものではないというヴェブレンの認識が，ここでは示されている．

　ビジネスマンは，大学を投資対象として考えている．しかし，いくら大学を企業に似た組織にしてみせたところで，両者はまったく異なる原理のうえに立脚しているのである．研究は，研究者の自発性と固有の手順によって進

められていく．学問的成果は，産業の世界におけるような機械的・統計的な画一性を強いることによって生み出されるものではない．「知的探究を成立させている人間の知性と自発性とを計量的に定式化することはできない．バランスシートにあらわすことはできないのである」[20]．自発的な知の探究を権威主義的な強制や管理によって引き出すことは不可能である．学問は長い目でみないかぎり，そして研究者の自由な探究に委ねられないかぎり，顕著な成果は上がらない．ところがビジネスマンは，投資に対する短期的で金銭的に巨額な見返りを期待している．ビジネスマンが支配する大学は，その営利至上主義によって学問を台無しにしてしまうことを何よりもヴェブレンは危惧していたのである．

3　詐術としての大学——経済のグローバル化の中で——

▼「ビジネスマンの大学」から「国家の大学へ」

　研究機能の重視という点で，ヴェブレンの大学像は19世紀にいちじるしい発展をとげたドイツの大学の姿と酷似している．ヴェブレンの描く大学像に近い，研究に特化した大学院大学といえば当時のアメリカにはジョンズ・ポプキンス大学があった．若き日のヴェブレンが学生として学んだこの大学は，ドイツの大学をモデルとしたものである．

　「怠惰な好奇心」に突き動かされる純粋学問と，プラクティカルな関心に支配された応用学問．ヴェブレンの学問分類のコアをなす概念である．しかし，この両者の間にはっきりとした線を引くことは果たして可能なのだろうか．ヴェブレンの死後十数年の後に，アインシュタインのような優れた科学者が原爆製造に手を貸しているのだから．科学を進歩させることだけが，大学の使命なのだろうか．科学の成果が悪しき方向に応用され，暴走することを押し止める力を大学の中に培っていく必要はないのか．これは『アメリカの高等教育』を読みながら筆者の抱いた率直な疑問である．

ヴェブレンは科学や学問の進歩に対して手放しの信頼を示している．無神論者であったヴェブレンも「進歩の神学」から免れることはできなかった．進み過ぎた科学が暴走することで人類に災いをもたらす．それは第2次世界大戦以降，人類が繰り返し経験してきたところである．自らの研究や技術開発の成果のもつ，社会的・文化的結果に自覚的な研究者・専門家・技術者を育てることは大学の重要な使命であろう．自らの仕事の意味を問い返す能力という意味に「教養」という言葉を定義すれば，「教養」を機軸として研究と職業訓練とが統合される大学の像さえ描けるのではないだろうか．しかし，そうした観点をヴェブレンの著作の中に見出すことはできない．

　ビジネス原理によって支配され，さまざまな部門を包含して巨大化した結果，大学の本来の使命である科学や学問の探究が犠牲にされる．このヴェブレンの予言は，20世紀のアメリカの大学においては見事に外れてしまったというほかはない．アメリカの大学は，ヴェブレンの勧奨に従って基礎的な学問の研究に「一意専心」してきたわけでは決してなかった．学問研究に始まって，一般教育，職業訓練，スポーツ等各種の「学生活動」，生涯学習の類までをも包含したアメリカの大学は，「マルチバーシティ」（カー）としての発展を遂げていったのである．そして，大学進学率は上昇の一途をたどり，アメリカの大学が規模拡大の道を突き進んでいったことは周知のとおりである．「勉強をする意思をもたない学生」の大群を多く抱えこみ，ヴェブレンの嫌悪した教育過程の画一化と標準化，組織内部の官僚制的管理化もアメリカの大学のなかでは，極限的に推し進められていった．規模拡大と教育過程の画一的規格化という点において，アメリカの大学はまさにヴェブレンの憂慮した方向につき進んでいったといえる．にもかかわらず，アメリカの大学の学問的基盤が破壊される事態は起こらなかった．20世紀アメリカの大学が，ほとんどすべての学問領域において，世界を指導する位置に立っていたのだから．この意味において『アメリカの高等教育』におけるヴェブレンの予言は，見事に外れてしまったのである．

ヴェブレンの死後，アメリカの大学は「ビジネスマンの大学」であることをやめ，「国家の大学」としての性格を強めていった．アメリカの大学の規模拡大に決定的な役割を果たしたのは，第2次世界大戦後の復員軍人援護法案（GI Bill）である．冷戦期のアメリカの大学は，若年労働力をプールすることによって失業率を調整するという，ケインズ型福祉国家における新たな役割を担うようになった．これは大恐慌の年に生涯を閉じたヴェブレンのまったく予期しなかったことであろう．そして，20世紀のアメリカにおいては，科学技術こそが巨富を生み出す源泉となっていたのである．冷戦期において科学研究のセンターとしての大学には，経済を発展させる起動力としての役割が担わされていった．そして多数の社会科学系の大学知識人が，政策立案とプロパガンダのための要員として，ワシントンに送りこまれていったのである．このように20世紀アメリカの大学は，高度な産業社会の有機的な構成要素となっていた[21]．大学の活動は，国家的関心事となっていったと述べても過言ではないだろう．そうした大学をビジネスマンが，利己的な関心のために利用することなど許されるはずもない．

　第2次世界大戦後アメリカには，一人の大金持ちの支配する大学などどこにもなくなった．連邦政府など官界の資金が大学の経済的基盤を支えるようになったのである[22]．20世紀アメリカの大学を発展させる力となったのは，ヴェブレンの時代のようなビジネスの論理ではなく，国家の論理であった．冷戦時代にアメリカ国家は，その実践的な価値だけではなく国家の威信のために，惜しげもなく巨費を大学に投下していった．そのことが，短期的な実利をおよそ期待できないような基礎的な学問研究をも含む，アメリカの大学の研究面での隆盛を招いたのである．

　ヴェブレンは，『アメリカの高等教育』において，「国際化」こそがアメリカの大学の喫緊の課題であると述べている．ヨーロッパの大学の没落にともない，アメリカの大学は，世界の学問を主導する位置に立った．その責任を自覚して，世界の研究者たちにさまざまな援助を行い，アメリカの大学は世

界の学術の交流センターとしての役割を担うべきだとヴェブレンは述べている[23]．このヴェブレンの提言は，ウィルソン大統領の提唱した国際連盟への加盟を否決するほどの孤立主義にとりつかれていた当時のアメリカ社会においては，省みられることはなかった．しかし，第２次世界大戦後のアメリカの大学が，目覚しい国際化をとげていったことは周知のとおりである．数多の奨学資金によって，アメリカは世界の研究者への物質的援助を惜しまなかった．そして，恵まれた研究環境と斬新な研究を奨励する自由な雰囲気とによって，アメリカの大学は世界の優れた知性を引きつけてやまなかったのである．第２次世界大戦後のアメリカの大学は，ヴェブレンの勧告を忠実に実行したのである．そして，冷戦構造下のアメリカは，伝統的な孤立主義を完全に捨て去り，世界の覇権国家としての自覚の下に行動するようになっていった．こうしたアメリカの国家意識の変化も，大学の国際化を可能にしたひとつの大きな要因と言えるだろう．

▼「ビジネスマンの大学」への回帰

　しかし，ヴェブレンの大学論は冷戦終結以降，再びアクチュアリティを取り戻してきている．「費用」対「効果」の説明責任（accountability）の見地から，人文学のみならず物理学のような基礎的学問全般がアメリカでもリストラの対象となっている．レディングスは，フンボルト的な「文化の大学」の死を宣言している．アメリカをはじめとする20世紀の諸国家は，ナショナル・アイデンティティの拠り所として，また国威発揚の道具として，人文学や基礎的な諸学問に大量の資金を投下し，これを支えてきた．しかし，経済のグローバル化の中で国家はその経済的・文化的な求心力をいちじるしく低下させてしまった．国民生活を支配する力をもつものは，いまや国家ではなくグローバル化した企業群なのである．また国家財政の破綻の中で大学を経済的に庇護するゆとりも国民国家からは失われていく．企業等が提供する外部資金に頼らなければ大学の「生き残り」は困難なものになってしまったの

である．そこで大学はこれまでの「文化の大学」から，あらゆる点での卓越性の証明を求められる「エクセレンスの大学」となった．「エクセレンス」は，企業の歓心を買うべく会計の言葉で表現されなければならない[24]．「文化の大学」から，「エクセレンスの大学」へ．この命題を，「国家の大学」が再び「ビジネスマンの大学」に回帰したといいかえることができるだろう．ヴェブレンの大学論が再びアクチュアリティーを取り戻したゆえんである．

　冷戦時代の国家を支えていた正統性原理は，「進歩の神学」であった．冷戦とは，社会主義と資本主義のいずれの側に未来があるのかが争われていた戦いだったからである．進歩を保証するものは科学であり，知識である．それゆえ，冷戦時代においては，「知識の増殖と拡散」が絶対的な価値をもち，その担い手としての大学の役割に疑問をはさむ者はいなかった．大学を主要な舞台として生じた60年代の若者の反乱は，その意味で冷戦構造のゆらぎを示すものであったといえるであろう．しかしソ連崩壊とともに冷戦が終わる．F. フクヤマは，「歴史の終焉」を宣言した．歴史が終わったのだとすれば，「進歩の神学」もまたナンセンスなものでしかなくなってしまう．冷戦後の世界において，「進歩の神学」の殿堂である大学が「廃墟」と化してしまったゆえんである．ヴェブレンの信奉していた「進歩の神学」が過去のものとなってしまったと同時に，彼の大学批判がアクチュアリティーを取り戻したことは，皮肉というほかない．

▼ビジネスマンと役人の支配——醜悪な日本の大学——

　目を日本の現実に転じてみよう．21世紀の日本の大学は，世紀初頭のアメリカの大学と酷似したものになってきている．もちろん，当時のシカゴ大学のように，個人の大金持ちによって支配される大学などいまの日本にはあるはずもない．しかし，ヴェブレンの批判がいまの日本の大学に妥当する部分は以下にみるように，驚くほど多い．

　ヴェブレンは，実学とその担い手たちが幅をきかせることによって，大学

がプラクティカルな関心に支配され,「怠惰な好奇心」に導かれた学理の追究という本来の使命が損ねられることへの危惧を表明していた．90年代に文部科学省は,大学行政において「大綱化」という名の規制緩和を行った．その結果,とくに私学において,プラクティカルな学問に特化した大学や学部が叢生していった．少子化と不況の中で,大学受験市場の歓心を買うためである．この結果,大学にはさまざまな分野のプロフェッショナルが大量に入りこんできた．大学はさまざまな専門家の雑居世帯になってしまった．大学教授職の定義さえいまや困難なものになりつつある．学術論文など書いたことすらない,「教授」の存在さえ珍しくないのだから．

ヴェブレンが重視した,初等中等教育と高等教育の間の区別も,この国では溶解しつつある．大学進学率の上昇にともなって,修学の意欲と基礎的な学力とに欠ける学生が大量に大学に入りこんできている(「分数のできない大学生」!)．そうしたレベルの学生を排除していたのでは,もはや経営が成り立たない私大も少なくない．こうした学生のために,高校(あるいはそれ以下)レベルの補習授業を行う大学も増えてきている．「大学レジャーランド化」は一時代前の流行語だが,いまや学生の幼稚化も顕著なものとなってきている．教師や事務職員が学生の「生活指導」を行うケースも稀ではない．ヴェブレンは,「大学」と「学校」の違いを強調した．しかし,この国の大学生は自分たちのことを「生徒」とよぶ．ヴェブレンの期待した「研究者の卵」どころか,高校までと変わらぬ「学校」に通っているつもりでいるのである．

ヴェブレンが学問の府としての大学にとっての根本的な脅威とみなしていた,ビジネスの論理の大学への浸透も,現在,確実に生じてきている．この傾向はとくに私立大学において顕著なものであるといえよう．ある有名私大は,ビジネスマンを理事者に迎えることで経営の立て直しを図っている．企業の格付け会社が大規模私立大学の外部評価を行うことは,ひとつの流行にさえなっている．私立大学ばかりではない．石原東京都知事の都立大学改革

は，それまで同大が担っていた基礎的な研究領域をリストラして，プラクティカルな研究と教育とに特化した「首都大学東京」を作り出した．大学人がベンチャー企業を立ち上げることは無条件に善きこととされている．大学と企業とを同一視する思考習慣，学問を営利事業と同一視して，短期間に巨額の見返りを期待すること等々，ビジネスの世界の思考習慣は，この国の大学の中に広く深く根を張ってきている．

　ここで注意しなければならないことがある．規制緩和とビジネス原理の浸透の中で，「官」の大学に対する統制力は，一層強化されてきているという逆説が存在することである．国立大学は独立行政法人化された．しかし，学生の授業料だけで大学を運営していくことは不可能である．国からの交付金に依存せざるをえない状況は，独法化以前と何も変わっていない．国立の時代には，予算は一定の分配規則に従って各大学に機械的に配分されてきた．しかし独法化にともなって各大学への交付金は，厳しい評価と審査のもとに傾斜配分されるようになっていった．かつての国立大学群は，独立行政法人化によって，かえって「官」の強いコントロールに晒され，自律性を失ってしまったのである．私立大学も私立学校法の改正によって，「第三者機関」による評価を受けることが義務づけられるようになった．「第三者機関」による評価が真に公正なものになると信じている者などいないだろう．「第三者評価」の隠れ蓑のもとに私立大学までもが，「官」の強い統制化に置かれるようになる可能性たるや大である．日本の大学は，「ビジネスマンの大学」であると同時に「役人の大学」に成り果ててしまった．ビジネスマンと同様，役人もまた，学問とは「縁なき衆生」でしかない．学問的な定見を何ももたない人間が大学を支配して学問を破壊し尽くしていく．ヴェブレンの懸念した状況が，まさに現在の日本の大学においては進行している．

4　ヴェブレンと日本の学校——初等中等教育に示唆するもの——

▼初等中等教育へのビジネス原理の浸透

　日本の初等中等教育もビジネス原理に侵犯されている．居酒屋チェーンの経営者が伝統ある中高一貫校の理事長になった．公立学校でも多数のビジネスマンが，校長職に据えられている．企業人＝教育者，そうした不思議な図式ができ上がっている．学区の自由選択制もひとつの流行になっている．学校もひとつのサービス産業であり，教育内容は商品である，それならば選択肢は多様な方がよいし，競争の存在がサービスの質を向上させる．学校とスーパー・マーケットとを同列にとらえる発想が校区の自由化の根底には横たわっている．

　なぜ，ビジネスマン校長がもてはやされるのだろうか．学校もひとつの組織である．そして組織の長は人を動かす．これらの点では学校と企業との間に差異はない．学校の仕事は人を育てることにあるが，企業人もやはり人を育てている．学校という温室しか知らない教師上がりの人間より，厳しい現実の社会でもまれたビジネスマンの方が校長としての高い適性をもっているだろうというのが，ビジネスマン校長を肯定する人びとの論理である．しかし校長に期待される「経営」の才など限られたものだろう．授業や生徒指導，部活や学校行事の運営等々，校長とは学校生活の演出者にほかならない．現場の指導に悩む教師にも適切な助言ができなければならない．ビジネスマンたちにそんなことができるはずもない．ビジネスマンに校長を任せるのは，企業経営者がプロ野球チームのオーナーになるのではなく，ベンチに入って監督として指揮を採るというのと同じくらい愚かで無謀な話である．

　教育とビジネスほど相容れないものもほかにない．ヴェブレンもいうように，投資に対する短期的でより大きなリターンを期待するのがビジネスという営みである．教育において子どもに「投資」をしているのは親たちであ

る。ビジネスとしての教育を営むものは，親たちを喜ばせるために目先の成果にこだわることになる。親を喜ばせる手っ取り早い方法は，子どもたちのテストの点数を上げることであり，「よい学校」に多くの子どもを送りこむことだ。数多の高校が，「有名大学」の合格者数の「数値目標」を設定しているのはそのためである。

　教育は子どもの生涯に関わる事柄なのだからその成否は，長い時間を経た後でなければ検証することはできない。教育には家庭も社会も，多大な資金とエネルギーとを投入している。その意味では，教育活動もまた「投資」にほかならない。しかし，それは親の満足や教育業界人の利益のための「投資」であってはならないだろう。子どもたちがよりよい人生を送るための「投資」でなければならない。そして何よりも子どもたちの世代が，将来よき社会を築いていくための「投資」でなければならないはずである。どこの学校に何人合格させたか。そんな「実績」は子どもの幸福とも，将来の「よき社会」とも何の関係もない。言葉の本来の意味での「教育投資」の効果を測定する尺度としては，ナンセンス極まりない代物なのである。

　では，なぜ，日本の初等中等教育の世界の中にまで，ビジネスの論理が浸透してしまったのだろうか。日本の中産階級の親たちは現在の社会秩序に子どもを適応させることしか考えていない。親たちは自分の子どもは将来，サラリーマンになるしかないと考えている。サラリーマンになりそこねると惨めな敗残者として一生を終えることになると考えている。だからビジネスマン校長がもてはやされるのだろう。学校はサラリーマンになるための経路に過ぎない。初等中等教育が，前倒しの社員教育であるならば，その管理者にはビジネスマンが最適だということになる。

　2000年前後に「学力低下論争」があった。この論争においては，学力低下にともなう日本企業の国際競争力の低下や階層間格差の拡大が問題にされていた。学力低下論者たちはある意味で教育万能論に立っている。日本企業の国際競争力の回復も，階層間格差の拡大を防ぐのもひとえに教育のあり方に

かかっているというのだから．しかし国際競争力も階層格差も経済の領域の語彙である．教育の問題を語る時に，どうして経済の話しかでてこないのだろうか．その意味で学力低下論者たちは，教育を経済のサブカテゴリーに貶めている．教育とは何か．子どもたちがよき市民として幸福に生きるために必須の「学力」とは何か．そうした問題がこの論争の中で語られることは決してなかった[25]．

　ただ巨富を手にしたというだけでもてはやされているアメリカのビジネスマンを，ヴェブレンは「豚」にたとえて強烈に揶揄していた．日本のビジネスマンはどうだろうか．日本の科学者・技術者の能力には卓越したものがある．また職種階層のいかんを問わず，日本の勤労者の有能さ，勤勉さ，職務に対する忠実さは定評のあるところだ．他方，企業経営者たちはどうか．「失われた10年」以降の彼らは，さまざまな不祥事を引き起こしては記者会見の席で惨めに頭をたれるということしかやってこなかった．巨富を得る機会と引き替えに大きなリスクを引き受けるのが，あるべきビジネスマンの姿であろう．しかし日本の経営者たちの中には，そうしたまっとうな姿勢はかけらもみられなかった．大銀行の出した損失の補填のために巨額な税金が投与された．あるデパートの経営破綻に際しては「一時国有化」が大真面目で検討されていた．アメリカのビジネスマンをヴェブレンは「豚」とよんだ．どうみても日本の同類はそれに劣る．ヴェブレンなら彼らをなんとよんだだろうか．そんな人たちに子どもの教育を委ねてしまってよいはずがない．

▼教育とはパーソナルな営み

　ヴェブレンは，初等中等教育（市民の育成）と高等教育（学問の探究）の使命を峻別する必要を繰り返し説いていた．日本では，この両者の区別が果てしなく溶解している．この国の大学が高校以下のレベルの「学校」と何ら選ぶところのないものに成り果ててしまったことはすでにみたとおりである．大学教育の力点は今日，学部から大学院へとシフトしてきている．しか

し今日の大学院修士課程に集う学生の力量は，かつての学部生レベルにも及ばない．大学どころか大学院までもが大衆化をはじめている．大学院までもが，ヴェブレン的な意味での「高等教育」の園（その）ではなくなってきている．

　大学が高校化する一方で，高校以下の学校が大学によって「植民地化」されている状況がある．関曠野は，大学教育を最終的な到達点とみなして初等中等教育をその準備段階とみなす「知の大学本位制」がこの国の教育を歪めているという興味深い観点を示している[26]．子どもたちに市民として生きる素養を身につけさせるのではなく，学者になるために必要な能力を押し付けていく．そうした倒錯が日々日本の学校では演じられていると関はいう．この関の見解は傾聴すべきものであろう．高校までの教科書をみると，どの教科においても執筆者には大学教授が名を連ね，その内容たるや大学の学問のミニチュアの様相を呈している．高等教育と初等中等教育とはそれぞれ固有の目標をもち，その間に優劣はない．大学人の都合によって高校以下の教科内容が決定されている現状は，明らかにおかしい．

　中等教育にはその後の職業的人生のための準備教育という側面がある．ヨーロッパの場合は，中等教育に入る段階で厳しい選別が行われ，卒業後すぐに職業に就く者のためのコースと，大学教育を受ける者のためのコースに分岐していく．他方，アメリカではどうだったか．アーレントはいう．「…就学義務が16歳まで及んでいるため，学生全員がハイスクールに入学せねばならず，その結果，ハイスクールは基本的には初等学校の一種の延長になってしまうからである．アメリカにはヨーロッパの中等学校に該当するものがないため，大学の教育課程の準備は大学自身が行わねばならず，それゆえ，大学のカリキュラムは慢性的な過剰負担になって，そこでの勉学の質にはねかえるのである」[27]．アメリカの場合は初等教育と中等教育は連続していた．大学教育の準備教育は一部の私立学校を例外として行われていなかった．ヴェブレンが非難したように，大学が中等教育に類似する役割を担うようにな

ったのはそのためである．

　日本は明治期にヨーロッパの，そして第2次世界大戦後にアメリカの教育システムを受容した．両者のシステムの折衷的な性格を日本の教育制度はもっている．高校（後期中等教育）の段階で進学校と実業高校とに振り分けられるところはヨーロッパ的で，大学教育の最初の2年間は，高校の延長のような一般教育科目がいまだに大きなウェイトを占めている点はアメリカ的である．進学校における教育はヨーロッパ的な「大学教育の」準備教育ではなく，「大学入試」の準備教育に過ぎなかった．受験に受かることを目標とする教育なのだから，少子化で受験競争が緩めば生徒たちは，当然，勉強をしなくなる．そして実業高校も高卒労働市場の極端な収縮のために存立の根拠そのものが揺らいでしまっている．日本の高校はいまや完全に空洞化してしまった．中等教育とは何かという明確なビジョンをもたず，大学や企業に生徒を送りこむベルトコンベアの役割に安住してきた日本の高校にそのつけがいま回ってきたのである．

　高等教育は教授と学生の間のパーソナルな営みであって，初等中等教育におけるような機械的標準化になじまないということをヴェブレンは強調していた．教師は自分が精通し，かつ情熱をもって探究している事柄について学生に語る時，もっとも大きな教育効果をあげることができる．ヴェブレンが中等教育レベルのものとみなしていた学部教育においてさえもこのことは当てはまるのである[28]．教師と生徒が心のおもむくままに「怠惰な好奇心」を追究する自由は，高校以下の学校においても保証されなければならない．生徒がもっともよい授業を享受するためには，専門職としての教師の権利が最大限尊重され，授業編成の自由と研修のための豊かな時間が保証されなければならないだろう．ところがいまの日本の学校はそれとは正反対の方向に向かっている．教師はタイムレコーダーによって管理され，夏休みも学校に出ることが義務づけられている．教師たちの内面の自由さえ，「日の丸・君が代」の強制によって制限されている．教師はもはや人格をもった存在とはみ

られていない．ティーチングマシーン，あるいは教師という名の「役割ロボット」だと考えられている．

　ヴェブレンは教師失格者だったのだろうか．たしかにいま風の「学生による授業評価」に晒せば，彼が最低の評価を受けることは疑いない．しかし彼にはこんな一面もあった．優秀な若手研究者が採用にあたって強い抵抗に出会った時，彼は粘り強く理に適った主張を重ね，その人事を成立させたのである．ヴェブレンはまた，パーソナルな交流の中で若い人たちに「教師そして思想家としての彼に対する個人的な賞賛と尊敬の念を植えつけていく」[29] 高い能力を示していたのである．彼には生前から崇拝者と呼べる若い知識人の一群がいた．彼の卓越した著作がそうした崇拝者を生み出す力となっていたことは疑いない．それと同時にそこにはパーソナルな関係性の中で示された彼の人格的な魅力が大きく作用していたはずである．教育とはパーソナルな関係性の中で，年長者が若者や子どもに人格的な感化を及ぼす営みである．教師失格者どころか，かかる教育の本質を生涯にわたる実践の中でわれわれに示し続けてきたヴェブレンこそが，ある意味で理想の教師だったとさえ言えるのではないだろうか．

注

1） J. Dorfman, *Thorstein Veblen and His America*, Viking Press, 1934.（八木甫訳『ヴェブレン――その人と時代』HBJ出版局，1985年，p. 497）
2） T. Veblen, Why is Economics not an Evolutionary Science, *The Quarter Journal of Economics*, Vol. 12, July, 1898.
3） T. Veblen, *The Higher Learning in America*, Macmillan, 1918, p. 18.
4） *Ibid*., p. 20
5） *Ibid*., p. 8
6） *Ibid*., pp. 31-2
7） *Ibid*., p. 36
8） *Ibid*., p. 33
9） *Ibid*., p. 21
10） *Ibid*., pp. 43-4

第 6 章　ヴェブレンと教育　173

11)　*Ibid.*, p. 69
12)　*Ibid.*, p. 69
13)　*Ibid.*, p. 71
14)　*Ibid.*, p. 205
15)　*Ibid.*, p. 210
16)　*Ibid.*, p. 211
17)　*Ibid.*, p. 212
18)　*Ibid.*, p. 102
19)　*Ibid.*, pp. 109-110
20)　*Ibid.*, p. 86
21)　小谷敏『若者たちの変貌』世界思想社，1998年，p. 12
22)　中山茂『大学と社会』朝日選書，1974年，p. 69
23)　T. Veblen, *op. cit*., 1918, pp. 51-5
24)　B. Readings, *The University in Ruins*, Harvard University Press, 1994.（青木健・斎藤信平訳『廃墟のなかの大学』法政大学出版局，1999年）
25)　小谷敏・関曠野「教育改革を読む」（小谷敏編『子ども論を読む』世界思想社，2003年）
26)　関曠野「教育のニヒリズム」『現代思想』vol. 13-12，青土社，1985年
27)　H. Arendt, *Between Past and Future*, Viking Press, 1968.（弘田隆也・齋藤純一訳『過去と未来の間』みすず書房，1994，p. 241）
28)　T. Veblen, *op. cit*., 1918, p. 110
29)　J. Dorfman, *op. cit*., 1934.（前掲訳書，pp. 357-8）

参考文献
J. ドルフマン（八木甫訳）『ヴェヴレン――その人と時代』HBJ出版局，1985年
小谷敏編『子ども論を読む』世界思想社，2003年
T. ヴェブレン（高哲夫訳）『有閑階級の理論』ちくま文庫，1998年
T. ヴェブレン（小原敬士訳）『企業の理論』勁草書房，1965年
T. ヴェブレン（松尾博訳）『経済的文明論』ミネルヴァ書房，1997年

第7章 ミードと外国人労働者
──エスニシティの壁を超える条件──

George Herbert Mead

第7章
ミードと外国人労働者
――エスニシティの壁を超える条件――

　本章では20世紀初頭にアメリカのシカゴで活躍した哲学者G. H. ミード（1863-1931）の理論を紹介する．ミードは社会学者ではないが，彼の『精神・自我・社会』は社会学の古典として評価されている．その必然性が理論と社会的実践を結びつける彼の態度にあったことを示してみよう．また，本章の後半では，ミードの理論を応用して現代日本のいわゆる「日系外国人」の問題を考察する．

　以下，まずはじめに，ミードの生い立ちや経歴が彼の理論形成に大きくかかわっていると考えられるため，彼の略歴からみておこう．

1　ミードから社会学へ

▼ミードの生い立ちと経歴

　ミードはアメリカ東部のマサチューセッツ州サウスハドリーの敬虔なプロテスタントの一家に生まれた．父親は牧師であり，オハイオ州オバーリンの神学校で教鞭をとっていた．父親の死後に母親も，その神学校の後裔であるオバーリン大学で講師をし，後に母校の女子大の学長に就任している．オバーリン大学は1833年設立のアメリカ初の男女共学校である．また，1835年には「肌の色にかかわらず」学生の入学を許可し，反奴隷制の中心地として1860年までに約60,000人の逃亡奴隷の保護と支援に関与した．ミードはこのオバーリン大学に入学し，当初は聖職者を目指していたという．ミードが敬虔なプロテスタントに囲まれて教育を受けたこと，また性別や人種の壁を取りはらった環境で学んだことが，後年の理論形成に生かされている．

ミードの理論は倫理的実践と密接な関係があり，またさまざまな人びととの相互行為から生まれたものである．ミードにとって「黒人」や「女性」は異質な他者であるが，ミードは他者の異質性を評価し，それを取り入れて自分の理論を構築していった．普通の人びとが生きていく態度を取り入れて自己の考えを刷新していくこと，この社会性がミード理論の根本である．この意味で「ミードは大衆思想史として世界の思想史を訂正することを可能にする一つの新しい理論的わくぐみをつくった人と思える」[1]という解釈を，われわれは再評価しなければならない．

　さて，ミードが生まれたサウスハドリーはタウン・ミーティングの伝統で知られ，初期のアメリカ植民者が自分たちで討論しながら町政に関与する直接民主制が息づいていた．ミードは晩年，アメリカ民主主義の基礎にタウン・ミーティングの精神があると評価している．人びとが対面的状況でコミュニケーションをかわしながら合意形成する，このタウン・ミーティングの考え方は，ミード理論の核心，すなわち「他者の態度取得（taking the attitude of others）」に発展していくものである．

　ミードは1883年にオバーリン大学を卒業後，学校教師や鉄道の測量技師の仕事をしながら勉強を続けたが，宗教的ドグマ（神の名において絶対的真理を標榜すること）に疑問を感じはじめていた．友人の薦めもあって，ミードは24歳でハーバード大学に編入学し，ドイツ観念論哲学を勉強した．学士号を得たあと，1888年にはドイツに留学，当時最先端の生理学的心理学を勉強した．1891年帰国，ミシガン大学の哲学・心理学講師になり，哲学者のデューイ（1859-1952）と出会った．

　1894年，ミードはデューイにともなってシカゴ大学に赴任した．彼らはプラグマティズム（実用主義，道具主義，実際主義と訳される）の哲学者として理論と実践の関係を重視し，科学的方法を用いて社会問題の解決に取り組んだ．ミードはデューイの実験学校[2]の中心メンバーであり，とくに教育問題で活躍した．デューイがシカゴを去った後も，ミードは聾唖学校にかかわ

ったり，移民の子弟のために初等教育に職業訓練を導入することを提言したりした．言葉の話せない子どもや，英語のできない子どもに対しては，言語による教育に多くを期待することはできない．それよりも，身振りや手振りによる原初的なコミュニケーション（primitive communication）が求められた．そして，この原初的コミュニケーションの原理として「他者の態度取得」が構想された．ミードが社会的実践から得た理論は，シカゴ大学社会学部のスタッフや大学院生に影響を与えていくことになる．

　シカゴ大学は1891年に石油王のロックフェラーから多額の資金援助を受けて創設された．1892年開設の社会学部は都市問題解決に向け，実践活動に関与することが期待された．当時のシカゴは，アメリカ資本主義発達の中心地として都市化が急激に進行し，人口が急増していた．人口増の多くは南欧・東欧の農民出身者と，アメリカ南部から流入してくる黒人だった．人種間，民族間の衝突は激しく，労働争議で死者が出るくらいにシカゴは混沌とした状況だった．シカゴでは繁栄と社会解体が同時進行していたのである．

　デューイやミードと社会学部の研究者たちはシカゴ大学の内だけでなく，学外でも協力しあうことになった．ミードはセツルメント[3]，労働問題，教育問題など，多くの領域でシカゴ市民とともに都市問題の解決に取り組んだ．大学教員，（ポストのない）女性研究者，市の職員，聖職者，経営者等をメンバーとする多くの市民団体が結成され，都市問題解決のために協力しあっていた．ミードはシカゴ学派社会学の重鎮であるトマス（1863-1947）やパーク（1864-1944）と実践活動をともにし，交友関係をもっていたという．また，トマスやパークは社会学科の大学院生たちにミードの「社会心理学講義」の聴講を薦めたといわれている．この講義の速記録が『精神・自我・社会』としてミードの死後出版され，現在では社会学の古典に位置づけられている．1910年代以降，シカゴ学派社会学は教条主義的な学問から「科学としての社会学」へ移行したといわれているが，ミードはシカゴ学派社会学の形成に大きく寄与したのである．

▼道徳的秩序の相対性と人びとの出会いの重視

　ミードは社会改良が聖都やユートピアを目指すべきではなく,「高見の見地」を捨て科学的作業仮説から社会問題に対処すべきであると考えた．つまり，宗教的なものであれ社会主義的なものであれ，絶対的観点が否定され，社会改良が道徳的に相対的な観点を取るべきことが主張された．宗教的信条や社会主義的教義を離れて，移民と直に接し現実を把握すること，この姿勢をミードとシカゴ学派社会学者は共有していた．

　ミードは人びとと直接知り合い，そこから得られる対象者の主観的経験を重視したと考えられている．ミードの死後，シカゴ大学社会学部の出身者が他の大学に赴任し，人びととの出会いを重視する質的研究を継承，発展させていった．しかし，現在でも主観的データの科学的意義が認められているとはいいがたい．社会学に限らず，近代以降の科学的分析は主観と客観の二極分解に陥り，後者の客観的データを重視する傾向がみられるのである．

▼社会学におけるミードの再評価

　今日の観点からミードの役割を見直すとするなら，対象者の直接的経験を生かすモノグラフ研究の意義と可能性を探ることだろう．哲学者としてのミードには二元論的な世界観そのものを問い直し，主観と客観が二極分解に陥らない世界観があった．ミードは，そのプラグマティズムの世界観に対応した科学的方法を構想した．

　残念なことに，シカゴ大学は1920年代後半からエスノセントリック（自民族中心主義的）な意味で保守化したといわれる．ミードは大学を移ることを決心していたとされるが，1931年に急逝する．ミードの理論は1960年代になって社会学の古典として評価されはじめたが，アメリカ社会は1950年代，60年代の公民権運動を経て，ようやくエスニック・マイノリティ（民族的少数者）の人権を認め，ミードの再評価がはじまったのである．ミード理論を継承する研究者が対象とするのは，エスニック・マイノリティ，セクシュア

ル・マイノリティ,障害をもつ人びとが多いが,これはミードが他者の異質性を評価し,彼らとのコミュニケーションを通して理論を構築したからであろう.

現代の観点からみると,ミードは「エスニシティ」の問題に取り組んでいた.エスニシティは民族の特徴を表わす言葉であるが,民族の本質的差異を前提とする言葉ではない.人種,宗教,言語,国籍,先祖,血のつながりなど,ありとあらゆる指標がエスニシティの違いとしてクローズアップされる.だが,どれも本質的な違いではない.エスニシティによって自己と他者の間に線を引き,他者から距離を置くこと,これが移民の「問題」を生み出す原因のひとつである.この線引きによる自他の区別のメカニズムは,ジェンダーやセクシュアリティ,障害の有無の問題にも共通する.ミードの理論に社会学の古典としての意味があるとするなら,それは他者の異質性を評価し,それを取り入れる普遍的市民の態度がミードにはあったからであろう.実のところミードは字句上,「外国人」や「移民」を問題にすることはほとんどなく,「労働者」「子ども」「売春婦」「犯罪者」の問題を取り上げている.このことにエスニシティという属性を前面に出すことなく,シカゴの移民問題に取り組むミードの姿勢を読み取ることができる.

2 ミード理論の方向

▼ミードの問題関心

ミードがみたシカゴには,言語,宗教,文化,人種,民族など,あらゆる点で異質な人口が急激に増加し,コミュニティとしてのまとまりがなかった.彼らがコミュニティのもとにひとつになるためには,職業を通してシカゴの建設に参加することが必要だった.しかし,利害関心の対立から移民同士の衝突,また移民とシカゴ市民との衝突は避けられなかった.はたしてシカゴの人びとは共通の目的をもつことができるのか.ミードが注目したのは

シカゴの社会状況と，そこに生きる人びとの自我だった．シカゴという巨大都市で移民たちは古い自我を再構成し，アメリカ人としての新しい自我を獲得することが求められた．シカゴの発展と移民の適応は不可分の関係にあった．ただし，ミードは移民がアメリカ人に一方的に同化すればよいという考え方には批判的だった．

　ミードは次のようなスピーチを行っている．……そもそもアメリカ合衆国はメイフラワー号以来の移民がアメリカ人としてのアイデンティティを獲得してつくり上げた国である．アメリカ人は「われわれはすべて移民である」という認識から移民問題に対処すべきである．しかし，移民に対するシカゴのビジネスマンの態度は，「われわれが彼らにここにやって来る機会を与えてやったんだ……彼らは高い賃金を得るチャンスがある……上手くいかなくても，それは彼らの責任だ」というものだ．これは間違った態度である．アメリカ人は移民が産業の発展に貢献してきたことを評価し，それを生かすよう新しい制度を作る責任をもつ……．

　ミードにしてみれば，移民問題は移民がアメリカ人に同化すれば解決するという問題ではなかった．移民たちが自己を発揮できるように社会状況を作り変えること，これが問題解決の方向だった．そしてミードは，移民の子どもたちのために，また移民の親が子どもを通学させたくなるように，初等教育に職業訓練を制度化する活動に取り組んだのである．

▼ミード理論の民主主義的構成

　当時のアメリカ民主主義は最大多数の最大幸福という功利主義の理念に基づいていた．多数派を占める WASP[4]は，エスニック・マイノリティを差別するか，せいぜいアメリカ人への同化を期待した．しかし，ミードは，20世紀の社会は多数決の原理でなく，少数意見の尊重を根本にすべきだと主張した．アメリカ民主主義の間違いは功利主義の原則を快楽にだけ適用したことにある．快楽と苦痛の収支決算表[5]を生かそうとするなら，マイノリティ

の苦痛を解決する方向での収支計算が必要となる．たとえマイノリティの苦痛が限られた人びとの主観に過ぎないとしても，それを除外してはならない．ミードはいう．「功利主義は社会改革の情熱をもちえる学説になる．子どもの飢えや，過酷な労働条件下での男女の苦痛は，功利主義によって明るみに出され，簡潔に述べることができるだろう．彼らが下層にいるからとか，世の中には常に苦痛があるものだとか，来るべき世界では望みどおりになるだろうとかいった理由で，彼らの苦痛から目をそらすべきではない」[6]．

ミード自身はその経歴からもわかるように典型的な WASP に生まれ育った．しかし，彼のプラグマティズムは，通俗的なプラグマティズム，つまり成り上がり者のヤンキーの実用主義ではなかった．彼にとってプラグマティズムは，アメリカに現に生きるマイノリティの立場を取り入れるための理論と実践を意味していた．移民問題解決のために変わらなければならないのは，ミード自身を含めたアメリカ人とアメリカ社会の状況だった．そこにこそ移民問題解決のために越えなければならない大きな壁があったのである．アメリカ人が「移民」や「外国人」と出会うとき，その異質な他者の態度を取得し，新たな社会的自我として成長できるかどうか，このことをミードは問題にした．ミードは移民や黒人が激増し，社会解体が進行する大都市シカゴの社会問題を民主主義的に解決するために理論を構築したのである．

▼「鏡に映った自我」の限界

ミードは1930年の *American Journal of Sociology* の論文でシカゴ学派の社会学者が行動主義の観点から調査研究を行っていることを評価していた．その論文では C. H. クーリー（1864-1929）の社会的自我論を批判的に検討することによって行動主義の観点が示された．ミードの行動主義について説明する前に，まずミードのクーリ評価をみておこう．

クーリーの考えでは，人間は他者を鏡とし，その鏡に自分自身を照らし出

すことができる．自我は他者の「鏡に映った自我（looking-glass self）」として社会的自我なのである．この発想では，自分に向けられた他者の認識や評価を，自分の想像で知ることができる．だが，はたしてそれは可能だろうか．鏡に映るのは，他者が自分に対して抱いている考えではなく，他者に対して抱く自己イメージにしかすぎないのではないか．

自分と他者が同一の母国語と価値観をもっている場合は，自分の主観を通して相手の主観を知ることは可能かもしれない．しかし，コミュニティは家族や仲間集団のように同質の人間からなる第1次集団（primary group）ではない．コミュニティの中には敵対者，異邦人，出稼ぎ者などの異質な他者が存在している．シカゴの移民のように，母国語も価値観も違う人びとが一緒に暮らしている．言葉によるコミュニケーションがそもそも不可能であったり，文化的背景や価値観が違ったりする場合は，人びとの間に誤解が生じかねない．

さらにいえば，都市化が急激に進行する社会では，親子といえどもコミュニケーションが成立しえない状況にある．トマスは述べる．「アメリカの親子の態度の違いは，スウェーデン人とイギリス人の違い，いやアメリカ人と日本人の違いよりも大きい．ニューヨーク在住の父親は息子がまだ話しかけてくれるといって喜んだことが報告されている」[7]．問題は，自分と同質であると信じていた者の異質性を認識し，それを評価することができるかどうかである．自己とは「異なる」存在，それが他者の本質である．したがって，自己の主観から他者の主観を知ることには限界がある．

クーリーが指摘したように，自我は他者との社会関係の中に存在する．しかし，その他者の主観を自己の想像の産物にしてしまうと，自我は真の意味で社会的自我になることはできない．デカルトの自我は「われ思う，故にわれ有り」の独我論的自我であり，クーリーの自我は「われわれ思う，故にわれ有り」であるから社会的自我であるといわれる．しかし，この「われわれ思う」の中には実際の他者の思いが含まれていないのである．

ミードが直面した問題は，異質な他者があふれる多元的社会の問題だった．研究者は自らが属する集団の内側から異質な他者の主観を想像することは許されない．だが，クーリーが行ったことは，まさにクーリー自身が属していた集団の内側から対象者の主観を想像することだった．社会学者としてのクーリーは他者の価値観をも想像したが，その場合は，クーリーが属する第1次集団からみたアメリカ民主主義の理念が暗黙の内に前提されていた．しかし，科学的研究には，研究者が自らの価値観に制約されることのない観察，つまり客観的観察が望まれる．ミードはその方法を行動主義心理学に求めたのである．

▼行動主義心理学の発想
　ミードは言語以前の段階にまで遡って，身振りや手振り，顔の表情などで交わされる原初的コミュニケーションに注目した．英語を話すことができない移民や，言葉の話せない聾啞の子どもたち，彼らのような異質な人口の多様性を前提にしたうえで，人びとの経験を重視する科学的方法が構築された．クーリーの社会的自我論からみれば，多元的社会の問題は価値観の衝突の問題であり，諸個人の話し合いによって共通の価値観を見出せばよい．これに対して，ミードは多元的社会の問題を衝動や利害関心の衝突の問題とみなし，合意の基盤を人類に共通の原初的コミュニケーションのメカニズムに見出そうとした．

　ミードの用いる相互行為概念は言語による個人の主観的思考を前提としていない．ミードは人間が動物から進化してきたメカニズムに注目し，そのメカニズムが人間の社会文化的発展を基礎づけていると考えた．『精神・自我・社会』の中には，小鳥のさえずり，オウムのものまね，犬の喧嘩などの例がよく取り上げられるが，これは行動主義心理学の観点から人間のコミュニケーションの進化過程を明らかにするためだった．人間のもつ心的なものは，自己と他者との生理学的な相互行為から生じる．精神や自我は，原初的

コミュニケーションから創発してくるという意味において，本質的に社会的産物なのである．他者との原初的コミュニケーションを観察することから精神や自我にアプローチする方法は，後に「社会行動主義 (social behaviorism)」と名づけられるようになった．

3　ミードの理論構成とエスニック問題

▼身振り会話と他者の態度取得

　原初的コミュニケーションには身振り (gesture) による会話がある．ある人の身振りが他者に刺激を与え，他者に反応を引き起こす．身振り会話では自己と他者の身振りのやりとりが繰り返されて相互行為が進行する．では，身振りの意味とは何か．たとえば，血相を変えて拳を握るという身振りが，他者を逃走させれば，その身振りは「脅し」の意味をもつようになる．つまり，ある人の身振りの意味は，その身振りに対する他者の反応が与えるものである．このレベルのコミュニケーションは動物でも成立している．しかし，人間はさらに自分の身振りの意味を自己意識化することによって他者と協同することができる．身振りの意味が自己意識化されるメカニズムは「他者の態度取得」とよばれた．

　自分の身振りの意味を自己意識化するためにはどうすればよいか．ある身振りに対する他者の反応と，その身振りに対する自分の反応が一致していればよい．ミードが注目したのは，自己と他者にとって同一の刺激となり，かつ両者に同一の反応を引き起こすような身振りの存在だった．たとえば，手話の場合，手振りが自己と他者に同一の反応を引き起こす刺激になる．また，人の音声は身振りの一形態になるが，この有声身振り (vocal gesture) が身振りの意味の自己意識化を可能にし，ひいては人間社会を組織化するメディア（言語）を提供してきた．人間は他者が聞くのと同じように自分自身の声を聞くことができる．つまり，有声身振りは発話者と聞き手にとって同

一の刺激となりえる．人間はさらに，同一刺激に対する発話者と聞き手の反応を一致させることができる．そのための条件は3つある．

　第1に，自己と他者に生きる活動をともにする必要がなければならない．協同の必要がなければ自己と他者の反応が一致することはない．協同性は自己と他者が立場を入れ替えたときに，双方とも相手と同じ行動をとれる関係の中に成立する．第2に，自己と他者に共通する反応パターンの母体がなければならない．ミードはこの母体が種としての人類に本能的に備わっているものと考えていた．その母体から種々の反応が取捨選択されて，自己と他者は反応を一致させることができる．第3に，外的行動を一旦停止させ，相互に態度を適応，再適応させる時間が必要である．人間は直接的な現在だけでなく，過去や未来を現在に取り込んだ世界に生きている．人間は，その世界の中で試行錯誤を繰り返し，自己と他者の反応を一致させるのである．

　以上3つの条件（協同性，共通の反応パターン，適応のための時間）を満たすとき，有声身振りは自己と他者に同一の反応を引き起こすようになる．こうして有声身振りは，意味を指し示すシンボル，すなわち有意味シンボル（significant symbol）になる．一旦，有意味シンボルが成立すると，それを介して身振りの意味を自己意識化することができるようになる．意味の自己意識化とは，ある有意味シンボルの発話者が聞き手の反応と同一の態度を自らの態度に引き起こすことである．これが「他者の態度取得」のメカニズムである．

　ただし，人間関係が抽象的な場合は，他者の態度を取得する必要はない．パークによれば，白人にとって「黒人」はみな同じ顔をしていた．対面的（face to face）なコミュニケーションにおいて具体的な顔の表情は問題にされなかった．白人はただ言葉で黒人に役割期待を示せばよかった．しかし，有意味シンボルによる他者の態度取得とは，発話者が息苦しさや紅潮をともなって，聞き手と同様の行動をする準備ができている，ということを意味するのである．

▼精神の創発と自我の誕生

　有意味シンボルは自己と他者にとって同一の刺激になり，また自己のうちに他者と同一の反応をよび起こす．さらに，その自己のうちによび起こされた反応が，今度は自分自身に対する刺激となって，新たな反応をよび起こす．つまり，有意味シンボルは，実際の他者とのコミュニケーションから離れても，自己のうちで刺激となったり反応となったりする．この自己の内部における会話が思考であり，思考活動を行うものが精神である．すなわち，精神は他者とのコミュニケーション過程を個人内に移入したものである．

　精神の働きの特徴は，対象から意味を抽象し，対象への反応をコントロールする点にある．精神が対象とするものには，事物や他者とともに，自分自身も含まれる．精神の働きが自分自身に向けられるとき，つまり反省作用が起こって自分自身の行動をコントロールするとき，自我（self）が生まれる．自我の特徴は，反省する主体としての自分「I」と反省される客体としての自分「me」が同時に含まれることである[8]．人間は社会関係の中に自分の意味をもっている．したがって，他者に対してもつ自分の意味を自覚することが，自分自身を反省することになる．その自覚は他者の態度取得によってのみ可能となる．自我は他者の存在を前提にしているという意味で，本質的に社会的自我なのである．

▼「一般化された他者」の態度

　反省作用とは，個人が他者の態度を取得して自分自身の意味を把握することであった．だが，反省の際に，特定の他者の態度を取得するだけでは不十分である．個人は社会の中で無数の他者と関係している．とくに都市化した社会では見知らぬ他者と関係をもつ．そこでミードは，社会の中のすべての他者を代表するような態度を想定し，それを「一般化された他者（the generalized other）」の態度と名づけた．個人が「一般化された他者」の態度

から自分自身を反省し，社会の中で自分の役割を意識的に選択することができるなら，社会的自我が誕生したといえる．つまり，個人は「一般化された他者」の態度を背景にして「他者の役割取得」をし，同時に自分の役割を自覚することができるのである．

　ミード自身は「他者の態度取得」と「他者の役割取得」を厳密に区別していないが，ここでは便宜上以下のように解釈しておく．「他者の態度取得」は原初的コミュニケーションのメカニズムを進化論的に問題にするときに用いられることが多く，これに対して「他者の役割取得」は人間社会が成立した後の，個人の役割分担が想定されている．個人にとって社会は先に存在し，そこでの「一般化された他者」の態度は構成済みのものである．したがって，「他者の役割取得」は「一般化された他者」の態度を前提にしている．しかし，個人と他者に共通の「一般化された他者」の態度が存在しなくても，原初的な「他者の態度取得」は可能である．

　子どもの社会化過程にみられるように，個人は所与の「一般化された他者」の態度を受容せざるをえない．ただし，ミードの関心からすれば，大人が帰属集団の「一般化された他者」の態度に囚われずに，より普遍的な社会の「一般化された他者」の態度を構成することができるかどうかが問題になる．古い「アメリカ人」から新しい「アメリカ人」になることができるかどうか．そのためには，異質な他者の態度を取り入れて，「一般化された他者」の態度を再構成しなければならないのである．

▼自我と社会的世界

　問題は，古い自我が帰属集団を越えることが可能であるかどうかである．社会創造のメカニズムとして精神の構想力が挙げられる．自我は「I」と「me」の内部会話を通して社会問題解決のために新しい構想を生み出すことができる．しかし，「I」と「me」の内部会話は既存の言語体系に制約され，帰属集団の範囲を越えることができない．精神が新しい構想を生み出すため

には新しい有意味シンボルの形成が必要になる．ただし，新語が生まれる必要はない．

たとえば，「共生」という言葉が抽象的に使われるなら，それはアメリカ人と移民との相互行為で有意味シンボルになることはない．しかし，この「共生」という言葉が，両者に共通の態度を引き起こすようになれば，それは新しい有意味シンボルになったといえる．その新しい有意味シンボルを介して精神の構想力が発揮されるのである．つまり，新しい自我になるためには，個人と異質な他者が相互に相手の態度を取り入れて，「一般化された他者」の態度を再構成しなければならない．個人が帰属集団を越えて異質な他者と協同し，より大きな社会を作るとき「I」の主体性は発揮される．異質な他者との関係形成が自我の主体的活動なのであり，この意味で「I」の主体性は社会性でもある．

▼社会状況を再構成するための条件

利害関心の共有から，感情的な共感が生まれ，ひいては共生が可能になる……こういう図式はエスニック問題には通用しない．シカゴの中には，利害関心が異なり，共感もできず，英語が通じない人びとが生活していた．問題は，たとえ感情的な共感が得られなくても，対立していた利害関心を発現させうるように社会状況を再構成することができるかどうかである．これが人びとの共通の目的にならなければならない．ただし，古い自我がもつ利害関心がそのままみたされることはない．欲求や衝動のあり方は社会状況の再構成とともに変化する．そのため，古い私的な利害関心は作り変えられなければならないのである．

ミードやデューイ，トマスやパークが関与したセツルメントや各種市民委員会には，さまざまな地位や立場の市民が参加していた．彼らが構想力を発揮し，社会状況を再構成していく役割は大きかった．ミードの主張は，社会改良が絶対的価値観や道徳に基づいてなされるべきではなく，対象者である

一般市民の態度を取り入れてなされるべきであるということだった．社会状況の再構成には異質な他者の態度を取得して，各人の利害関心を調停しうる目的を提示することが必要とされた．

4 日本の中のエスニック問題——日系外国人の就労と生活——

▼日本の課題

　ミードの発想にしたがって国際化時代における日本の課題について述べておこう．日本の国際化には，諸外国との関係を深めることと同時に，外国からきた人びととの関係を深めること，いわゆる内なる国際化が求められる．ところが，日本人の多くは自分たちが生得的に単一の「日本人」であると思い込み，同質の人びとによって社会の根幹ができていると考えている．日本人は「みんな一緒」であることを好む傾向にあったが，この古い「一般化された他者」の態度ではエスニック問題を解決することはできない．ミードの理論は立場が異なる市民が協同して積極的に都市政策にかかわるべきことを教えている．つまり，エスニック問題の解決のためには，専門家による抽象的な論議だけではなく，一般市民が異質な他者との相互行為を通しながら相手の態度を取得することが必要なのである．

　日本のエスニック問題は大きく分けて2つある．第1は，古くからの在日韓国・朝鮮人の問題，第2は，近年の日系外国人労働者の問題である．日本の内なる国際化の試金石は，在日韓国・朝鮮人問題と日系外国人問題を解決できるかどうかにかかっている．以下，日系外国人を例に取り上げ，地域社会での共生の可能性を検討してみたい（なお，データとしては，筆者がA市で調査中の日系ブラジル人調査の知見を用いる）．

▼日系外国人の増加とエスニシティ

　日系外国人は1990年の「出入国管理及び難民認定法」の改定を契機に，特

に日系ブラジル人を中心にして日本への出稼ぎ者が急増した．入管法改定の概要は，日系2世の配偶者やその子（日系3世）にも新たに「定住者」としての在留資格が与えられたことである．つまり，日本人と血のつながりがない外国人であっても，配偶者が日系人であれば「定住者」として在留資格が与えられた．また，入管法には明記されていないが，日系3世の配偶者や日系4世も「定住者」の扱いを受けるようになっている．「定住者」の在留資格があると単純労働を含めてあらゆる職種に合法的に就労することができる．こうして1989年に14,528人であったブラジル人の外国人登録者数が，翌1990年には56,429人，1991年には119,333人と急増し，2004年には286,557人に達している．

　日系ブラジル人の中には，ポルトガル系ブラジル人やイタリア系ブラジル人，インディオを先祖とする者，アフリカの黒人を先祖とする者，またそれらの混血が含まれている．そのため，彼らは多様なエスニシティを有する者である．ところが，日本人にとって，そのエスニシティの多様性は問題になってはいない．むしろ「日系ブラジル人」という平板なエスニシティを相手に付与し，異質な他者との相互行為に壁を作っている．パークは「白人にとって黒人はみな同じ顔をしていた」と述べたが，日系外国人にもまさに同じことがいえるのである．日系外国人の問題を見事にとらえた書物に『顔の見えない定住化』（梶田孝道・丹野清人・樋口直人，2005年）と題された本があるが，この題名は日本の中のエスニック問題のあり方を象徴的に表している．

▼エスニシティの恣意性と問題点

　ここで筆者のインタビュー調査からもっとも極端な例を挙げておこう．ブラジルから来た日系1世の出稼ぎ者の中には，日本国籍を有したままブラジルで永住権を取得し，日系1世同士で結婚し，ブラジルでも日本語で生活してきた者がいる．彼らには日本の選挙権があるため，出稼ぎにきたとき選挙があれば投票所入場整理券が送付されてくる．はたして彼らは「日本人」か

「ブラジル人」か．国籍は日本人であるが，周囲の人から「ブラジル人」として処遇され，本人も自分は移民でありブラジルに帰るつもりだから「ブラジル人」であると自認している．彼らがブラジルに帰国を希望する理由のひとつが，日本では「ブラジル人」として差別されるからだという．

しかし，話はこれで終わらなかった．彼らはブラジルの日系コロニア[9]のなかでは「日本人」であると自認し，周囲のブラジル人を「ガイジン」と呼んでいるというのである．つまり，エスニシティは個人に生得的なものではなく，自己の生き方や意識と他者の生き方や意識との相違から生じている．自己と他者の関係が異なれば「日本人」から「ブラジル人」へと移行するのである（その逆の移行も起こる）．

日本の中のエスニック問題の特徴は，エスニシティが顕在化したとき日本人と外国人の集団が分離することである．ミード的な発想では，エスニシティを顕在化したうえで日本人と日系外国人が相互行為を結べるか，つまり，他者の異質性を評価したうえで他者の態度を取得することができるかどうかが課題になる．残念ながら，日本人は日系外国人に平板なエスニシティを恣意的に付与し，相互行為を回避するパターンのままである．

▼問題解決の取り組み──社会状況の再構成──

日系外国人の大半は日本に出稼ぎ者として就労にやってくる．しかし，彼らを取り巻く社会状況は彼らの労働権や生活権を保証するものにはなっていない．いわば放置状態の中で，職場や地域で日本人と日系外国人の間に軋轢が生じている．労働条件のトラブル，社会保障や医療の問題，子どもの教育にかんするトラブル，ゴミ出し問題に典型的にみられる地域住民とのトラブルなど，日本人と日系外国人が相互に相手を非難している状況である．

この状況から脱するためには，社会状況を再構成して日本人と日系外国人が相互行為をもてるようにしなければならない．その方策として，法律や条例の整備，経済や教育システムの再編，ボランティア活動や市民運動の推進

等が考えられる．日系外国人を「労働力」の移動としてのみ認識するのではなく，労働者や生活者として彼らの人権を保障する取り組みが必要になる．これは行政や経済界，また教育界に一定の地位を占める者が職務として遂行すべき課題である．そして，ミードにしたがえば，そのとき必要なことが2つある．

第1に，社会状況を再構成する責任者は日系外国人の態度を取得しなければならない．第2に，社会状況を再構成するメンバーには多様な市民がなるべきである．人権の保障には何よりも法律や条例の整備が必要であるが，国や市に頼るだけでは現実の問題に対処することは困難である．日系外国人の問題を解決するためには，当事者を含めて職場や地域の市民が協同しなければならない．以下，その取り組みの例を紹介し，問題点を指摘してみよう．

▼労働市場の再編による問題

日系外国人は平成不況の中で安価でフレキシブルな労働力，つまりいつでも簡単に交代が可能な出稼ぎ労働者として流入してきた．彼らの多くは派遣社員として地方の製造業が盛んな地域で就労している．しかし，政府は実質的に日系外国人を受け入れる体制を整備してこなかった．そのため，彼らの就労や生活は人権が保障されないままの状態である．

たとえば，出稼ぎ者のほぼ9割が就労する製造業の雇用形態は，2004年まで日系外国人の就労実態に合わないものだった．労働者派遣法が製造業への単純労働派遣を禁じていたからである．そのため，派遣業者は派遣先の会社で請負会社を経営するという形態をとった．この場合，派遣先企業は労働者を雇用していないことになり，企業は日系外国人の人件費を工場の「購買費」として処理することが可能になる．日系外国人は物品なのである．また，派遣業者は労働需要の変動に応えるために，労働者のジャスト・イン・タイム派遣を余儀なくされている．これはいわゆるトヨタ自動車から始まったとされる生産部品のジャスト・イン・タイム制が雇用にまで拡張されたも

のである．

　日系外国人の多くは不安定で流動的な労働市場で働く出稼ぎ者である．日本経済がこの安価でフレキシブルな労働力に依存し続けていく以上は，出稼ぎ就労ルートの法整備をし，労働権を保障しなければならない．そして，ようやく政府は日系外国人の労働権を保障する動きをみせはじめたのである．派遣業関連法の改正（2004年）は日系外国人労働者を日本人労働者と同様に扱う方向であり，人権上は改善とみなされてよい．第1に，製造業にも単純労働の派遣が認められ，日系外国人の労働権が保障されるようになった．第2に，社会保険の義務化が日系外国人にも強化され，日系外国人は派遣会社に勤める場合でも社会保険に加入する必要がでてきた．これは人権上，日系外国人にとって望ましい方向であるようにみえる．

　だが，現実問題として，日系外国人出稼ぎ者にとって今回の改正は望ましいとはいえなかった．その原因は，法改正のエキスパートが日系外国人や派遣業者の態度を取得していなかったことにある．法改正という行為が，当の日系外国人や派遣業者にどのような態度を引き起こすか，その態度を取得していなかったのである．

　社会保険への加入はコストを上昇させ，結果的に日系外国人の就労機会を奪うことになる．現在は安価でフレキシブルな「労働力」が日系外国人の位置づけであるが，条件が合わなければ，いつでも日系外国人が労働市場から閉め出される可能性がある．女性労働の活用，高齢者の再就職，外国人研修生など，「労働力」の代替案はいくつもある．

　日系外国人や派遣業者の中には出稼ぎ形態を望む者が多い．彼らにとっては，社会保険のコストを払うよりも手取りを多くする方がよいのである．日系外国人の多様な就労形態に合わせた法改正をしなければ，彼らの労働権を守ることにはならない．法改正者は日系外国人と派遣業者の態度を取得し，これまでの枠組みにとらわれない新たな法整備をする必要がある．

▼経済と教育システムの再構成

　出稼ぎという就労形態を前提に日系外国人が地域でどのような生活を営んでいるか，もしくは営まざるをえないかが問題になっている．日系外国人が急増したA市では派遣業者が日系外国人を社宅に囲い込んで各種サービスを行っている．そのため，日系外国人には日本人と接触する必要がない．日系外国人を社宅に囲い込む形式ができあがった理由のひとつは，日系外国人が当初増加した際に，周囲の住民から苦情が多かったからであるという．派遣業者はその苦情対策のためにアパートを一棟まるごと借り上げるか，自社で社宅を建設し，生活全般にわたって日本人住民とのトラブルが少なくなるよう配慮したのである．現段階でA市で日系外国人と日本人とが理解し合って共生する可能性は見出せない．だが，今後，その可能性があるとすれば経済の領域と教育の領域であろう．

　経済システムはオープンなシステムであり，国籍にかかわらずに能力・業績主義で個人を採用する方が合理的である．今後，日系外国人が家族とともに定住もしくは永住する動きもみられ，経済上のシステムを再構成して，日本人との共生を模索する時期にきている．日本人と日系外国人の共生の扉は，定住層が開いていかなければならないだろう．

　たとえば，日系ブラジル人が自己を発揮できる就労としては，ブラジル・ショップがある．飲食店や各種商店を中心にブラジル・ショップが誕生し，これがエスニック・ビジネスとなって発展している地域がある．日本型経営とブラジル型経営が並存して，経済のデュアル・システムを形成しつつある．また，子どもの教育を行うためのブラジル人学校が各地で設立され，教育機構のデュアル化をともなって，ブラジル人学校の経営という経済のデュアル・システムも形成されつつある．日本固有の経済システムの中にブラジルから輸入された経済システムが入りこんでいるのである．このデュアル・システム化が日系ブラジル人と日本人との共生の可能性を開いてくれるかもしれない[10]．

A市で経済の領域を考えてみると，たしかに日系ブラジル人はA市の経済において生産面の貢献をしている．しかし，一般市民にその貢献が認識されているとはいえない．日系ブラジル人は短期間A市で働き帰国後は裕福な生活を送る人たちとして認識されている．日系ブラジル人が外国籍市民として認識されるためには，消費の領域で貢献すること，少なくともそのように目立たなくてはならないだろうという．A市では地域の商店街で外国籍住民のアイデアを取り入れたショップ，もしくは外国籍住民と共同で国際的なショップを立ち上げるアイデアが出ている．顧客層をブラジル人住民だけでなく，地域の日本人や観光客にも広げて多国籍ショップを中心街に作ろうという計画である．これはデュアル・システムを越えて日本とブラジルの経済システムが融合する可能性を示唆する．このような「協同」がA市の商店街の戦略になるかどうか，日本人経営者や外国籍住民の理解を得なければならない段階であろう．まだ実現の可能性は低いが，経済領域からの共生の可能性のひとつである．

　次に，教育の側面をみてみよう．A市のB学園は無認可ではあるが，ブラジル人児童生徒が小中学校を下校した後にブラジルの教育を受ける場所になっている．本来は日系ブラジル人の乳幼児を預かる保育園であるが，小中学生の補習授業や学童保育の機能をも合わせもっている．B学園の園長はC中学校の日系ブラジル人生徒に母国語を教えるボランティア団体にも所属し，学校教育や人権教育の領域でさまざまな実践をしている．また同園長は，日本人との共生を推進しており，子どもの保護者に日本で生活するうえで留意すべき点を教えている．教育は理念的に外国籍住民と日本人との共生を目指すべきものであり，今後の外国籍児童・生徒に対する教育体制の改善と日本人児童・生徒への異文化教育の実践が期待される．A市では，まだ人数は少ないが，教員と市民が参加していくつかの実践がなされている．教育が子どもを介して共生を実現するチャンネルになりつつある．

　以上の動きはまだ初期段階のものであるが，日系外国人と日本人との共生

を模索しようとする姿勢を，A市では一部の日本人住民や外国籍住民のボランティア活動にみることができる．このような活動が日本人住民や外国籍住民の一定数の意識を変えていくことが期待される．ただし，問題点は，活動の中心人物が少なく，個人の負担が大きくなりすぎることである．A市における種々の活動が狭いサークル内だけで終わらず，一般の住民にまで広がる可能性は現状では少ない．

▼地域社会における市民活動の必要性

　日系外国人が単なる労働力なら「顔」の違いは問題にならない．「顔」を知ることも必要ではない．しかし，地域社会で生活するとなると，隣人の「顔」が見えないことは不安を掻き立てる．「顔」を知ることから地域社会の人間関係は形成される．ここで日本に永住することを決めた日系ブラジル人家族の例を挙げておこう．彼らはA市に永住することを決め，派遣会社の社宅から日本人の住むアパートに引っ越してきた．そこには町内会活動があり，その夫妻は活動に積極的に参加することになった．彼らの場合，地域の日本人との関係はとても良い．夫に地域生活における留意点を聞いたところ，「とにかく顔を出すこと」という日本語が即座に返ってきた．日本語がそれほど流暢でもない日系外国人がこう返答したのである．町内会活動で意見の食い違いはあるようだが（たとえば，彼が町内会長を務めたときに町内の人に香典を出すという慣例に納得しなかったという），そのことが原因で日本人との間に軋轢は生じていない．日本人市民と外国籍市民が互いに他者の異質性を尊重しあっている．

　制度上でのみ社会状況を再構成しようとしても限界がある．日系外国人がもっとも早く増加したD市では，当初から行政が日系外国人のための制度を整備し（たとえば健康保険の皆保険化），また，日系外国人を歓迎するイベントを仕掛けたりしていた．D市は日系外国人受け入れの成功例として視察団が訪れるほどであった．だが，近年になって日系外国人への偏見が日本

人住民の間に増加し，派遣会社が日系外国人を囲い込むようになってきたという．市民の草の根的な活動をともなわなければ，社会状況の再構成は実質を上げることはできない．さまざまな職業や生活基盤をもつ市民が活動に参加することが望まれる．

　日本人と外国籍市民との共生を謳ったフォーラムで，E県（A市が含まれる）の職員から「すべての人を変える必要はない．3割の人間を変えれば正論は通る」という発言があった．これが市民活動の目標になるだろう．ただし，A市の場合，3割の市民を変えるという目標にはほど遠い．A市における種々の活動が狭いサークル内だけで終わらず，一般の住民にまで広がる可能性は現状では少ない．市民活動やボランティア活動のマネジメントとネットワーク化に行政を関与させる必要がある．エスニック問題解決の糸口は，さまざまな立場の市民（外国籍市民を含む）と行政が協同で問題に対処し，制度と日常生活の両方の側面から社会状況を再構成していくことに見出さなければならない．多様な市民の活動が行政の機能を市民の立場に引き込む必要があるのである．

注

1) 鶴見俊輔『アメリカ哲学〔新装版〕』講談社学術文庫，1986年，p. 121
2) デューイは1896年に夫人とともにシカゴ大学付属小学校の実験学校をつくり，教育理論と実践を統合する各種の革新的な取り組みを行った．そこでの指導経験をまとめた『学校と社会』（1899年）の編集に携わったのがミード夫妻である．
3) セツルメント（settlement）とは，学生，学者，社会主義者，宗教家などさまざまな立場の市民が，都市の貧しい地域に宿泊所，授産所，保育所，学習塾などを設け，地域住民の生活や文化の向上のために援助をする社会事業である．
4) WASP（ワスプ）は White（白人）で Anglo-Saxon（アングロ・サクソン系）の Protestant（プロテスタント）の頭文字をとった言葉．1620年のメイフラワー号以降の初期アメリカ入植者の子孫にあたる．西欧・北欧系のエリートたちが多い．

5) 功利主義では幸福は計算可能なものであり，J. ベンサム（1748-1832）は快楽と苦痛を量的に勘定できるものと考えた．ただし，ベンサムは多数者の便宜のために少数者を犠牲にすることを支持していなかった．
6) G. H. ミード（河村望訳）『十九世紀の思想運動』人間の科学社，2002年，p. 246.
7) W. I. Thomas 'The Problem of Personality in the Urban Environment', in E. W. Burgess (ed.) *The Urban Community*, The University of Chicago Press, 1926, p. 38
8) 「I」と「me」という用語は W. ジェームズ（1842-1910）からの借用であるが，ミードは論文や講義の文脈に沿ってそのつど使用法を変えているため正確な定義はない．もっとも単純な意味は英文法上，「I」が主格で「me」が目的格であるということである．人間は言語活動において主体の"I"として現れるだけでなく，自己を対象化することによって客体の「me」としても現れる．自己の対象化は，他者の態度から自分を反省することと，過去や未来の位相から自分を反省することによって可能になる．
9) 1908年から正式なブラジル移民がスタートしたが，1920年代後半から30年代にブラジル開拓の前線へ日本人移民が大量に移動し，綿，野菜，コーヒー栽培の独立小農層を形成した．ブラジル各地には数百の「コロニア（植民地）」とよばれる日系集団地が作られ，そこには日本人会，産業組合，青年団，処女会，日本学校，野球チームなどが組織された．
10) 小内透・酒井恵真編『日系ブラジル人の定住化と地域社会』御茶の水書房，2001年

参考文献
船津衞編著『G. H. ミードの世界』恒星社厚生閣，1997年
梶田孝道・丹野清人・樋口直人『顔の見えない定住化—日系ブラジル人と国家・市場・移民ネットワーク』名古屋大学出版会，2005年
G. H. ミード（河村望訳）『精神・自我・社会』人間の科学社，1995年
G. H. ミード（稲葉三千男・中野収・滝沢正樹訳）『精神・自我・社会（復刻版）』（現代社会学体系10），青木書店，2005年
R. E. パーク（町村敬志・好井裕明訳）『実験室としての都市』御茶の水書房，1986年
鶴見俊輔『アメリカ哲学〔新装版〕』講談社学術文庫，1986年
小内透・酒井恵真編『日系ブラジル人の定住化と地域社会』御茶の水書房，2001年

第8章 ハーバーマスと公共性論の現在
——「公」と「私」の社会学——

Jürgen Habermas

第8章
ハーバーマスと公共性論の現在
――「公」と「私」の社会学――

1 はじめに

　公共性に関連する研究はさまざまなアプローチからなされているが，公共性を巡る議論には一定の論述様式がある．まずはドイツの社会学者ハーバーマス（1929- ）が『公共性の構造転換』（1962年）で掲げた公共性概念に大なり小なり影響されて，市民的公共性概念を批判的に継承しようとするものである．必要に応じて，ハーバーマスに先行するアーレントの公共性概念なども取り込み，具体的な社会的場面に当てはめつつ，時代的要請に応える新たな公共性がいかにして可能となるかを模索するものが多い．

　そこで，本章でもまずアーレントからハーバーマスへの流れを見ることから始めたい．続いてハーバーマスの公共性論を概観し，そこにある問題点を指摘した後に，近年の傾向である「新しい社会運動」論やNPO論への応用を試みたい．

　ただ多くの既存研究において，公共性概念の中身そのものについての検討は十分になされておらず，それゆえに議論が上滑りになりがちである．本章では，ハーバーマスを中心とした公共性論の理論的妥当性を検討することに重点を置き，最終節では，公共性論と密接に関係する共同性の問題とも関連させて，公共性論の現代的可能性について論じたいと思う．

2　ハーバーマスの公共性論

▼「公」と「私」

　公共性に関する議論において，アーレントとハーバーマスが中心的位置を占めることはいうまでもない．アーレントはギリシャのポリスを理想とする公的領域と私的領域の区別に注目し，『人間の条件』（1958年）において公共性論に先鞭をつけた．

　ポリスにおいては公的（public）な活動は，私的な家（oikos）の生活圏から明確に区別されていた．公的な生活は広場（アゴラ）において演じられる，自由で平等な市民による自己提示の場であり，他人と取り換えることのできない自分を示す場所であった．これに対して私的（private）な生活は，生命維持と自然的必要によって支配される生活領域であり，公的生活がもつ契機を文字どおり「奪われた」——privateの語源は「（公的なものを）奪われた」という意味である——活動領域として特徴づけられている．

　アーレントにおいては，行為者が自らの独自性を顕わにし，他者と異なった存在であることを示しながら，共同体（ポリス）の共通世界に関わる活動が重視されている．それゆえ，異質な存在としての各人の「生の複数性」が許容されることに公的領域の意義を認めようとする．近代国家の出現とともにこのような意味での公私の区別が消失し，生命維持と経済活動に奉仕する領域が新たに「社会」的領域として台頭し，大衆社会の中で公的領域と私的領域を同時に破壊しつつあるというのがアーレントの時代診断である[1]．

　ハーバーマスの議論では，アーレントはハーバーマスによって批判的に摂取された形になっているが，近年では「生の複数性」と個々人の異質性を尊重する立場が逆に評価され，文化や生活様式の多様性，ライフスタイルの個人化などを受けて，ハーバーマスとは異なった公共性論の可能性をもつものとして再評価されている．

▼市民的公共性

　ハーバーマスはアーレントから「対話」と「共同の行為」という公共性概念の原型を受け継いだ．そして公的なコミュニケーションは正当な権力を生み出すというアーレントの考え方を継承しつつ，「大衆社会化による公と私の浸食」（アーレント）を「システムによる生活世界の植民地化」と読み替える．こうして，アーレントにおいて理想とされていた「ポリスの政治的共同体」は「理想化されたコミュニケーション共同体」に置き換えられる．

　ハーバーマスの場合には「公共性」がいくつかの競合する語義をもつことを認めつつも，公共性という語の歴史が有する政治的次元を重視しており，その源を（アーレントに従って）ギリシャにまで遡るのである．

　パブリックという語の起源はローマ時代の"res publica"（公事）にあるという一般的了解があるが，都市国家において独特の規範的な力を帯びていた「公と私」の区別が，ローマ法の中で「公事」として伝承され，やがて近代国家の誕生とともに，市民社会を根拠づけるカテゴリーとして使用された．それがまた解体過程に入ったのが，ハーバーマスが言うところの，ここ1世紀間の「公共性の構造転換」である．

　ハーバーマスによれば近代市民社会の公共性は，公権力の諸機関が「国家」というオフィシャルな領域を形成して，国家と「社会」（Gesellschaft）が分離することよって形成された．われわれはここで，国家的（オフィシャル）という言葉と，公共的（パブリック）という言葉の違いに注意しておかねばならないだろう．

　公共性には「文芸的公共性」（新聞・クラブ・サロンなど）と「政治的公共性」が考えられているが，ハーバーマスにおいて「市民的公共性」概念の中心となっているのは，社会の欲求を国家に媒介する，政治的機能を担った政治的公共性であり，これは批判的な「公開性」と「公論」を通して達成される．

　『公共性の構造転換』でのハーバーマスの目的は，ポリス的公共性に代わ

る近代的な公共性としての「市民的公共性」(bürgerliche Öffentlichkeit) の形成と意義を明らかにし，その現代的腐食と危機に対して警鐘を鳴らすことにあった[2]．

18世紀以降，西欧諸国を中心に形成されてきた市民的公共性は，社会の要請を国家に媒介する批判的公開性を担うものとして登場した．ところが19世紀以降，国家の介入によって国家と社会の分離が取り崩され，公共性の担い手である公衆は，福祉国家体制の中で行政のクライアントとして大衆化し，市民的公共性は腐食しつつあると言う．

ハーバーマスの理論的展開としては，『公共性の構造転換』以後，この問題は，「システムによる生活世界の植民地化」というテーマに引き継がれ，国家行政と経済というシステム的に統合された領域と，日常生活の場＝「生活世界」(Lebenswelt) との2段階の構想に転換している．

本来は，国家の行政機構とは異なった領域である社会的領域の，とくに生活世界を基礎として形成される市民の政治的合意が公共性の担い手であるべきなのだが，政治と経済のシステム＝「権力と貨幣」が生活世界を蝕み，公共性形成の力を奪ってしまっているというものである．

市民社会が自ら生み出した諸問題を処理できなくなったとき，国家と社会のいわば「中間」に「福祉国家」という「再政治化された社会圏」が出現して，公衆は国家を批判的に監査する主体から，福祉行政のクライアントに変質していったのである．

また，産業化による経済システムの拡大は，日常生活のすべてが経済と貨幣の原理で支配される仕組みを浸透させた．労働の主体であったはずの市民は，労働においては企業に従属するだけの被雇用者となり，消費生活においても，単なる消費者として消費社会に従属している．このような情勢下では，もはや市民的公共性が前提としていたような公共性概念では現実をとらえきれなくなったというのがハーバーマスの主張である．

▼生活世界の植民地化

『コミュニケーション的行為の理論』(1981年)などのコミュニケーション論においては,ハーバーマスはそれまで抽象的に公衆の合意としてとらえられていたものを「コミュニケーション」という概念で再構成する.

もともと公共性という概念は多義的で曖昧なものであって,公共性論は誰のものを取り上げてもわかりにくいものになりがちである.ハーバーマスの場合も例外ではなく,実は「公共性とは何か」というきちんとした定義はないといってもよいのだが,この段階に至って,公共性概念の輪郭はやや曖昧なものとなる."市民の合意はいかにして形成されるか"というプロセスがコミュニケーション論的に明確化されるのとは対照的である.

『公共性の構造転換』の市民的公共性論では,公共性の中身は「批判的公開性」と市民による「監査」,公衆の「合意」などの言葉で表されていたが,コミュニケーション論においてはより抽象化されて,「高次元の相互主観性」,意見の「コミュニケーション・ネットワーク」などと表現されるようになる[3].

ハーバーマスにおいては「生活世界」という領域は,経済システムの「貨幣」と国家の「権力」というメディアによらず,言語メディアを用いたコミュニケーションによって形成される圏域として特徴づけられている.本来は,言語メディアによって調整されるべき相互行為が,貨幣と権力に干渉されて経済と政治に植民地化され,合意に基づいて調整されるべき領域が空洞化するという主張である.

近代化にともなう政治・経済システムの分化と自律は避けられない事態として承認するが,そのうえでハーバーマスは,貨幣や権力に影響されない,主体同士のコミュニケーションに媒介された領域として「生活世界」を設定し,そこでの自由で平等なコミュニケーションが生む「合意」(Konsens)に公共性を担保しようとするのである.

「コミュニケーションの中枢が日常の実践というミクロの領域から自然発

生的に生成し……高次元の相互主観性として定着する」とき，ハーバーマスはこれを「自律的な」公共性とよんでいる．そこには，平等が保証され強制力が介入しないコミュニケーションの理想化があり，理想的なものとして想定された「コミュニケーション共同体」が理論上の要請物として登場する．合意形成のこのようなプロセスを育成することによって，「生活世界を植民地化しようとするシステムの命令と干渉を民主的に封じ込めること」がハーバーマスの目標となる．

▼公共性と公共圏

　おおむね1980年代以降のハーバーマスは，コミュニケーションが生み出す合理性に信頼を寄せ，これを実現するための理論モデルを構築している．そのようにせざるをえなかったのは，「合理性」の中身と社会変革の「目標」を語れなくなったときに——もはや「大きな物語」（J-F. リオタール）が信憑性を喪失してしまった1970年代以降の世界において——理想や目標から出発できないというアポリアを，コミュニケーションのもつ可能性に依存することで解消しようとしたのだと考えてよかろう．

　近代社会が前提としてきた「市民的公共性」という「大きな物語」の喪失とともに，公共性の内容は曖昧化するが，ハーバーマスはそれを「対話に加わるすべての発話者にとっての目標は，究極的な合意である」という形でとらえ直し[4]，合意を実現する能力としての「コミュニケーション能力」に問題の焦点をずらしたといえる．

　ここでのハーバーマスにとって「公共性」とは，自由なコミュニケーションによって生み出された公衆の「合意」である．その際，公共性の中身が具体的に何であるかということよりも，何ゆえにそのようなコミュニケーションが公共的なものでありうるのかを論証することにエネルギーが費やされている．

　近代市民社会はあるていど市民的公共性の概念を共有財産としながら（は

っきりと言語化されることは少ないにしても），市民・公衆・議会・デモクラシーなどの隣接概念に守られるかたちでこれを自明視してきた．その自明性の危機を訴えたハーバーマスであったが，「市民的公共性」を自明の概念——すなわち「大きな物語」——として語れなくなったとき，公共性の中身よりは，公共性が形成されるべきプロセスがいかにあるべきかという議論に論点を移動させている．

そうなると「公共性とは何か？」という問いよりも，新たな合意を生み出すコミュニケーション空間＝「公共圏」はいかにして可能となるのかという問いが優先されることになる．実際のところ，ハーバーマス自身も「公共性」を「公共圏」という意味でも使用しているし，ハーバーマスの影響を受けた公共性論の多くが，「公共圏はいかにして可能か？」という問題に論点を移しており，インターネット上の情報空間においても，地域社会の合意形成においても，合意形成のコミュニケーション空間を公共圏ととらえて，そこでの意見交換と合意に「公共性」をみようとしている[5]．

そのような傾向のひとつとして，近年注目されている情報論的な公共圏論があるので，この点にも少し触れておきたい．これは，ハーバーマス的な公共性概念を批判的に摂取しながら，情報社会におけるメディアやインターネットの役割を検討しようとする一連の研究である．公共性の概念的基礎についてはほぼハーバーマス的議論に沿ったものであり，「市民的公共性」の延長線上に，いかにして情報社会特有の公共圏＝合意と意見交換のための開かれた場を形成してゆくかという，実践的問題関心が優越している．

この分野は，最近になってコンピュータの普及とともに急速に発展してきた新しい研究領域である．それだけに，全体を要約的に整理するにはあまりに多様でありすぎるが，その基本的スタンスは，情報化と民主主義をどう両立させるかという点にある．

そこには理論的色彩の強いものから実証的研究までさまざまなタイプの論考があり，楽観論・悲観論それぞれである．一方には，ハーバーマスの市民

的公共性論を継承しつつ，きわめて常識的なモダン・アプローチをとる者から，『情報様式論』（1990年）のポスターのように，フーコー，デリダらのポストモダン的視点をも取り込んで，どちらかというと悲観的な見通しを展開する論者もある．

　ここでは多くの研究が，情報社会において公共性が実現されるべき場として「公共圏」を設定し，いかにしてそれが可能かを問うかたちをとっている．その場合，公共性概念は概念それ自体としての有効性は分析されないまま，それが実現される形態に関心が注がれる傾向が強い．そもそもハーバーマス自身が今や公共性に関してその中身を語らず，合意形成のプロセスに議論を集中させているのだから，公共性論がコミュニケーションの場＝公共圏論にシフトするのも無理はない．

▼私化による公共性の侵食

　ハーバーマスの公共性論はシステムによって生活世界が侵食されるという構図をとっている．「公」を"オフィシャル"という意味で用いて，本来の公共性＝"パブリック"と区別しておくならば，ハーバーマスの理論では国家行政的意味での「公」が生活世界という「私」を植民地化し侵食することになる．当初のハーバーマスの目論見は，公共性がはぐくまれるべき生活世界という，それ自体は「私」に属する領域を国家権力としての「公」と貨幣の力から守ることが意図されていた．

　だがその後のハーバーマスは，「公」から「私」を守るというよりは，いかにして新たな「公共性」を作り出していくか，すなわち新たな合意形成はいかにして達成されるかに議論の焦点が移行していった．

　これと対比して面白いのが，「私」から「公」を守ろうとするもうひとつの理論タイプである．この理論では「公」という言葉の定義がハーバーマスのような国家行政的意味ではなく，公徳心や市民道徳という意味で使用されているが，公共性論としては，こちらの側面にも目配りしておかないとバラ

ンスを欠くことになろう．

このタイプの代表としてよく知られているのはセネットであるが，より社会学に引きつけてみるならば，セネットの『公共性の喪失』(1974年) と同じ頃にバーガーによって「私化」(privatization) 現象（私生活中心主義）として問題提起され，ベラーの「倫理的個人主義」(『心の習慣』1985年) などでも追究されている問題系列である．

セネットの公共性論は公的意識の衰退という観点から展開されており，『公共性の喪失』と訳されている書名も原題は『公的人間の没落（*The Fall of Public Man*)』である．ここでは「公」(public) という言葉はハーバーマスのような政治的意味では使用されておらず，公徳心や市民的マナー，コスモポリタン的センスと振る舞いというような意味で使われている．

かつては「公」と「私」はバランスを保ってうまく機能していたのだが，「新しい資本主義の世俗的，都市的文化とともに」両者が分裂し，次第に私的領域が拡大した．その結果，現在では，私的ナルシシズムによってほとんど公的領域が死滅させられているというものである．「公と私の間に引かれた線は，本質的に儀礼の要求（コスモポリタン的な振舞いがその縮図である）が，自然の要求（家族がその縮図である）と釣り合ったところだった」[6]．18世紀に「公」の生活の近代版が形成されたが，ここでは公と私は緊張感のあるバランスを保っていた．

ところが19世紀に入ると公的生活は動揺し始める．より新しい時代の産業資本主義によって——たとえば，工業生産力を背景としつつ衣服が媒介物として作用するなどの仕方で——個性が公的領域に入り込み，公と私のバランスに混乱をもたらした．19世紀のブルジョワ家庭は，それでもまだ私的な現実の感覚と家庭外の公的世界の間に区別を残しておこうとしたが，非個人的な社会的状況に人生の意味を見出そうとして果たせなかった人びとは，次第に私的領域（とりわけ家族）の中に逃れることになった．

人びとはナルシシズムの物差しに合わない問題には関心を示さず，私的な

必要を映す見込みがある時にのみ関心をよび起こす．そこでは，自己との適切な距離感が失われており，社会的な意味は個々の感情によって生み出されるのだという信念が支配することになり，公的な事柄は消滅してしまう．

セネットはこれを現代社会の重荷だとし，ナルシシズムと「親密さのイデオロギー」が，近代都市における公／私のバランスを侵食し，ナルシシズムのエネルギーによって公的なもの一般が窒息させられているという時代診断を行っている．「公」という言葉のとらえ方に違いはあるが，ハーバーマスとは反対に，セネットは公的なものが私的なものによって侵食される社会として現代をみている．

正確には，事態は両方向から進んでいるというべきであろう．パブリックな領域はオフィシャルな「公」と私生活中心主義的でナルシシスティックな「私」の両方から侵食されて，その領域としての固有性を失いつつあるのではないか．

3　新しい社会運動と非営利セクター

▼公共性論の高まり

ハーバーマスが『公共性の構造転換』を出版したのはもう40年も前であるが，近年になって再び公共性論の理論的源泉として注目を浴びるようになっている．それには世界的規模での紛争の勃発や合意形成の困難，移民問題や宗教上の対立，さらに，日常生活でしばしば直面する公私の境界に関わる諸問題などが背景としてある．後者には，環境問題をはじめとするさまざまな社会運動が含まれており，また薬害，食品の安全など，これまで「公」を代表してきた国家・行政への信頼失墜などの状況がある．

このような現実を踏まえて，ハーバーマス自身が『公共性の構造転換』の新版に新たな「序文」をつけて一石を投じた効果も大きい．新版序文として追加された部分の要点は，市民社会の制度的核心を，自由な意思に基づく非

国家的・非経済的な結合関係——さまざまな「アソシエーション関係」——に求めるということにある[7]．

生活世界と政治・経済システムの接点で生ずる問題が，さまざまな自発的アソシエーションを生み出し，そこでのコミュニケーションが高次元の相互主観性＝公共性に発展するという，「自律的な公共性」（あるいは「自律的な公共圏」の展開）にハーバーマスは期待を寄せている．

▼新しい社会運動

市民的公共性の基盤であった「市民」（Bürger）——財産と教養の保持者——を基礎として市民社会を構想することはもう時代に合わない．1990年代に入ってからのハーバーマスは「主権在民とは，もはや自律的市民の集合の形をとるのではなく，いわば主体なきコミュニケーションの循環となる」[8]という考え方を明確にする．つまり，公共性の担い手は個々の市民であるよりは，市民の間で交わされるさまざまな意見のコミュニケーションから生まれる合意に求められるべきであるという見方である．

そこであらためて「市民社会」という用語に注目し，市民社会の中に生まれる「アソシエーション関係」に関心を払うようになる．「市民社会の制度的な核心をなすのは，自由な意思に基づく非国家的・非経済的な結合関係である」と述べるが，これは，東欧革命やNPO，「新しい社会運動」の動向を意識して，新たに追加された要素である．

そこでの公共性概念は「公共性とはさしあたり……さまざまな意見や態度がコミュニケーションされるネットワーク」として規定し直される．その後の『事実性と妥当性』（1992年）やその他の「市民社会」に言及する文献においては，市民社会は自発的に形成された諸団体や組織・運動からなり，私的な生活世界内に見出される問題状況の共鳴盤として，これら諸問題を凝縮し，増幅しつつ，政治的公共性へと付託する役割を担わされている．

現在のハーバーマスは，生活世界が市民的アソシエーションを中核とした

公共圏として機能し，これが行政システムに対して批判的影響力を行使するという図式を描いているようである．

　社会運動論に注目するならば，ハーバーマスのコミュニケーション論と近接した位置にあり，またその影響下に成立しつつ，これとは異なった視点をもつ社会運動論として，メルッチの理論がある．『現代に生きる遊牧民』(1989年) などで展開されるメルッチの議論は，合意の普遍性にこだわるハーバーマスに比べて，より個々人の差異や生活スタイルの変貌を考慮したうえでの，「集合的アイデンティティ」に注目した社会運動論になっている．

　ハーバーマスにおいては「公共性」があるということはほぼ「合意」があるということと同義であるが，メルッチの場合にはおおよそ「集合的アイデンティティ」が存在しているということを意味している．メルッチは，ハーバーマスのいう「システムによる生活世界の植民地化」というアプローチでは，「なぜ」社会運動が生起するのかを説明できないとして批判し，より個々の生活者の日常意識に立脚したアイデンティティ論的アプローチをとる．

　メルッチが訴えるのは，複雑化した現代社会において，個々人はいかにして自らの生活スタイルを確立し，支配的なコードに対抗することができるかというテーマである．ここで念頭に置かれているのは，階級構造を反映した労働運動や公民権運動などの古典的タイプの社会運動ではなく，エコロジー運動や価値志向の強い最近の市民運動にみられる「新しい社会運動」である．

　人びとは支配的な文化的コードに対して新しい生活スタイルとコードを提起し，自己のパーソナルなニーズに直接応答するものとしての新しい社会運動に参加しながら，「個人的欲求は世界を変え，有意味なオルタナティヴを模索する通路であることを認識する」のである[9]．コンフリクトの中で人びとのアイデンティティは再強化され，「集合的アイデンティティ」という共通の認知的フレームワークによって他者との絆を感じ，集合的動員や社会運

動，ボランティア活動に参加することになる．

▼非営利セクター

　これまでの議論から，現代公共性論がどのような構図のもとに展開しているのかについて，一定の見取り図を得ることはできたと思う．またその中での「新しい社会運動論」の位置づけについても，議論の大枠はとらえることができたであろう．

　しかし，ハーバーマスにしろメルッチにしろ，彼らの理論は必ずしも満足のできるものとはいえない．既存の公共性論の枠を超えて，より現代社会に適合した公共性のあり方を探ろうとするなら，NPOやボランティア活動などの，一般に「非営利セクター」とよばれている社会領域に注目しなければならない．

　この点を考察するさいのひとつのきっかけを与えてくれるのが「第三セクター論」である．図表8-1を手がかりにして検討してみよう[10]．

　図表8-1では，〔公的か私的か〕〔営利か非営利か〕〔フォーマルかインフォーマルか〕によって4つの領域が区別されている．そして国家（公的・非営利・フォーマル），市場（私的・営利・フォーマル），コミュニティ（私的・非営利・インフォーマル）に対して，ボランティアとNPOなどの「第三セクター」（私的・非営利・フォーマル）が新たな領域として登場する．ただ，この種の社会領域は通常「非営利セクター」という用語で総称されているので，ここでも「第三セクター」（Third Sector）を「非営利セクター」という概念に包摂しておきたい．

　この図は「非営利セクター論」を理解するよい手立てであり，また非営利セクターと称される領域の社会的位置をわかりやすく示している．そういう意味では大いに評価されるべきであるが，公共性とは何かという問いからみた場合には，いくつかの混乱と曖昧性を残している．

　たとえば〈公的／私的〉という分類軸が前提とされているが，これは混乱

図表 8-1

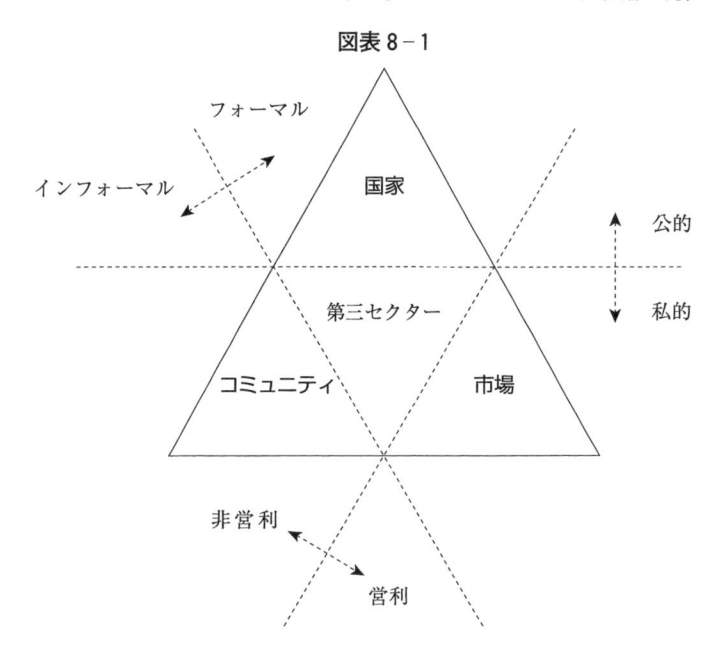

```
            フォーマル
       ↗
インフォーマル ⤢
              国家
         - - - - - - - - - - -    ↑ 公的
              第三セクター          ↕
                               ↓ 私的
       コミュニティ    市場

         非営利 ⤡
              ↘ 営利
```

を生む．図表 8-1 における「公的」(public) ということの意味は，事実上「国家的，行政的」（オフィシャル）ということと同義であって，公共的（パブリック）とは内容的に異なっている．これは社会運動論やボランティア論にもしばしばみられる概念的混同であるが，いうまでもなく，ハーバーマス的意味での公共性とはほとんど正反対の概念である．

仮に〈公的／私的〉の対立軸を〈国家的-行政的／私的〉と改めれば，第三セクターは「非国家的・非行政的」で「非営利」の組織を指すことになり，NPO (Nonprofit Organization) や NGO (Nongovernmental Organization) の性格と一致するが，その場合には，公共性が完全に私的な領域に存することになり，概念的にはやや誤解を生みやすいものとなる．

さらにいうなら，実は「非-」(non-) という否定の言辞はそれが何でないかを示してはいても，何であるかは示してない．NPO 論やボランティア論，非営利セクター論が曖昧性を払拭できないのは，公共性概念が不明確で

あることと並んで,「非-何々」というかたちでこの領域を規定しようとするところにもある．

また図では，国家と市場と共同体との「間」に，中間的領域として新たに第3の領域が出現している．この一見わかりやすい考え方は，ひとつの重要な問いをわれわれに投げかける．もし，新たな公共性の追求が「国家」（権力）と「市場」（貨幣）からの自由を強調するならば，同様に「コミュニティ」（共同性）からの自由も強調されなければ，論理的バランスを欠くことになりはしないか．不思議なことに，多くの研究においてこの点は見落とされるか無視されており，あたかも，公共性の実現が同時に「真の共同性」の実現であるかのように想定されている場合がある．

先に，〈公的／私的〉という前提的分類軸がかえって公共性概念を曖昧なものにしているという指摘を行ったが，同じような意味で，〈フォーマル／インフォーマル〉の区別によってコミュニティと非営利セクターを区別することにも無理がある．この点は公共性と共同性をどのように規定し区別するかということに関わるが，コミュニティの概念的中核を共同性に求め，非営利セクターの機能に新しい公共性の芽をみようとするなら，なおさら，公共性と共同性の区別は重要である．

残念なことに，この分野に関連する多くの理論的・実証的研究において，公共性と共同性はきちんと区別されていないことが多く，ほとんど同一視しているものもある．公共性実現に向けての活動がコミュニティに基礎を置いたものになるべきなのか，あるいは，共同体の境界を越えたところにこそ新しい公的空間の実効性が存在するのか．この2つの立場の対立を生産的に裁定するうえでも，ぜひきちんと整理しておかねばならない問題である．

4　公共性と共同性

▼「共」と「同」

　公共性概念の成立と変遷が，近代市民社会の形成とともにあったことは改めて指摘するまでもない．より小さな共同体を超えた，必ずしも「同じ」であることを前提としない諸共同体からなる包括的な全体社会を想定するならば，そこでの構成員全体の福利を実現する規準として，何らかの普遍性＝公共性が要請されたはずである．

　これは「社会」（Gesellschaft）という概念が，19世紀に市民社会の形成とともに発見された概念であったことと大きく関わっている．ハーバーマスは近代社会の形成にともなう公共性の成立を，共同社会と対照させて，もっと自覚的にテーマ化すべきだったのである．この点について検討を加えようとするならば，「社会」を表すもうひとつの言葉，一般に「ゲマインシャフト」（Gemeinschaft）あるいは「コミュニティ」（community）という言葉で語られている「共同社会」の「共同」ということの中身を検討する必要がある．

　「共同」という概念は，実は「共」と「同」に分けて考える必要がある．類似を根拠とした「同」的共感に基づく連帯と，個々の行為主体の自律性に基づいた相互依存を基礎とする「共」的なものとは区別される．『社会分業論』（1893年）のデュルケムは前近代的な「類似による連帯」にある「情緒的依存」よりも，「分業による連帯」が生む客観的な相互依存に近代社会の基礎をみていた．

　デュルケムの議論を下敷きにするならば，「同」的関係が類似性を基礎とする結合であるのに対して，個人化に基づく「共」的関係は本質的に緊張を強いる関係である．前近代的な「同」による連帯＝「機械的連帯」から，緊張をともなう「共」的な連帯＝「有機的連帯」に基づく社会への変化として，デュルケムは近代化を考えていた．

だとすると一般に使用されている「共同体」「共同性」などの言葉は，その「共」という語と「同」という語の組み合わせにおいて，そもそもの始めからアンビヴァレントな用語となる．共同という概念は「同じ」であること＝同質性と，「同じでない者同士の緊張」＝異質性という2つの相異なる属性を同時に担わされるからである．

それゆえ，そもそも「共」と「同」とは違ったものであるにもかかわらず，一般には共同という言葉が，ある時はその「同」的側面が強調され，ある時は「共」的緊張をともなった意味で使用されている．近代社会における共同性のあり方は，「同」的社会関係と「共」的関係性との相克の歴史であったともいえる．現代社会において「共同体」と「コミュニティ」という概念の占める戦略的位置もこの二重性から自由ではない．

▼「公」と「共」

共同性が2つの異なった意味の層から成っていたのと同様に，公共性概念もまた「公」と「共」という2つの層を内包している．ここでいう二重性とは，一般にいわれているような，国家行政的意味での「公」＝オフィシャルと，「本来的」な市民的公共性＝パブリックとの二重性ではない．

デュルケムにおいては「同」から「共」へという意味での共同化＝有機的連帯にこそ，共同性という言葉のより近代的な意味合いがあったのであるが，公共性という概念はこの共同性概念をより抽象化して，道徳的要素以外の契機を強調することで成り立っている――ハーバーマスなら政治的合意というかたちで．

近代社会を取り巻く諸状況を，デュルケムの時代よりは進行した産業化と機能分化にみるならば，われわれは近代社会をデュルケム的な（道徳性を重視した）「共同性」とハーバーマス的意味での（政治性を重視した）「公共性」が連続的に重なり合う時代とみることができるかも知れない．

もちろん，公共性概念から道徳的共同性を切り離してしまうことには慎重

でなければならないし，事実，ハーバーマスは依然として公共性を道徳規範として理解している．しかし，公共性という概念の内容が「近代」という時代のあり方に強く影響されたものであることを理解するならば，われわれは「ポスト近代」的な現代社会特有の状況に照らし合わせて，さまざまな公共性の意味から特殊現代的な意味を選び取り，新しい意味を付加せねばならないはずである．まさにハーバーマスがいうように「特定時代に固有な類型的カテゴリーとして」公共性があるからである．

　おそらく，これまで日常的用語法において想定されてきた公共性の中身は〈公開性〉と〈公益性〉からなり，政治と道徳がその主な所轄担当部門であったであろう．しかしながら，公共性実現において，政治と道徳は今や十分にその機能を発揮することができない．だからこそ一方に，ハーバーマスや『正義論』のロールズあるいは他のリベラリズムの理論家のように政治的合意の刷新を目指す陣営があり，他方には，『自由主義と正義の限界』を著したサンデルや，『心の習慣』のベラーを始めとする「コミュニタリアン」とよばれる保守派があって，道徳の再建と共同体の復権を唱えている．これとは別に，政治の限界を悟ったうえでNPO・NGOなどの非営利セクターに希望を託す人びとも多い．

　社会的活動のどの場面に注目するかによって，語られる公共性の中身は異なっているが，現代という時代が，"全体としての社会"を構想することや全体的福利を増大させることがむずかしい時代であるとしたら，そのような社会システムの構成をふまえたうえで，近代的な社会観とは違った視点に立つ「ポスト近代的」な公共性論が形成されねばならないだろう．

5　結びと展望——いくつかの公共性——

　「公共性」とか「公的」という言葉にはいくつもの意味の層があるが，日常的には「皆に関わりがある」とか「誰にでも開かれている」，あるいは政

治，とくに国家や自治体の「行政に関わる」もの，などの意味で漠然と使用されている．そしてこれらの諸概念は，それを抽象化すればハーバーマスやアレントによって理論化されていた公共性概念に行きつくはずである．

現在使用されている公共性の概念は多様であるが，公共性問題に参入する人びとが共通に想定している公共性概念の中身がまったく存在しないわけではない．それは，潜在的にすべての社会構成員に関わりをもち，より多くの人びとの幸福の増大に貢献するがゆえに，一般的承認を得られる社会的活動・制度などに内在する属性である．これを「公益性」と「公開性」などと言い換えてもよかろう．もちろん「多くの人びと」や「幸福」の中身はさまざまである．

この概念の具体的表現は場面によって異なっており，したがって公共性の中身はさまざまに語られうるし，現段階でその語義をひとつに限定することは困難である．それを実現するための場としてこれまで想定されてきた領域（政治，経済，道徳など）はその機能の包括性と相互連関を失い，働きとして限定的であるばかりか，逆に公共性を阻害する逆機能の源——政治的正当性の喪失，新しい形での富の偏在，道徳観に由来する対立等々——になっている．

「大きな物語」としての市民的公共性がその存在感を希薄化させ，〈いくつかの公共性〉というかたちをとってその「公」的部分を曖昧化させている現在の状況は，〈微分される「公」〉といういい方でまとめることができるのではないか．

公共性という「大きな」理念は，今ではそれが使用される文脈と担い手によって，状況に応じて，いわば「微分」して使用され，それぞれに少しずつ異なった意味をもたされている．微分された公共性においては，元の理念がもっていた力動性は分散され，担い手に対応したさまざまな志向性に分化させられる．

「大きな物語」であることができなくなった「ポスト近代」の公共性は，

そのようなかたちで具体的場面に応じて状況主義的に使用されているのであるが，それとは裏腹に，概念内容をイメージすることが困難な，それゆえにいっそう論争的な用語ともなりつつあると言えよう．

注

1) H. Arendt, *The Human Condition*, 1958.（志水速雄訳『人間の条件』筑摩書房，1994年，p. 98）
2) ハーバーマスが問題とするのは近代市民社会において初めて現れた公共性であって，中世社会には国王・領主の私的生活圏から分離された独自の領域としての公的世界は存在していないとしている．国王や貴族がその地位と権力を代表的に具現し，公的に表現するような形での公共性の中世的あり方—支配を示威する行為と象徴物による支配の可視化—を「代表的・具現的」(präsetativ) 公共性とよんでいる．
3) J. Habermas, *Der Philosophische Diskurs der Moderne*, 1985.（三島憲一他訳『近代の哲学的ディスクルス』岩波書店，1990年，pp. 639-640）
4) M. Jay, *Marxism and Totality*, 1984.（荒川幾男他訳『マルクス主義と全体性』国文社，1993年，p. 771）
5) 『公共性の構造転換』の英訳者は，ハーバーマスが"Öffentlichkeit"というドイツ語を"the public" "public sphere" "publicity"などのさまざまな意味で使用していると断ったうえで，"public sphere"（公共圏）を主な訳語として使用すると前置きしている．最近ではÖffentlichkeitは「公共圏」と訳されることが多い．やや英訳に引っ張られすぎであるが，全体として「公共性」という抽象的用語の中身がイメージしにくいものとなっていることが最大の原因であろう．
6) R. Sennet, *The Fall of Public Man*, 1974.（北山克彦・高階悟訳『公共性の喪失』晶文社，1991年，p. 37）
7) J. Habermas, *Strukturwandel der Öffentlichkeit*, 1962, 1990.（細谷貞夫・山田正行訳『公共性の構造転換』未来社，1994年，p. xxxviii）
8) J. Habermas, *Faktizität und Geltung*, 1992.（河上倫逸・耳野健二訳『事実性と妥当性』（上）（下），未来社，2003年，p. 168）
9) A. Melucci, *Nomods of the Present*, 1989.（山之内靖他訳『現代に生きる遊牧民』岩波書店，1997年，pp. 49-50）
10) 図1は，V. A. Pestoff, "Third Sector and Co-operative Services", *Journal of Consumer Policy*, no. 15, 1992, p. 25, に基づくものであるが，若干の変更を加えている．

参考文献
H. アレント（志水速雄訳）『人間の条件』筑摩書房，1994年
J. ハーバーマス（細谷貞夫・山田正行訳）『公共性の構造転換』未来社，1994年
A. メルッチ（山之内靖他訳）『現代に生きる遊牧民』岩波書店，1997年
R. セネット（北山克彦・高階悟訳）『公共性の喪失』晶文社，1991年
三上剛史『道徳回帰とモダニティ』恒星社厚生閣，2003年

第9章 ブルデューと社会的排除
──社会的身体の視点──

Pierre Bourdieu

第9章 ブルデューと社会的排除
―― 社会的身体の視点 ――

1 はじめに

　実践理論を提唱したことで有名なフランスの社会学者P. ブルデューは，1930年にスペインの国境のピレネー山脈に近い農村，ダンカンに生まれ，2002年にパリで亡くなった．

　彼の研究対象は，植民地支配下のアルジェリアから，教育，生活様式，知識人や官僚，文学，芸術，言語，マスメディアにいたるまで多岐にわたる．研究対象は多様であったのだが，彼の関心は一貫して社会的に排除された人びとの「社会的苦しみ」にあったといっても過言ではない．それは植民地支配下で悲惨な生活を強いられたアルジェリア農民・労働者であったり，教育システムから排除された子どもたちであった．また，『ディスタンクション』に見られるような過去に規定された現にあるらしい関係を憎む人びとであったり，『世界の悲惨 (*La misère du monde*)』に見られるような福祉国家の行き詰まりによって社会的に排除された人びとであった．

　社会的に排除された人びとに対する一貫した関心は，辺境の地で郵便局員の息子として生まれた彼の生い立ちが影響しているところが大きい．コレージュ・ド・フランスの教授になり，晩年には社会学を超えて有名なフランス知識人になったにもかかわらず，彼にとって，高い出身階層の人びとからなるエリート知識人界は違和感のある世界であったのかもしれない．

　とはいえ，1950年代のアルジェリア戦争出兵当時から1993年に『世界の悲惨』を出版するまで，ブルデューは社会参加すること（アンガージュマン）

に禁欲的であった．長い間，彼はさまざまな綿密な調査研究とそれらを基礎にした理論構築に全力を傾けた．だが，晩年の彼は違った．福祉国家が行き詰まり，公的サービスの削減が政策課題になってきていた1990年代以降のフランスで，とくに，1995年の社会保障制度改革案の登場とともにストライキ運動が激化してくると，ブルデューは公的サービス削減反対の運動を知識人の先頭に立って展開し続けた．ハンドマイクを片手に，失業者の運動を支援する演説を人びとの前で行う彼の姿は，以前の彼からは想像できないものであった．彼はグローバリゼーションとともに進行するネオリベラリズムを批判し，そのことを『市場独裁主義批判（Contre-feux）』（1998年）に著した．また，それに先立って出版された『世界の悲惨』はフランスにおける社会的排除の状況を描いた膨大な調査研究であったのだが，社会学者以外の多くのフランス人にも愛読された．そして，2001年には，ブルデューに関するドキュメンタリー映画，「社会学は格闘技だ」が上映された．

　ブルデューの実践理論は排除のメカニズムを明らかにする理論である．1980年に，彼はこの理論を『実践感覚』として発表した．この理論の特徴は，排除のメカニズムを経済的側面からだけでなく，文化的側面からとらえる点にある．その際のキー概念としては，「実践（pratique）」「ハビトゥス（habitus）」などがある．「実践」とは，慣習行動ないし日常的実践ともよばれ，私たちが日常生活で何気なく行っているルーティーンな行為を意味する．実践＝プラチック（pratique）は，プラクシス（praxis）のアンチテーゼとして提示された概念である．プラチックは日常生活において半ば無意識的に行われる反復的な身体的行為であるのに対し，プラクシスは理性に基づく意識的行為である．そして，そこにおいては，まったく違った人間像が前提とされている．プラチックを生み出す人間がagentであるのに対し，プラクシスを生み出す人間はsujetである．agentとは「変化を促進させる薬剤」であるのに対し，sujetとは自由意志的主体を意味する[1]．そして，ブルデューはプラクシスよりもむしろ，プラチックに人間の主体的行為の可能性を見

出そうとした．

　また，ハビトゥスとは「心的諸傾向（dispositions）」の体系を意味するが，ハビトゥスは実践を産み出す母体であり，ブルデューはこのハビトゥスに「構造化する構造」と「構造化された構造」という2つの特徴を見出した．本章ではとくにハビトゥスに着目しながら文化的側面から排除について考えてみたい．本章の第2節と第3節では，まず，ハビトゥスとは何かという点について論じる．次に，第4節では，ハビトゥスと文化的側面からみた排除の関係について論じる．最後に，第5節では，社会的排除によってもたらされるハビトゥスの矛盾について論じる．

2　ハビトゥスに拘束される行為者

▼身体に染みついた社会構造

　先にも述べたように，「ハビトゥス（habitus）」とは，考え方，感じ方，表現の仕方，振る舞い方，好みなど，人びとの「心的諸傾向」の体系を意味する．恋人や友人，夫や妻，子どもや同僚など，身近な人の人物像を想い描くとき，私たちはその人のハビトゥスを理解しようとしているともいえる．そして，このような他者理解が可能となるのは，それぞれの人の心的諸傾向が，一般的には早々変わるものでもなく，「持続的」「恒久的」なものだからである．たとえば，恋人がカメレオンのように変化するような人で，2人で交わした重要な約束事を忘れるような人であれば，私たちは意気消沈してしまうであろう．一方，長く会っていなかった2人が再会したときに，過去の時間の延長線上にいるような感覚をもてるのは，持続的，恒久的なお互いのハビトゥスのおかげだとも言える．

　ここで重要なことは，このハビトゥスが身体化された社会構造であるという点である．ここには2つのポイントがある．ひとつは，ハビトゥスとは身体的なものであるという点．もうひとつは，ハビトゥスとは社会構造と深く

関わっているものであるという点である．

　まず，ハビトゥスの身体性についてみてみよう．持続的，恒久的な心的諸傾向を表現したいのであれば，性格あるいは「くせ」という用語を使ってもよさそうなものである．しかし，ブルデューがあえてハビトゥス概念を提示する理由のひとつは，心的諸傾向が身体的な傾向であることを強調することにある．ブルデューは，ハビトゥスを「恒久的なディスポジションというかたちで，身体に持続可能なかたちで身体化されたもの」[2]であるという．

　次に，ハビトゥスと社会構造との関わりについてみてみよう．ハビトゥスの身体性に着目した場合，思い出すのは，モースの「身体技法」である．モースは，人びとが教育を通していかに自己の身体を正しい食べ方，歩き方，話し方などの社会規範に近づけていくかという点について論及した．フランス社会学史の文脈から考えるならば，当然，ブルデューのハビトゥス概念はモースの身体技法概念に影響を受けているといえる．とはいえ，ハビトゥスが身体化された社会構造である点を強調する点で，ブルデューのハビトゥス概念とモースの身体技法概念とは決定的に異なる．ハビトゥス概念は身体技法を社会的距離の視点（狭い意味でいうならば，階級論的視点）からとらえ直したものなのである．だから，社会的距離を問わないハビトゥス概念の使用などナンセンスであるといえる．社会的距離を問わないのであれば，何もハビトゥスの概念など使わずに，身体技法概念やゴフマンの「状況適合性」概念で事足りるのである．

　この点に関して，ブルデューは次のようにいう．「社会的距離は身体の中に刻み込まれています．より正確に言うなら，身体，言語，時間に対する関わり方の中に刻み込まれているのです」[3]と．あるいは，「個体における心的諸構造は，ある点では社会的諸構造の身体化の産物」[4]であるとも述べている．

　装いや身体の動き方，話し方，時間に対する関わり方など，日常生活における些細な身のこなし方は，社会空間において占めるそれぞれの人の社会的

位置の違いの反映なのである．たとえば，目の前にいる他者の話し方に品のなさを感じたり，逆にお高くとまっていると感じたりするのは，私たちが社会的距離の離れた人のハビトゥスに触れたためであろう．社会的距離とハビトゥスとの関係については第3節の「共通感覚と排除の感覚」の所で詳述したい．

そして，「身体によって学ばれるものは，人が自由にできる知のように所有する何ものかではなくて，人格と一体となった何ものかである」[5]．何度洗っても落ちないインクのついたシャツのように，ハビトゥスには社会構造が身体に「染みついた」という表現がぴったりなのかもしれない．

▼身体に沈殿化した過去

目を閉じれば，走馬灯のように思い出される過去は，時として，現在の私たちに重くのしかかり，私たちを翻弄させることさえある．私たちは過去の記憶をたどって頭の中で過去を呼び起こすだけでなく，過去は現在の私たちの身体の中で生き続けている．ここで注目したいことは，過去がハビトゥスという形で身体の中で生き続けているという点である．つまり，ハビトゥスとは身体に社会構造が染みついたものであると同時に，身体に過去（歴史）が沈殿化したものでもある．相手を深く理解しようと思えば，相手の過去を知った方がよいのかもしれないが，実は，私たちはハビトゥスを通して，すでに相手の過去を知っているともいえる．

私たちは家庭や学校などにおける教育や経験を通じてハビトゥスを体得する．また，「ヒエラルヒー化された社会で，ヒエラルヒー化されず，ヒエラルヒーと社会的距離を表さない空間はなく」[6]，社会的距離は身の周りの物理空間にも書き込まれている．そして，私たちはその物理空間から社会的距離を身体化することを通じてハビトゥスを体得する．この点に関してブルデューは「物の世界は，あらゆる物が隠喩的に他の物を語り，その中で子どもたちが世界を読みとるすべを学ぶ一種の書物であって，この書物は身体をも

って，身体によって作られる限りの物の空間を作り上げる諸々の運動や移動の中で，またそれらによって，読み取られる」[7]という．

そして，ブルデューは，ハビトゥスが「幼年期の自己形成的体験，さらには，家族と階級の集団的歴史全体を通して産出されたもの」[8]である点を強調する．ここには2つの論点がある．ひとつは，幼年期の経験という論点であり，もうひとつは集団的歴史という論点である．

ひとつ目の幼児期の経験という論点について．過去の経験といっても，乳児から大人まで，私たちはさまざまな場所でさまざまなことを経験するわけだが，ブルデューの場合，幼年期の経験が，私たちのハビトゥスの形成に決定的な影響を及ぼすと考える．このことをハビトゥスの視点から解釈すると次のようになる．私たちは家庭を中心にして幼年期のハビトゥス（1次的ハビトゥス）を身体化した後，別の場所で，別のハビトゥス（2次的ハビトゥス）を身体化する．しかし，ブルデューは，たとえ2次的ハビトゥスを得ようとも，幼子の頃に身体化された1次的ハビトゥスがいつまでも私たちの身体の中に生き続け，まるで月夜の月影のように私たちの人生につきまとうと考える．たとえ，昔過ごした場所から立ち去ろうとも，なお身体だけはそこでの過去を記憶しており，身体が昔を今に運んでしまうというのである．これほどまでに，幼子の頃に身体化された1次的経験，そして1次的ハビトゥスを重要視した学者は他にいないのではないか．筆者には，このようなブルデューが少々過去にこだわりすぎているようにも映る．

もうひとつの論点である集団的歴史について．誕生してから死を迎えるまでの間，私とまったく同じ人生を歩む者はこの世に存在しない．自己の人生と他者の人生とが交差する点があったとしても，その交差点が長いか，短いかという違いがあるにすぎない．ブルデューは，ハビトゥスがこのように他に代え難い多様性に満ちた「個人的歴史」によって形成されたものである点を認めつつも，ハビトゥスが集団的歴史によって形成される点を強調する．つまり，「個人のハビトゥス」は各個人の人生（過去・歴史）の中で形成さ

れたものであり，私のハビトゥスは私固有のものである．しかし，実は，私固有のハビトゥスは，自己が所属している集団や階級の歴史の中で形成されたものでもある．個人のハビトゥスは，あくまでも「集団的ハビトゥス」の一バリエーションにすぎない，つまり「均質性の内にある多様性」[9]にすぎないのである．

3 ハビトゥスが産み出す世界

▼詩人のような行為者

　ハビトゥスが恒久的なものである一方で，私たちが未来において遭遇する「状況」は「予測不可能でたえず更新される」[10]ものである．変わり映えのしない日常であっても，私たちは昨日と全く同じ状況を生きるわけではない．また，数年前，数ヵ月前の私には想像できなかったような喜ぶべき状況や悲しむべき状況は，私たちを天上に舞い上がらせたり，奈落の底に突き落としたりする．先に，身体に染みこんだ過去が月夜の月影のように私たちの人生につきまとうと述べたが，一方で，時として，今，この瞬間は，過去の出来事を忘れさせるほどの大きな力をもちえるのである．

　代り映えのしない日常であれば，移ろいゆく時に身をまかせておけばよいが，新しい状況や思いがけない状況であれば，そうはいかない．このような状況に対応するために行動しなければならない．ブルデューは，どのような状況であろうとも，自己にとって最善の「実践（pratique）」を産み出すことができるのは，ハビトゥスであるという．ハビトゥスとは実践の母胎なのである．

　ブルデューによれば，実践は合理的計算や自由意志，または規則に従順に従うことによって産み出されるわけではない．実践は，ハビトゥスがすべきこと（できること）とすべきでないこと（できないこと）とを無意識の内により分け，自分ができる「なすべき唯一のこと」を規則に適いながらも，状

況に応じてテンポやリズムをもって，時には戦略をもって，即興的に行うというやり方で産み出される．ここでのポイントは3つある．ひとつめは，人間の本性がハビトゥスを生産した客観的条件の変化を超えて生き延びる自己保存の傾向をもつ点（スピノザのいうコナトス的存在であるという点）．2つめは，さまざまな状況において，ハビトゥスが過去に拘り，過去を蘇らせる形で実践を産み出すという点．3つめは，その際，私たちは「なすべき唯一のこと」をなすというかたちで実践を産み出すという点である．ブルデューはいう．「過去の経験は，各々の組織体に知覚・思考・行為の図式という形で沈殿し，どんな明確な規則よりも，顕在的などんな規範よりも間違いなく，実践相互の符号と，時間の推移の中での実践の恒久性を保とうとする傾向をもっている」[11]と．また，彼は次のようにもいう．「ひとつ経験を経るたびごとに厳密な計算規則にのっとって自己修正してゆく学問的見積りとはちがって，ハビトゥスが生む予測は，過去の経験に基づいた一種の実践仮説であり，一次的諸経験に法外な重みを与えることになる」[12]と．その意味で，私たちは，過去，現在，そして未来の時間軸を行ったり来たりしながら泳いでいる魚のようなものであると言えるのかもしれない．

　ここで着目したいことは，過去を蘇らせようとするハビトゥスは，ハビトゥスを生産した社会的条件を再生産しようとするが，同時に，一定の条件がある限りにおいて，新しい社会的条件を産み出す生成母胎としての力をも有しているという点である．ブルデューは次のようにいう．「ハビトゥスとは，簡単に言えばいろいろと条件づけられた産物であり，それを条件づける客観的論理を再生産しがちなものですが，にもかかわらずその客観的論理そのものを変えてしまうのです．それは一種の変換を産みだす機械みたいなものです」[13]と．そして，ブルデューは，生成母胎としてのハビトゥスの側面を強調するために，習慣ではなく，ハビトゥス概念を使用するとも述べる．

　この点に関して，山本哲士は，行為者のプラチックの「『《創造》力量』は，先験主体の力量ではなく『行動する行為者』が『場』において発揮する

力量である」点をブルデューが強調しているとまとめている[14]。そして、このようなハビトゥスの発明や即興の力量を助けるものは「新しい状況や思いがけない状況」である。ブルデューは、このような状況下において行動する行為者を詩人にたとえて次のように言う。「心的傾向は、言葉を見失う詩のリズムあるいは即興的語りの流れに似た操作的図式であり、移転の力によって無数の実践的隠喩、おそらくは代数学者の『声なき思考』と同じくほとんど『知覚と感情を欠いた』隠喩を産み出す移調の手順」[15]である、と。また、彼は、実践を産み出す行為者は、善や美について考える哲学者と異なり、善や美について話すが自分が何をいっているか知らない詩人に似ているともいう。ブルデュー自身が述べているわけではないのだが、このような行為者はシナリオにそって踊りを踊り、歌を奏でるのだが、時々アドリブを入れるミュージカルの踊り子のようでもあると言えよう。

▼共通感覚と排除の感覚

　これまで実践の母胎としてのハビトゥスについて論じてきたが、ここで着目したいことは、ハビトゥスは実践（行為）を産み出すだけでなく、知覚と評価を産み出すという点である。ブルデューは、ハビトゥスとは、言い換えれば、「知覚・評価・行為」の図式であるという。先にみたさまざまな実践を産み出すハビトゥスの部分は「行為の図式」に当たる。ここでは、知覚・評価を産み出す「知覚・評価の図式」としてのハビトゥスの部分についてみてみよう。

　出会ったばかりで、数時間しか一緒にいなかったにもかかわらず、その人といることに居心地の良さを感じ、別れた後でまたその人と再会したいという気持ちになった経験はないだろうか。一方で、ある人と一緒にいてもつまらなく、早くその場を立ち去り、一人になりたいと思った経験はないだろうか。このような時、「知覚・評価の図式」としてのハビトゥスが働いていると言える。そして、知覚・評価の図式としてのハビトゥスは、高尚な／低俗

な，優雅な／野蛮な，快活な／鈍いといった2項対立的な象徴（分類）システムを基礎とした知覚・評価のカテゴリーの形態をとる．

相互行為場面において，私たちは，知覚・評価の図式としてのハビトゥスにしたがって，他者が見せる（演劇的）上演について心的表象を抱くと同時に，自らは他者によって心的表象を抱かれる[16]．そして，例外はあるのだが，多くの場合，私たちは，似たようなハビトゥスをもっている他者に共通感覚を抱き，異なったハビトゥスをもった人間に排除の感覚をもつ．たとえば，しゃれた地区に住む人びととは，知覚・評価の図式としてのハビトゥスに基づいて自らを聖別すると同時に，うらぶれた通りに住む人びとを切り離し，結果として彼らに負の烙印を押すことになる．

そして，ハビトゥスをもとに生み出されたこれらの感覚は身体感覚であるという点を忘れてはならない．人は自らがこの人（場）に受け入れられた人間であるか，否かを肌で感じてしまうのである．ゆえに，「集団や階級のハビトゥス間の均質化によって実践は，どんな戦略上の計算も，規範へのどんな意図的準拠からも離れたところで客観的に同調したものになり，またあらゆる直接の相互行為が不在のままでも，ましてや目に見える協奏なしでも互いに整合するものとなる」[17]のである．

ここで重要なことは，ブルデューが「知覚・評価の図式」としてのハビトゥスに着目することによって，世界像の構築のあり方を提示しているという点である．それは，行為者の「状況の定義」に着目し，人間の能動的，主体的側面に着目する行為理論に通じる議論である．そして，「状況の定義」が身体化された「知覚・評価図式」としてのハビトゥスによってなされる点を強調する点で，ブルデューはゴフマンから多大な影響を受けていると言える．ただし，後期ゴフマンが世界像の構築の母胎として「フレーム」概念を提示したのに対し，ブルデューは「ハビトゥス」概念を提示した．

最後に，ブルデューがハビトゥスを定義している部分を紹介しておこう．「ハビトゥスとは，持続性をもち移調が可能な心的諸傾向のシステムであり，

構造化する構造（structures structurantes）として，つまり実践と表象の産出・組織の原理として機能する素性をもった構造化された構造（structures structurées）である」[18]と．つまり，ハビトゥスとは構造化された構造であるとともに，構造化する構造である．ここでいう構造化された構造とは，先に述べた社会構造と過去の経験とが構造化された心的構造を意味する．また，構造化する構造には，① 先に述べた状況に応じた実践（行為）を生み出す心的構造という意味と，② 知覚と評価を生み出す心的構造という意味がある．

4 文化と排除

▼象徴的差異による排除

　第2節と第3節では，ハビトゥスとは何かという点について論じてきた．本節では，文化的側面からみた排除とはいかなるものであり，それがハビトゥスとどのように関わるかという点について論じる．

　ギアツがいうように，「自ら紡ぎ出した意味の網の目（織物）に支えられた動物である」人間は，価値，観念，シンボルのシステムとしての文化をもとに，善悪の是非を理解する．この文化をどのように扱うかは論者によって異なるが，なかでもブルデューは，「文化とは，あらゆる社会的闘争目標（掛金）がそうであるように，人がゲーム（賭け）に参加してそのゲームに夢中になることを前提とし，かつそうなるように強いる闘争目標のひとつである」[19]という．そして，文化の正統性を巡る闘争によって人間間の差異が産み出されることに着目する．

　文化による差異とは何であろうか．人間間の差異には大きく2つある．ひとつは，その人間が所有している「モノ」によって生ずる物的な差異である．物的な差異については，工場を所有した一部の大金持ちの資本家と明日のパンも事欠くという大量の貧困者との格差が産業社会の矛盾として，すな

わち貧困問題や階級問題として，これまで多くの社会学者（経済学者なども）が問題視してきたところである．

　もうひとつは，文化的差異であり，ブルデューの実践理論の焦点はこの文化的差異にある．私たちは日常会話で「あの人とは文化が違う」という場合，それは生活様式の違いを意味し，主に，民族間，地域間，男女間，あるいは階級間の生活様式の違い——それは私たちの好み（gout）の違いとしても現れる——を示す．このように，文化的差異とは，どのような話し方，食べ方をするのかといった振舞い方やどこに住んでいるのかといった社会的評価にかかわる生活様式の差異を意味する．また，それ以外にも，どのような学歴，職業をもっているのかといった社会的評価に基づく差異も含まれる．要するに，文化的差異とは社会的評価にかかわる「象徴的な諸属性」に基づく差異を意味する．

　ブルデューにしたがえば，前者の物的差異は貨幣や土地といった経済資本の格差として表現されるのに対し，後者の文化的差異は文化資本の差異として表現される．文化資本とは，① 振舞い方や話し方などの身体化された資本，② 書物や絵画などの文化財，③ 学歴や資格など制度化された資本である．そして，私たちの社会的位置は，これら経済資本と文化資本の総量（資本量）と各資本の割合（資本構造），並びに，その来歴と方向性（軌道）によって決定される．

　ここでの第1のポイントは，物的差異を決定する物質的諸属性は「それが何であるか」を見定める客観的な指標によって測られるのに対し，文化的差異を決定する象徴的諸属性は「それが何だとみなされるか」という他者の知覚・評価（まなざし）を介した主観的な指標によって測られるという点である．その際，ブルデューは文化的差異を象徴的差異としても考えるのだが，象徴的差異化によって低い評価を受け，傷ついたり，憤慨したりした経験は，私たちの日常にある．このように，他者の知覚・評価といった「認知」によって生ずるのが象徴的差異である．

ブルデューの実践理論を理解する要は，この理論がとくに他者の知覚・評価といった認知による人間間の差異を明らかにしようとするものであることを理解することにある．他者の認知による差異を明らかにするために，彼は文化資本以外に，名声，地位，権威，称号などを意味する「象徴資本（capital symbolique）」概念を提示する．たとえば，貴族や名士，あるいは医者や弁護士といった多くの象徴資本をもつ人間ほど高貴な人として他者に崇め立てられるのである．

　第2のポイントは，経済資本や文化資本から象徴資本への「正統な所有への変換」である．ブルデューにしたがえば，「象徴資本とは，経済的ないし文化資本が認知され承認されたもの，つまり，知覚のカテゴリーに従って認知された経済的ないし文化資本」[20]である．つまり，象徴資本とは，その人が経済資本や文化資本を所有するのは正統だと周囲の人びとに認めさせるものである．たとえば，何らかの象徴資本をもった人がブランド品で着飾り，大きな屋敷に住むとき，象徴資本をもたない人は「高貴な人にはぴったりだが，私たちの手の届かない世界だ」と考える．「称号をもつあの人が多くの財を所有するのは正統であり，称号もない私が財をもてないのは仕方がないことだ」といった象徴資本をもたない人のこのような反応をブルデューは「誤認」（承認，再認）とよぶ．また，象徴資本をもたない人による目に見えないかたちでの抑圧や排除の状況を「象徴権力」（象徴暴力）とよぶ．

▼象徴戦略と象徴闘争

　象徴的差異に基づく排除は，第3節に述べた「知覚・評価図式」としてハビトゥスによって産み出される．ここで着目したいことは，「実践の図式」としてのハビトゥスは，日常のルーティンな実践を生み出すだけでなく，「象徴戦略」を駆使して，自らを他者によく見せるように印象操作を行うという点である．しかも，場合によっては，象徴戦略による単なる印象操作ではなく，私たちは自らの社会的位置を上昇させるために象徴戦略を駆使し，

他者と「象徴闘争」を行い，結果として他者を排除することさえあるという点である．

　ブルデューは，象徴闘争をゲームにたとえる．私たちは，機能分化していない前近代社会においてはひとつの全体社会を想定すればよいが，機能分化した高度近代社会においては多数のシステムの存在を想定しなければならない．その際，ブルデューは各システムを「場（champ）」とよび，人びとの社会的距離を表現する社会空間の中に相対的に自律した多数の場が存在すると考える．ここで場とは，石井洋二郎がまとめているように，「構成員によって多かれ少なかれ共有されているもろもろの生産物，価値観，思想，制度，組織，規則等も含んだ多層的・複合的な構造体」[21]を意味する．ここであえてブルデューがシステムではなく場の概念を提示するのは，場をゲームの場にたとえ，ゲームに勝つことによって掛け金である資金を増殖させ，自らの社会的位置を上昇させることを狙うプレーヤーとしての行為者を描くためである．ゲーム中，突如として立ちはだかる予測不可能で絶えず更新される状況に際し，行為者には，どうすることが最良であるかを知らせるゲームの勘のような「実践感覚（sens pratique）」が働き，それに基づいて行為者は象徴戦略を駆使し，自己のイメージを操作し，社会的位置を上昇させる最良の実践を産み出す．

　そして，ブルデューにとって，チャンス獲得の場，ゲームの場の転覆のきっかけは「予測不可能で絶えず更新される状況」にあり，人はこの状況においてチャンスに賭ける．ブルデューは次のように言う．「『状況』は，ある意味では，ハビトゥスの成就にとって寛容な条件なのです．その成就の客観的な諸条件が与えられていないようなときには，状況によってときには継続的に邪魔をされ，いらだったハビトゥスは，それがはたせる機会を待ち（狙い），客観的諸条件（たとえば，力を発揮できる小ボスの地位など）が手に入るやいなや，己を発揮しようとする爆発的な力（ルサンチマン）の場となることがあります」[22]と．

さらに，ここで理解しておかなければいけないことは，象徴闘争は，従来の階級闘争のアンチテーゼとして提示された概念であり，個人的あるいは集団的な象徴闘争は階級闘争の一側面であるという点である．従来の階級闘争は物質的な諸属性（「それが何であるか」）を基準とする物理主義的考え方に依拠し，そこではブルジョワジーに対するプロレタリアの闘争のように，社会的位置が離れた者同士の闘争が想定される．それに対し，象徴的な諸属性（「それが何だとみなされるか＝知覚された存在」）に着目する象徴闘争は，客観的な最小距離が主観的な最大距離と一致することを理解し，均質な空間での闘争に焦点を当てる．いわば，従来の階級闘争は遠くの者との闘争であるのに対し，象徴闘争は近くの者との闘争であると言える．

　これまで象徴闘争によって自らの社会的位置を引き上げることが可能であると述べてきた．ただし，文化資本や象徴資本をより多くもっている人ほど，そして，その際，それらの資本は親から受け継がれ，再生産される場合が多いのだが，象徴闘争に参入するのに有利であることを忘れてはならない．

5　ハビトゥスの矛盾

▼ 4種類のハビトゥスの矛盾

　私たちはブルデューのハビトゥス論をもとにして，たとえば，① 階級的ハビトゥス，② 民族的ハビトゥス，③ ジェンダー的ハビトゥス，④ 空間的ハビトゥスなど，さまざまなハビトゥスについて検討することができる．たとえば，階級に起因した日常生活上の趣味や価値観，身のこなし方の違いを階級のハビトゥスの違い（社会的位置が高い人と低い人のハビトゥスの違い）として理解することができる．民族，ジェンダー，空間の場合にも同じことがいえ，民族，ジェンダー，空間に起因した日常生活上の趣味や価値観，身のこなし方の違いを，民族のハビトゥスの違い（たとえば，韓国人と

日本人のハビトゥスの違い），ジェンダーのハビトゥスの違い（男性と女性のハビトゥスの違い），あるいは空間のハビトゥスの違い（たとえば，田舎と都会のハビトゥスの違い）として理解することができる．

　そして，第3節の2の「共通感覚と排除の感覚」の所で述べたように，たしかに，私たちは自分と似たようなハビトゥスをもっている他者に居心地の良さを感じ，異なるハビトゥスを有している人に違和感を感じがちである．だが，ふとした瞬間に，私たちは，これまでの自己の人生において接点のなかった異なったハビトゥスを自己の内部に取り込むことによって，ハビトゥスの矛盾を抱え込むことがある．（そして，それは多くの場合，新しい人や新しい知識との出会いによって生じる．）ここでは，異なったハビトゥスを自己の内部に抱えることによって生じる身体上の混乱をハビトゥスの矛盾ととらえたうえで，ハビトゥスの矛盾に着目したい．

　ブルデューのテクストには，相異なった2つのハビトゥスを自己の内部に取り込むことによってハビトゥスの矛盾を抱える人間がしばしば登場する．たとえば，『故郷喪失』（1964年）や『資本主義のハビトゥス』（1977年）において，彼は「二重化した態度」あるいは「二重化したハビトゥス」というような表現で[23]，急速に資本主義化が進行するアルジェリアにおいて，伝統的ハビトゥスと資本主義的ハビトゥスの両方のハビトゥスを自己の内部にもつことによってハビトゥスの矛盾を抱えるアルジェリア人の姿を描いた．また，『ディスタンクション』では，身分向上を求めた人間が自己のハビトゥスを嫌悪し，ハビトゥスの矛盾を抱える様子が描かれている．このことに関して，たとえば，以下のように述べられる．「『身分の向上』を望む者は，文字通りに人間らしい人間を定義づけるあらゆる要素を手に入れるために，まさしく本性の変化を代償として支払わなければならない．……存在論的昇格としての，あるいはこう言った方がよければ，文明化のプロセス……としての『社会的昇格』．自然から文化への，動物性から人間性への跳躍．けれども人は，文化のまさに中心にある階級闘争を自分自身の内にもちこんでくる

結果，以前の自分，その言葉遣い，身体，趣味，そしてかつて自分が連帯関係にあったすべてのもの，すなわち，種族，家柄，父親，仲間，時には母国語までをも，恥ずかしいと思い，嫌悪し，さらには憎悪するようになる」[24]と．

先に示した4つのハビトゥス（階級的，民族的，ジェンダー的，空間的ハビトゥス）に関して，それぞれのハビトゥスの矛盾について検討してみよう．たとえば，社会的位置の高い人における食べ物，服装，行きつけの店，好きな音楽などに関する趣味や身体的な物腰を真似たいと思うが，上手く真似ることができず，気後れするような場合．外国に行って，その国の習慣になじもうとするのだが，どうしてもなじめず，上手く行動できないような場合．フェミニズムの思想を知って以来，その思想に則った生き方をしようとするが，過去に培った男性に従順な女らしさが邪魔をし，自己の内部に混乱を来すような場合．新しい土地の言葉に慣れようとしたが，どうしてもなじめず，新しい話し方と古い話し方が混じってしまい，上手く自己表現できないような場合である．

たとえば，1983年に婦女暴行殺人を犯した19歳の少年の事例について考えてみよう[25]．少年が事件を起こしたのは，乳児院，児童養護施設で育てられ，中学卒業後6回の転職経験を経た後だった．少年は孤独な性癖の持ち主で，学校の休み時間にはいつも机に座り一人遊びをしていた．施設でも，保育士に甘えることが下手で，一人でテレビを見ていることが多く，常に上級生から執拗な虐待を受けていた．職場でも，一人黙々と働き，悩みを他人に相談するでもなく，そんな時はいつでも拳から血が出るまで壁を叩いていた．学校では，親のいる子どもたちが，施設の子どもたちに対し「お母さんが来る授業参観になぜ男が来るのだ」「なぜみんな同じ弁当をもってくるのだ」と罵った．また，勤め先のパン屋では，女子高校生たちが少年に何の関心も示さなかったのとは対照的に，少年だけが彼女たちの前で赤くなったものだった．少年の孤独なハビトゥスは，異なるハビトゥス（両親のいる子ど

ものハビトゥス,「今どき」の女子高校生のハビトゥス, あるいはテレビに登場する消費社会のハビトゥス）を有する他者との出会いの中で, 矛盾を抱えていったのである.

また, たとえば, 2002年9月に, 困窮した母子家庭の母親が11歳の子どもを餓死させてしまい, 自らも栄養失調のため寝たきりの状態で発見された事件について考えてみよう[26]。

母親Aが子どもBを餓死させてしまったのは, Aが福祉事務所, 母子寮（現在の母子生活支援施設）, 彼女の家族, 風俗店, そして地域という複数の場所において社会的に排除されたり, 支援を求められなかったためである。男性と別れたAは乳飲み子のBを抱えて実家に戻るが, 親との人間関係が上手くいかず, 実家を出た。その後, AはBを連れて母子寮に入寮するが, 寮の入所者や職員と衝突することが多く, その寮も飛び出した。その後, Aは求人広告をもとに探し当てた風俗店の案内係の仕事をした。Aは店の寮でBと生活するが, 勤務時間が午後から夜中になるため, Aは食事をつくらず, コンビニエンスストアの菓子パン, おにぎり, 惣菜, スナック菓子などをBに与えた。また, Bが学齢期に達しても, 小学校に就学させず, Bはほとんど居室から出歩くことはなかった。長い間栄養バランスを欠く食生活が続いたことによりBは次第に栄養失調になり, 消化不良からくる下痢によって居室はいちじるしく汚れた。その後, 従業員に汚れた居室を点検されたAはBを連れ, 寮を立ち去り, 各地を転々とした後, 子どもを餓死させてしまった。母子寮と風俗店という場所をハビトゥス論的にとらえるならば, Aのハビトゥスは, さまざまな規則によって成り立つ母子寮のハビトゥスに馴染めなかったと理解できる。また, 風俗店では, 市民的ルールを「ゆるやか」に守るハビトゥスが要求される。それゆえ, 風俗店の店長はAがBを学校に行かせなくても公的機関に通報しなかったのだろうが, 寮の部屋を汚したAは風俗店で正統化されるハビトゥスをも逸脱してしまったのである。

▼運命愛と運命憎悪

　ブルデューのテクストには時々「社会運命」「運命愛 (amor fati)」そして「運命憎悪 (odium fati)」という言葉が登場する．これまでみてきたことから明らかなことは，まず，ブルデュー社会学が前提とするのは，うつろいやすい状況に自在に変貌する人間ではなく，生まれ落ちたときから与えられた「社会的運命」に絡みとられる人間だということである．なかでも，「宿命」という絆で結ばれている親子関係はその際たる例である．ここでブルデューが単に運命ではなく「社会的運命」という言葉を使用するのは，運命というものが個々人の意思とは別に，「社会的に」与えられたものであることを強調するためである．

　そして，ブルデューは「客観的な要請に予め適応した期待を生み出す傾向」[27]を「運命愛」とよぶ．つまり，自らに与えられた社会的運命に対して何の疑いも抱かずに，自らの人生を享受できる人は運命愛に生きている人であるといえる．たとえば，彼は運命愛の典型例として恋愛に着目し，「人を愛するとは，常にいささか自分自身の社会的運命のもう一つの実現を，他人の中において愛すること」[28]であるという．つまり，人は恋愛において似たような社会的運命をもつ人を愛するというのである．ここで重要なことは，自らの運命が社会的に与えられたものであるにもかかわらず，私たちはその運命が自らの自由選択であるかのように社会的に与えられた運命を生きるという点である．彼は運命愛の状態をプラトン的神話になぞって次のようにいう．「『運命』のくじをすでに引いてしまった霊魂が，ふたたび地上に降り立って，失われた運命を生きるには，それに先だって忘却の河の水を飲まなければならない」[29]と．再び地上に降り立つ霊魂は，自らの運命がくじによって決定され，社会的必然性としてあらかじめ割り当てられたものであるにもかかわらず，忘却の水を飲むことによって運命の記憶を消し去り，自らの自由選択であるかのように行為するというのである．

　ずっと運命愛に生きることができるのであれば，ある意味でそれは幸せな

ことかもしれない．だが，往々にして私たちは自らの運命を憎悪することになる出来事と遭遇することがある．ブルデューによれば，それは，現在の他者あるいは他の世界との関係性において，「過去と不連続」な主観的願望[30]を抱くにもかかわらず，変えがたい過去に運命づけられた現在の「客観的条件」を認識し，主観的願望との関係でそれを承認することができなくなった場合においてである．このことについて彼は次のようにいう．「自分に与えられた条件を明るみに出すという作業は，この所与への無条件の同意をとりあえず中断することを前提とし，また実際にそうした中断を引き起こしもするので，その結果，現にあるらしい諸関係を認知することとそれらの諸関係を承認することとの間に乖離が生じ，かくして運命的な愛は運命的な憎悪へと裏返ってしまいかねない」[31]と．

そして，運命という言葉に焦点を当てて考えるならば，自らのハビトゥスに矛盾を抱えることなく生きている人（条件が整えば，その人は象徴闘争というゲームに参加することができるのだが）は「運命愛」に生きている人であると言える．一方で，ハビトゥスに矛盾を抱えて生きている人はしばしば「運命憎悪」に襲われると言える．

6 おわりに

本章では，ブルデューの実践理論にしたがって，ハビトゥスとは何か，ハビトゥスと文化的側面からみた排除の関係，および社会的排除によって生じるハビトゥスの矛盾について検討してきた．本章では，ブルデューの理論は排除が生み出される過程とその結果を経済的側面からだけでなく，文化的側面から明らかにする点できわめて意義のある理論であるということが明らかになったと思われる．

ただし，ブルデューの理論に問題がないわけではない．本章では，その問題を詳述することはできないので，その論点を3つの点から述べておくに留

める．

　第1は，「2つのハビトゥスが矛盾を抱えることなしに共存できる場合」についてである．本章ではハビトゥスの矛盾について述べたが，一人の人間の中で2つのハビトゥスが必ずしも矛盾を抱えず，共存することもあり，今後この点についてさらに検討する余地があると思われる．第2は，「ハビトゥスにとらわれない人生」についてである．ブルデューは過去の経験が沈殿化した1次的ハビトゥスが個人を拘束する点を強調するが，新しい人や状況との出会いは私たちを大きく変えることも多く，今後，この点についても検討する必要があると思われる．第3は，「リスク社会とハビトゥスとの関係」についてである．ブルデュー理論にしたがえば，ある集団や階層のハビトゥスをもっている人ほど上手く生きられないということになるのであるが，リスク社会においては，リスクは個人化しており，ある集団や階層の人だけがリスクを被るわけではなく，誰が，いつ，どこで，リスクを被るかもわからない．今後，この点についても検討の余地がある．

注

1）　宮島喬『文化的再生産の社会学』藤原書店，1994年，p. 80を参考にした．
2）　P. Bourdieu, *Questions de sociologie*, Minuit, 1980.（田原音和他訳『社会学の社会学』藤原書店，1991年，p. 170）一部邦訳と異なる．
3）　P. Bourdieu, *Choses dites*, Minuit, 1987.（石崎晴己訳『構造と実践』藤原書店，1991年，p. 202）
4）　同上訳書，p. 27
5）　P. Bourdieu, *Le sens pratique*, Minuit, 1980.（今村仁司・港道隆訳『実践感覚Ⅰ』みすず書房，1988年，p. 117）
6）　P. Bourdieu, *La misère du monde*, Minuit, 1993, p. 160.
7）　前掲訳書『実践感覚Ⅰ』p. 123
8）　前掲訳書『構造と実践』p. 170
9）　前掲訳書『実践感覚Ⅰ』p. 96
10）　同上訳書，p. 98
11）　同上訳書，p. 86
12）　同上訳書，p. 85

13) 前掲訳書『社会学の社会学』p. 170
14) 山本哲士『ブルデュー社会学の世界』三交社，1994年，p. 28
15) 前掲訳書『実践感覚Ⅰ』p. 110
16) 同上訳書，p. 223を参照した．
17) 同上訳書，p. 93
18) 同上訳書，p. 83
19) P. Bourdieu, *La distinction*, Minuit, 1979.（石井洋二郎訳『ディスタンクションⅠ』藤原書店，1990年，p. 386）
20) 前掲訳書『構造と実践』p. 212
21) 石井洋二郎『差異と欲望』藤原書店，1993年，p. 99
22) 前掲訳書『社会学の社会学』p. 171
23) 『故郷喪失』においては，まだハビトゥス概念は使用されていなかった．その代わりに態度という言葉が使用されていた．
24) 前掲訳書『ディスタンクションⅠ』p. 388，一部邦訳と異なる．
25) 横川和夫編『荒廃のカルテ』共同通信社，1985年を参照した．
26) 近藤理恵「K市の子ども餓死事件はなぜ起こったのか―輻輳し個人化するリスクと法廷で構成されるリアリティー」『立命館産業社会論集』第41巻第1号，2005年6月，pp. 171-180を参照した．
27) 前掲訳書『実践感覚Ⅰ』p. 101
28) 前掲訳書『構造と実践』p. 115
29) P. Bourdieu, *La reproduction*, Minuit, 1970.（宮島喬訳『再生産』藤原書店，1991年，p. 226）
30) 宮島喬，前掲書，p. 146を参考にした．
31) 前掲訳書『ディスタンクションⅠ』p. 376

参考文献

P. ブルデュー（宮島喬訳）『再生産』藤原書店，1991年
P. ブルデュー（原山哲訳）『資本主義のハビトゥス』藤原書店，1993年
P. ブルデュー（石井洋二郎訳）『ディスタンクションⅠ・Ⅱ』藤原書店，1990年
P. ブルデュー（今村仁司・港道隆他訳）『実践感覚Ⅰ・Ⅱ』みすず書房，1988年，1990年
P. ブルデュー（田原音和他訳）『社会学の社会学』藤原書店，1991年
P. ブルデュー（石崎晴己訳）『構造と実践』藤原書店，1991年

第10章 レギュラシオン理論と現代資本主義の危機
——「福祉国家」の解体・再編と貧困の装置化——

第10章
レギュラシオン理論と現代資本主義の危機
―― 「福祉国家」の解体・再編と貧困の装置化 ――

1　はじめに

　第2次世界大戦後の驚異的な「高度成長」と「福祉国家」によって封じ込めに成功したかにみえた先進資本主義諸国の貧困は，1970年代のオイルショックを経て再び猛威をふるい始めた．1980年代に入ると，欧米の先進資本主義諸国では高い失業率とともに「アンダークラス」の名でよばれる貧困層やホームレス問題が浮上してきた．

　1970年代の危機をしのいで80年代に「一人勝ち」しているかにみえた日本資本主義も「バブル経済」の破綻を経て，90年代に入ると他の先進資本主義諸国と同様の長期的な経済的停滞へと突入した．こうして日本においても90年代にはいると，失業や貧困が再び深刻さを増してきたのである．

　今日の失業や貧困の拡大は現代資本主義の動態と密接に関わっている．直接的には「高度成長」の終焉と「福祉国家」の危機が勤労者生活の危機の背景にあると考えられるが，これらは現代資本主義の動態とどのように関連しているのであろうか．ここでは現代資本主義の危機分析としてレギュラシオン理論を取り上げ，そのアプローチによる危機分析を通して，現代の勤労者生活の困難の社会経済的な背景を探り，勤労者生活における貧困の実態を明らかにする．こうした勤労者の生活危機の進展にともなって，日本における「下流社会」化が急速に進み，他方で貧困層に対する社会的排除も表面化してきている．

　失業や貧困の拡大に対する社会的対抗の動きや政策的課題を取り上げ，こ

うした状況をどのようにしてくい止めることができるかを考えることにする．

2　レギュラシオン理論による戦後福祉国家の危機分析

▼レギュラシオン理論による現代資本主義分析の方法

　レギュラシオン理論は1970年代初頭のドル危機や石油危機がもたらした現代資本主義の「危機」分析として誕生した．この理論は従来の経済理論が現代の「危機」を分析しえず混迷しているとして，マルクス経済学と近代経済学を共に批判する。ボワイエによると，「このアプローチの特殊性は，根本的にマルクス主義的伝統に由来する理論的着想に基づいているということであり，ケインズ的基準や経済史的著作を摂取しているということであって，こうした制度学派の問いを刷新し，独創的に理論構築」しようとしているとする[1]．

　ではレギュラシオン理論による現代資本主義分析とはどのようなものなのであろうか．レギュラシオン理論は，第２次世界大戦後から1960年代末頃まで続く先進資本主義諸国における「黄金時代」を，フォーディズムとよばれる「発展モデル」（これは「労働編成モデル」，「蓄積体制」および「調整様式」（mode de regulation）の３つの概念装置により構成される．）によってもたらされたものであり，1970年代以降の現代資本主義の危機を，この「発展モデル」としての「フォーディズム」の構造的危機＝「大危機」としてとらえる．

　リピエッツによると，この「発展モデル」としてのフォーディズムは，第１に「労働編成モデル」としては，「テーラー主義的な合理化原理プラス不断の機械化であり，つまりは構想者と実行者を分離して生産性を上昇させ」るものである．第２に「蓄積体制」としては，安定した利潤率のもと設備と労働力の完全利用体制であり，そして第３に「調整様式」としては，最低賃

金制,団体交渉,福祉国家,信用貨幣などの制度による新しい「ゲームのルール」の成立である.これら「3つの経済的特質の一貫性ある結合体」がフォーディズムである[2]).

このようにレギュラシオン理論では,特定の「発展モデル」にはそれに対応した特定の「調整様式」が存在すること,そしてその「調整様式」は特定の時代や特定の国の制度諸形態によって生み出され,経済成長や蓄積体制にとって決定的に重要であると考える.この学派がレギュラシオン(調整)を冠してよばれるのはこのためである.

では「発展モデル」としてのフォーディズム概念を用いて,レギュラシオン理論は現代資本主義の「黄金時代」をどのように分析するのだろうか.まず第1に,フォーディズムの下での労働編成モデルは,前述のように「テーラー主義と機械化との結合」として現れる.テーラー主義による「構想者や組織者」と「実行者」との間の徹底した分離によって,生産が合理化される.そして「テーラー主義による統制を受け容れる代償として,労働組合は合理化から生じる生産性上昇の分け前を要求」し,「経営者と労働組合とのあいだで生産性上昇の配分を賃金労働者に認めるような,グローバルな組織された妥協」が図られことになった.これが「フォード的妥協」である[3]).

第2に,フォーディズムの「蓄積体制」においては,テーラー主義と機械化による大量生産方式がとられ,生産性の急激な上昇がもたらされた.また「フォード的妥協」により,労働生産性上昇に比例して賃金労働者の購買力が増加し,大量消費が進んだ.この結果,「機械のフル操業と完全雇用」が実現し,企業の利潤率も安定したのである.この大量生産と大量消費の適合関係を実現した「フォード的妥協」は,「第2次世界大戦後の世界全体で,アメリカ的生活様式として受け容れられ」ていった.このような大量生産と大量消費を結合した蓄積体制を,レギュラシオン理論では「内包的蓄積体制」とよんでいる.

第3に,フォード主義的な「調整様式」では,「個別的な経営者に,中期

的には彼らの利害に照応していたフォード的妥協を守るように日常的に強制」するために，国によって多少は異なるがおおむね次のような対応がなされる．① 最低賃金の保障と労働協約の全産業部門への普及についての労働・社会立法の制定．これらにより「すべての経営者は賃金労働者に一国の生産性上昇に比例する購買力の増加を毎年保障するように誘導」された．② 福祉国家と社会保障制度の整備．これですべての国民は，「『生活費を稼ぐ』ことのできない場合でさえも，消費者としてとどまる」ことができるようになった．③ 信用貨幣は，「経済の必要に応じて民間銀行によって（つまり，もはや金保有高に比例してではなく）発行され，中央銀行のコントロールの下に置かれる」ことになった．こうした調整様式のことを「独占的調整様式」とよんでいる．

これら労働協約や社会保障制度等は，フォーディズムによって自動的にもたらされたものではなく，労働者の運動や闘争の「獲得物」である．つまり，フォーディズムは，「このような社会的圧力と一部経営者の反省とが出会うことから生まれたのである」．このようにフォード主義的な「調整様式」では，賃労働関係における所得分配を全面的に市場に委ねず，最低賃金制度や団体交渉制度，社会保障制度など非市場的な制度諸形態によって「調整」するのである．

この「発展モデル」としてのフォーディズムは第2次世界大戦後，先進資本主義国で支配的になっていった．この第2次世界大戦後の国家＝社会体制は「ケインズ主義的福祉国家」ともよばれている．福祉国家は「労働者階級の政治的，社会的，経済的同権化を中核に形成され，全国民的な広義の社会保障を不可欠の構成要素とする，現代資本主義に特徴的な国家と経済と社会の関係」[4]を指しており，またここでケインズ主義というのは，「政府の公共支出による有効需要の創出政策，ないしは政府の総需要管理による，市場関係を通じての，経済生活の政治的コントロールのシステム」[5]という意味である．レギュラシオン理論による「発展モデル」としてのフォーディズム概

念は，福祉国家の成立と危機を，ケインズ主義的な経済政策との関連からだけでなく，資本主義経済の蓄積体制と関連させて内在的に説明できる利点があると思われる．以下，レギュラシオン理論によって，戦後福祉国家の危機に接近することにする．

▼フォーディズムの「大危機」と戦後福祉国家

　レギュラシオン理論によれば，現在の福祉国家の危機は「社会保障制度に由来する財政危機」として狭くとらえられるべきではなく，「フォード主義の内在的限界ゆえに生じている調整様式の要としての現代国家の危機」として把握すべきとする．したがって，現在の危機は単なる経済危機ではなく，「発展モデル」そのものの危機，つまり「社会形成の基礎となっている妥協の危機，未来設計の危機」なのである．フォーディズムというひとつの「発展モデル」が終焉し，新しい発展モデルや新しい長期的妥協が模索されている「大危機」の最中にあるのである．

　では，戦後福祉国家の基礎をなしていたフォーディズムはなぜ危機に陥ったのであろうか．危機の原因の第1は国内的な要因であり，「発展モデル」そのものの危機，つまり，フォード主義的労働編成の発展が「生産性の伸びの源泉をついに汲み尽くしてしまった」ことによってもたらされた．構想者と実行者を分離し，機械化を押し進め，生産性を向上させるやり方は，職場の多数の生産者を生産性や製品の質に対する活動から排除し，その職場参加を否定する．そのため，「次第に複雑で割高になる機械に頼る以外に，…生産性を上昇させること」ができなくなったのである．こうして「フォード的生産モデルの収益低下」がもたらされることになった．

　この収益性の危機に対応するために，企業は販売価格に転嫁し，インフレを加速させた．そしてインフレが賃金上昇を上回ることによって購買力が減退し，需要も減少した．新規の投資も人間を機械に置き換えるために少ない雇用しか生み出さず，実質賃金の上昇が鈍化して，市場を収縮させた．その

結果，失業が増大し，それが失業手当や社会保障給付の増大に結びつくことになった．このような制度のおかげで「国内需要の急落」は阻止されたが，このための税や拠出金の増大が経済活動の生産部門を圧迫しはじめた．これによってさらに投資利益率が低下し，「福祉国家と社会的移転の正当性そのものが非難」されるようになったのである．「フォード的妥協」は1970年代にはいると「経営者にとっても経済的に耐えられないもの」になっていた．

もちろんフォード主義的労働編成における労働疎外に対して労働者が手をこまねいていたわけではなく，アブセンティズムや山猫ストなどさまざまな反抗や紛争を引き起こしていた．このような福祉国家の「絶対権力」や「管理主義的連帯」に対する反抗や不満の高まり，「より多くの自律を望む市民の願望」などもあって，「フォード的妥協」は，あらゆる側面で同時に危機に陥ることになったのである．

危機の第2の要因はグローバル化，つまり「国民経済の相互浸透の激化に起因するもの」である．経済のグローバル化によって，購買力の上昇が国内の企業に対する需要増加につながらなくなった．外国からの供給者が侵入するからである．こうして各国は輸入と輸出の両面において貿易収支を改善するために「国内需要を『冷却し』，増加した自国の生産物の販路を外国に求めるように強制される」．「NIESの登場によって，先進国の高賃金労働者がNIESの低賃金労働者によって置き換えられた結果，世界的有効需要が縮小し，過少消費危機となった」[6]．フォード的調整様式が「1945年以降，国民的枠組みのなかでは排除することに成功していた需要の側の危機が，再現」することになったのである．「フォーディズムの国内的危機に，つまり，供給側の危機に，国際的危機，つまり需要側の危機が加わった」[7]のである．

第3の危機は，「エコロジーの危機」である．フォーディズムによる「内包的成長にもとづく資本制的蓄積体制，すなわち，大量消費をともなう大量生産の論理は，最大限に『生産し』，最大限に消費させること」であり，「この傾向は大量消費のなかに主たる販路をもとめるこの内包的蓄積体制型のな

かではかつてないほどその影響力を強めている」[8] といえる．こうして公害問題など激しい自然破壊が横行することになった．これに対して多くの先進資本主義国で公害反対運動が起こり，企業に公害規制を課すことになった．しかし，フォーディズムの論理は「環境保護運動の高まりによって少しは抑制された」が，容赦なく貫徹して，生産コストに追加される「汚染浄化のためのコスト」を増加させたのである．この増大する「被害を修復するコスト」は「フォード的妥協」の危機をいっそう深刻化させ，「雇用か，環境保護か」というジレンマを生み出すことになった．

　このようなフォーディズムの危機によって福祉国家は構造的に行き詰まってしまったのである．加えて，市場経済のグローバル化によって「資本統制がつぎつぎに解除されていくと，累進課税や法人税による資本所得の課税を強化することが困難になる．所得税の累進税率を高めたり，法人税を高めたりすれば，資本は一瞬のうちに海外へとフライトしてしま」い，財政による所得再分配が難しくなる．市場経済が拡大すると，「自発的協力の領域である家族や共同体の相互扶助や共同作業という機能を縮小」させる．そのためケインズ的福祉国家は財政によって「市場経済の外側で所得の再分配を実施」していたのであるが，その所得再分配国家であるケインズ的福祉国家を支える財政が機能しなくなったのである[9]．

3　新自由主義と戦後福祉国家の解体

▼福祉国家から「日本型福祉社会」へ

　1970年代末から80年代にかけて，行き詰まったフォーディズムに替わる新しい「発展モデル」として新自由主義（リピエッツのよび方では「自由主義的生産第一主義」）が登場し，イギリスやアメリカなど「アングロ・アメリカン系諸国に伝播」していく．そして日本でも中曽根政権のもとでこの「世界観」が浸透していった．サッチャリズムやレーガノミックスなどの名でよ

ばれる新自由主義は「ケインズ的福祉国家を根底から批判し，民営化，規制緩和，行政改革による『最小限国家』(The Minimal State) を主張」した．ケインズ主義的福祉国家こそが「インフレーションや生産性の低下を招き，完全雇用」を維持することさえ不可能にしてしまったと批判するのである[10]．

つまり，「科学技術革命が進行中」であるのに，「国家と労働組合によって押し付けられた『硬直性』—労働・社会立法，福祉国家，公害規制等，等々—が，企業から資金調達能力を奪い，『痛みをともなうが，避けがたい変化』を妨害することによって，科学技術革命の自由な展開を阻害」している．だからこの「硬直性を取り払わねばならない」という．生産力の近代化を促進するために，「自由貿易，自由な企業，柔軟性，規制緩和」が強調され，市民社会が「福祉国家と交代しなければならない」と説かれるのである．

レギュラシオン理論によると，新自由主義的な「発展モデル」は次のように特徴づけられる．①「生産至上主義の技術的—経済的な要請が，ますます『無条件で従わねばならない命令』になる」．② 社会的連帯が解体され，企業が福祉国家に割り当てられていた役割を直接果たすようになる．③「個人を企業に統合する形態がきわめて多様化する．この結果，「すべての共同社会的性格（階級的連帯や職能に基づく連帯）が消滅する」．④「国民国家の属性と結びついていた，管理主義的連帯」が全般的に後退する．このため「市民社会」（実際は家族）が「福祉国家がもはや保障できないことを再び引き受ける」とみなされるようになる．

このような新自由主義的な「発展モデル」によって，福祉国家の解体と再編が進められることになる．日本においても1973年に始まる「福祉元年」という福祉国家への志向も，同年のオイルショックによってまたたくまに「福祉見直し」へと反転していった．こうした流れの中で，まだヨーロッパ並の福祉国家にも「大きな政府」にもなっていない日本において「新経済社会7カ年計画」(1979年)や臨時行政調査会の答申 (1981~1983年) における福祉

国家や「大きな政府」批判が登場することになる．したがって，日本における「福祉国家」や「大きな政府」批判は多分に予防的性格を帯びていたのである．

そして欧米先進国の福祉国家に替わって，日本では「日本型福祉社会」が構想された．この「日本型福祉社会」は，「先進国に範を求め続けるのではなく，…，個人の自助努力と家庭や近隣・地域社会等の連帯を基礎としつつ，効率のよい政府が適正な公的福祉を重点的に保障するという自由主義経済社会のもつ創造的活力を原動力とした我が国独自の道を選択創出する，いわば日本型ともいうべき新しい福祉社会を目指すもの」[11]とされた．1980年代以降の日本における社会保障・社会福祉の制度改革は，おおむねこのような考え方をベースにした「臨調行革」として展開されてきた．

この「日本型福祉社会」や「活力ある福祉社会」は，二度のオイルショックを乗り切って先進資本主義国の中では良好なパフォーマンスを実現していた当時の日本経済と日本の三世代型家族の残存に対する過剰な期待などによって裏づけられていた．では，日本において福祉国家や「大きな政府」の解体がどのように展開されていったのか見てみよう．

日本における「フォード的妥協」の内容は，第1に，生産性の上昇に対応した賃金はアメリカのような「高賃金」ではなく，大企業男子正規労働者を中心に「終身雇用」をベースにした「年功賃金制」として現実化した．相対的に賃金が低い若年者比率の高い労働力構成下では，こうした雇用慣行は資本に有利な仕組みであった．第2に西ヨーロッパ先進国のような福祉国家や社会保障制度によって支えられておらず，社会保障給付や社会サービスの水準はきわめて低く，このため家族扶養や企業福利への依存が高かった．第3に，最低賃金制など「フォード的妥協」を資本に強制する労働・社会立法等の規制力も弱く，「春闘」方式による社会的賃金闘争がそれを補っていた．こうした雇用・賃金制の下で大量生産と結びついた大量消費＝「アメリカ的生活様式」へと誘導されることになったために，日本における「フォード的

妥協」は「家族だのみ・男性本位・大企業本位」の特徴をもつものとして形成された[12]．これが新自由主義的な政策が意図的に推進されるようになる1980年代初頭の段階における，フォーディズムの状況であった．

リピエッツは前述のように新自由主義的「発展モデル」を，生産至上主義の絶対化，企業による福祉国家の代替，「個人を企業に統合する形態」の多様化，家族による社会保障の代替などとして特徴づけていたが，日本の場合には，新自由主義的政策の導入以前から新自由主義的な特徴を多分にもっていたのである．「臨調行革」の名でよばれる新自由主義政策の推進は，確立していない福祉国家や弱い労働・社会的規制をさらに稀釈化させ，他方で「日本的経営」の徹底化や三世代型家族による生活保障をいっそう強める形で行われた．また「小さな政府」を標榜して国鉄，電電公社等公営企業の民営化が強行され，あわせて企業に妥協を強要する戦闘的労働運動などの解体が強力に展開された．こうして日本においても「戦後体制の総決算」，すなわちフォーディズムからの決別が行われることになったのである．

▼経済のグローバル化と新自由主義的「構造改革」

1980年代以降の日本における新自由主義的「発展モデル」は，レギュラシオン理論の用語法を用いれば「トヨティズム」ということになるが，この労働編成モデルはフォーディズムにおける「テーラー主義と機械化との結合」とは違って，「多能工」化による「労働の内部的可動性」の確保と現場労働者の高い参加意識によって「絶えず機械を実験し，調節し，改良する能動的な労働者」を作り出すことに成功した．しかし，他方で高い生産性に対する労働者への見返りということでは非常に見劣りするものであった．オイル・ショック以降の実質賃金は生産性の伸びをはるかに下回り，また労働分配率も低くなっているにもかかわらず，その労働実態は「過労死」を生み出すほどの過重労働になっている．

さらに，このような「多能工」化した能動的な労働者像は，あくまで大企

業の正規労働者にしか当てはまらず，その周辺にいる多数の中小企業労働者や女性，非正規労働者などの労働実態はきわめてテーラー主義的であり，かつ労働条件も劣悪である．これらの労働編成は「ネオ・フォーディズム」とか「ネオ・テーラー主義」とよばれている．このように日本の労働編成は極端に二極化していた．こうした日本資本主義のあり方は「公正なき効率」，「分配なき生産性上昇システム」として特徴づけられる．80年代にはこうした「企業中心社会」の確立と平行して社会保障の抑制策が強化された．

　しかし，この「トヨティズム」と名づけられた日本的な新自由主義的「発展モデル」は1990年代に入って大きく変容を迫られることになる．それは直接的には90年代初頭に始まるバブル経済の崩壊によって促された．バブル経済は前述の日本経済の「分配なき生産性上昇システム」がもたらしたものである．すなわち，効率化し，巨大化した生産能力を吸収するにふさわしい国内市場が形成されず，その結果，「集中豪雨」ともよばれる輸出ドライブがかかり，それへの諸外国の反発から80年代後半以降円高への誘導と内需拡大策がとられた．この内需拡大策がバブル経済＝大量生産の受け皿として実体をともなわない大量消費を一時的に作り出したのである．しかし，バブル経済の崩壊により景気は長期の低迷に入り，過剰化した巨大な生産能力（雇用・設備・債務）の処理，ダウンサイジングが課題になった．こうして企業のリストラが急激に進められることになった．

　日本的経営を基礎にした日本的な新自由主義的「発展モデル」の見直しは，バブル経済の崩壊によってだけではなく，その底流には1980年代以降の経済のグローバル化があった．急激な円高に対応するため日本の大企業は活動拠点の世界展開を図り，多国籍企業化してきたが，その中で大企業は国際競争力を強化するために，これまでの日本的経営によって維持されている男子正規労働者のコストが負担になってきたのである．また国内の中小企業や農業，建設業，運輸業，電力・エネルギーなどこれまで大企業の経済活動を支えてきた分野の維持コストや，さらに企業の社会保障費用なども高負担と

感じるようになった．こうして90年代後半以降，日本の社会経済の新自由主義的な「構造改革」の第二弾が開始されたのである．

この90年代以降の「構造改革」は80年代のそれに比べると，それまでのシステムがもっていた「日本的」と特徴づけられる側面をそぎ落とし，グローバル・スタンダード（すなわちアメリカ基準）へと近づけようとする傾向を強くもっている．またアメリカなどから10年遅れて本格的なダウンサイジングに取り組むことになった．「雇用・設備・債務の3つの過剰」のうち，雇用に対しては財界から「終身雇用制」や「年功賃金制」などの変更，すなわち「日本的雇用慣行」の「構造的」な見直しが打ち出された[13]．

そこでは労働者を①「長期蓄積能力活用型」（期間の定めのない雇用契約，管理職・総合職・技能部門の基幹職），②「高度専門能力活用型」（有期雇用契約，企画，営業，研究開発等専門部門），③「雇用柔軟型」（有期雇用，技能，販売部門の一般職）の3グループに分けた雇用管理システムが構想されている．この「日本的雇用慣行」の「構造的」な見直しが意味するものは，これまで「日本的雇用慣行」の下にあった大企業男子正規労働者等への「複線化，多様化，流動化」の適用であり，その「ネオ・フォーディズム」的な再編とみることができる．

大企業と公務等の男子正規労働者からなるこの労働者層は日本の雇用者総数の20％程度を占めているとされるが，この労働者層での雇用や賃金の不安定化，競争の激化は，玉突き的に周辺の非「日本的雇用慣行」の下におかれ，もともと「ネオ・フォーディズム」的な処遇の中にあった中小企業労働者や女性労働者など圧倒的多数の労働者の雇用や賃金の不安定化と条件の悪化をいっそう促進することになる．このように1990年代後半以降，日本資本主義はアメリカ型の「ネオ・フォーディズム」へと傾斜してきている．

そしてこのアメリカ型「ネオ・フォーディズム」への傾斜は，すでにアメリカの社会が1980年代以降に顕在化させていた社会的・経済的諸問題を日本の社会に再現させることになった．それは第1に，「二極分裂社会」とよ

ばれる社会の極端な両極化をもたらしたことである．事実，アメリカでは「インフレを調整した国民一人当たり GDP（国内総生産）は，1973年から95年中頃まで36％増えたが，一般勤労者（部下がひとりもいない勤労者で，働く人のほとんどがそうである）の実質時間当たり賃金は14％減っている．1980年代に所得が増えたのは，所得上位20％の人たちだけであり，さらに驚くべきことに，増えた所得の64％が上位1％に集中している」[14]．

第2に，「ネオ・フォーディズム」は「科学技術革命」の成果を活用した，テーラー主義のいっそうの徹底と自動化による「直接労働」の削減，さらなる代替可能な不熟練労働者化，国内的，国際的な大企業と下請け等の企業間の関係性の稀釈化などであるが，「生産性上昇の分け前」を賃金労働者に認める「フォード的妥協」を欠いた「ネオ・フォーディズム」ではフォーディズムの危機を乗り越えることはできない．金銭的なインセンティブや雇用の安定を保障されなくなった不熟練の現場労働者を，失業と貧困の恐怖によって働かせるというこの労働編成の下で，「テーラー主義の大問題が再現」することになる．それは自分の「企業の製品やサービスの質に対する労働者の参加意識に，ほとんど乗り越えがたいような障害」を設けてしまうからである．1990年代後半以降，日本の大企業で起きた不祥事，事故の頻発はこのことと無関係ではないであろう．

第3に，マクロ経済レベルで「過剰生産，社会的需要の周期的な崩壊，といった1930年型の危機」を大規模に再来させたことである．「フォード的妥協」を解消して「二極分裂社会」を招来させた「ネオ・フォーディズム」では国内に安定した消費の受け皿を作り出すことはできない．こうして経済の停滞と不安定状態から長期にわたって脱却できないことになる．次に，これら「ネオ・フォーディズム」化にともなう社会的・経済的な問題が，90年代後半以降の日本社会にどのような形で現実化してきたかをみることにする．

4 「ネオ・フォーディズム」への再編による戦後型労働・生活様式の解体

▼「福祉国家」の解体とセーフティネットの再編

　高度成長期を通じての日本におけるフォーディズムの受容は，テーラー主義的な合理化＋不断の機械化による生産性の上昇と「日本的雇用慣行」の下でのアメリカ的生活様式の浸透という形をとり，他方で，福祉国家による社会保障や社会サービスの水準がきわめて低く，そして「フォード的妥協」を資本に強制する労働・社会立法等の規制力が弱いという特異な形態であった．また社会保障や公共サービスは極めて低い水準にあった．このため大量消費を実現するために，福祉国家に代わって企業と家族が大きな役割を担うことになったし，過剰な生産力は輸出へと向けられる構造となっていた．こうした日本的特徴は，アメリカや西ヨーロッパの先進資本主義のフォーディズムからすれば，遅れた未完成のフォーディズムという側面をもっていた．

　したがって，1980年代に福祉国家からの転換が先進資本主義諸国で問題になった時に，新自由主義からみた日本における福祉国家問題はその未熟で脆弱な「福祉国家」をさらに弱小化させ，予想される高齢社会に対応するために企業や家族の役割をいっそう強化するものであった．そしてこの「日本型福祉社会」の下では，とくに労働者家族は費用のかさむアメリカ的生活様式を福祉国家の支えなく維持するために過大な自助努力が求められた．性別役割分業の下で男性は企業で長時間の過重労働を引き受け，女性は家庭や地域で家事や子育て，生活環境を整えるための活動に追われた．

　こうして1980年代において「福祉国家」の希弱化が進められる中で，フォーディズムの周辺に位置づけられてきた母子世帯などの女性や高齢者などの一部が「福祉国家」から切り捨てられ深刻な事態におかれるようになってきた。しかし，「ゆたかな社会」論が謳歌され，「中流意識」が蔓延するなかで国民の多くは「福祉国家」の希弱化がもたらす残酷さに気づかなかった．そ

れは労働者家族の多くが「過労死」をもたらすような無理をしながらも一応自助努力によってなんとか費用のかさむアメリカ的生活様式を維持できていたからであり，またそうした無理を可能にした「終身雇用制」や「年功賃金制」などの「日本的雇用慣行」が機能していたからである．

だが，1990年代に入りバブル経済が崩壊し，企業がリストラを始めると雇用をめぐる様相は一変する．はじめは循環的な景気悪化による雇用調整として失業が増加したが，1994年秋頃から「ゆるやかな景気回復傾向」にあるといわれたにもかかわらず，大企業を中心に雇用削減はさらに加速され規模も拡大された．前述のような「日本的雇用慣行」の構造的見直しをともなう「過剰雇用」のダウンサイジングが継続的に実施されたからである．またこうした雇用構造の見直しによる「就業の多様化」「雇用の弾力化」を容易にするための労働法制の規制改革が平行して進められた．

その結果，完全失業者数，完全失業率ともに急増し，完全失業者は1990年の134万人が1995年には210万人，2000年には320万人へと10年で一挙に2.4倍になり，また完全失業率も同時期に2.1％，3.2％，4.7％と急上昇した．そしてこの高失業状態は現在も続いている．雇用構造の見直しは完全失業者を増大させているだけでなく，失業の長期化やエンプロイアビリティ（転職できる職業能力）の要求など雇用のハードルの高さともあいまって，労働市場から排除される人びとが増えている．こうした潜在的失業は今日，若年層の「ニート」現象として注目されているが，2002年の「就業構造基本調査」によると，就業希望の無業者数1,256万人のうち求職活動を行っていない者は658万人の多数にのぼっている．同年の完全失業者359万人を大幅に上回る数となっている．

くわえて「就業形態の多様化」のなかで正規労働者の非正規労働者との代替が進んでいる．前記の「就業構造基本調査」によると，非正規労働者はパート782万人，アルバイト424万人，派遣労働者72万人，契約・嘱託248万人，その他95万人で，合計1,621万人にもなっている．この数は会社役員などを

除く全労働者の約3分の1にもあたるものである．これらに脱サラ，起業型の零細自営業型の半失業者層が加わる．このように現代の「ワーキング・プア」ともいうべきさまざまな形態をとった低所得不安定就業者が急激に拡大している．

この巨大な失業と貧困の圧力の下で長期にわたる賃金・所得の抑制，低下が続いている．2002年以降，景気は緩やかに回復し，企業収益も大企業を中心に増大しているが，賃金は回復していない．「毎月勤労統計調査」（厚生労働省）の現金給与総額は2001年から3年連続でマイナス，年末賞与は7年連続で減少している．他方で，労働時間は2003年からは景気のもち直しで所定外労働時間が増加している．連合総研の2005年4月調査では，実労働時間で週50時間以上働いている労働者が30％，その中でも30歳代，40歳代の男性の比率はそれぞれ53％，49％となっており，約半数が毎日2時間以上残業している．賃金が下降しているにもかかわらず，また賃金が下降しているがゆえに労働者の過重労働が続いているのである．

このようにアメリカ的生活様式を維持するための日本的条件の基幹にあった「日本的雇用慣行」による長期雇用保障システムが崩れ，労働生活におけるセーフティネットが解体されたために，日本の労働者は巨大な失業と貧困の恐怖の下におかれることになった．そして安定した雇用からの排除は，労働生活を劣悪化させ，所得や生活状態の低下をもたらすだけでなく，社会保障制度などのセーフティネットからの排除にも連動している．

こうした長期雇用保障の廃棄とあわせて，1990年代半ば以降，社会保障制度など広義のセーフティネットの「構造改革」が急テンポで進められた．その社会保障「構造改革」のシナリオとなったのが高齢社会福祉ビジョン懇談会の「21世紀福祉ビジョン」（1994年3月）や社会保障制度審議会の「社会保障体制の再構築に関する勧告」（1995年7月）などである．これらの社会保障に関する総合ビジョンでは，少子高齢化の進行で社会保障に対するニーズが将来増大するにもかかわらず，これに投入する財源を抑制しないと，「社会

経済を維持していく上での制約要因になるおそれもある」との懸念から，社会保障制財政を経済成長の伸びの範囲に抑え，かつ「高齢化のピーク時においても国民負担率を50％以下」にとどめるという社会保障の総量抑制の方針を打ち出した．これが「持続可能な制度」への転換の中身である．

　日本の貧弱な「福祉国家」のさらなるスリム化を国民に受け容れさせるために，資本主義社会にあっては生活の自己責任が原則であることが改めて強調され，生存権を保障するための国家責任ではなく，共助のための「社会連帯の精神」が説かれた．先進資本主義の「成熟した社会・経済」の下で，先祖帰りをした19世紀的社会保障イデオロギーが復活したのである．こうした考えに沿って社会保障制度は再設計されることになった．そして介護保険の創設をはじめとして医療，年金，福祉の社会保障各分野の「構造改革」が押し進められた．これらの「構造改革」のねらいは社会保障費用の抑制であり，公的な役割の縮小であり，企業負担の回避であり，そしてこの分野の「市場化」である．

　「構造改革」によって少子高齢化にともない必然的に増大する生活上のニーズは，主として自助・共助で対応する方向が強められる中で，各社会保障制度ともに給付が削減され，保険料や利用料など負担が増大することになった．その結果，「国民皆年金，皆保険」にもかかわらず，社会保障制度からの脱落が広がりつつある．国民年金保険料の納付率は2002年度に納付率62.8％まで下がり，必死の未納対策によって2004年度に若干回復して63.6％となったが依然として低い水準が続いている．2001年度の公的年金加入状況等調査によると，公的年金未加入者63万人，未納者327万人．合計約400万人近い人びとが公的年金制度から脱落しつつある．

　医療保険でも同様の脱落が起きている．それは医療保険制度の中で最大の国民健康保険（市町村国保）においてもっとも厳しく，保険料収納率は2002年度90.4％，市部89.4％と年々低下している．こうした未納，滞納等に対して国民年金では保険料の差し押さえなどの強制徴収が実施され始めた．また

国民健康保険においては滞納者対策が強化され，ペナルティーとしての「短期被保険者証」や「資格証明書」の交付数が前者で94.5万世帯，後者で25.8万世帯（いずれも2003年），両者をあわせると120万世帯となり，これも2000年の49.6万世帯から激増している．

このように社会保障制度の「構造改革」による税から社会保険へのシフト，社会保障給付の縮小と自己負担の拡大，低所得層への負担の強化などによって，低所得層を中心に社会保障制度からの脱落が広がり始めている．加えて，国民年金の強制徴収（「十分な所得や資産がありながら度重なる納付督促にも応じない未納者」）にみられるように，払えない勤労者に対して「悪質」のラベルを貼り社会保障制度等のペナルティー強化や制度からの排除を正当化しようとしている．こうしてもっとも社会保障制度を必要としている人びとを社会保障から排除しているのである．

現在進行中の「構造改革」による「小さな政府」型のセーフティネットへの転換は，社会保障制度を次のような特徴をもつ「セーフティネット」へと変質させるものである．すなわち，① 自助努力の強化による社会保障制度など公的セーフティネットの機能縮小，②「真に救済すべき人びと」へのセーフティネットの限定，選別，③ 福祉国家のセーフティネットを「規制改革」により民間ビジネスの対象化，買うセーフティネットへの転換，④「共助」すなわち「コミュニティやアソシエーションなどの中間団体による『自己統治』＝『自治』」[15] による国家や行政のセーフティネットの代替，⑤ 消費税増大や社会保険の拡大などによるセーフティネットの維持費用の富裕層から貧困層へのシフトなどである．これがはたして「セーフティネット」とよびうるものなのか大いに疑問ではあるが．

▼戦後型生活様式の解体・再編と生活格差の拡大

アメリカ型の「ネオ・フォーディズム」への転換は，日本における「フォード的妥協」，すなわち，「日本的雇用慣行」＋微弱な「福祉国家」を解体を

促進し，微妙な社会的条件の中でかろうじて維持されてきた戦後型生活様式を危機に陥れた．ここで戦後型の生活様式というのは，前述のような「フォード的妥協」によって維持されてきた大量生産・大量消費型の生活様式であり，かつ，都市型生活様式の一般化による公共サービスへの高い依存性をもち，そして，雇用労働者型生活様式への転換にともなう社会保障を不可欠の要素にした生活様式である．この費用のかさむ生活様式の日本社会での受容は，日本における微弱な「福祉国家」化ともあいまって，主として個々の世帯の突出した自助努力と企業福祉によって維持されてきたのである．

この「標準化」された戦後型生活様式は，長期雇用保障を前提にして，個々の世帯における過度労働，多就業，借金など必死の収入増戦略と企業福利の微妙な合成の上に成り立っていた．しかし，「ネオ・フォーディズム」への転換によって，前提が崩れ個々の世帯の自助努力だけが残った．こうして1990年代後半からこの戦後型生活様式に基づく「生活標準」が維持できなくなり，低所得層を中心に「生活標準」からの脱落が始まったのではないかと思われる．このことを家計調査によって確認してみよう．

勤労者世帯の1ヵ月間の支出総額は，1955年を100として1998年の2579をピークに下降し始め，2004年には2403に低下している．実支出や消費支出も1998年以降下がっており，交通通信費を除くすべての費目で減少している．これは「生活標準の上昇」が停止し，下降局面に入っていることをうかがわせるものである．また勤労者世帯の支出構造は，支出総額に占める実支出や消費支出の低さと他方における実支出以外の支出（預貯金，保険掛金，土地等の借金返済など）の高さとして特徴づけられる．これは戦後型生活様式が「福祉国家」の遅れや弱さなどもあって，住宅，教育，老後保障，交通などの長期的・共同的生活課題がもっぱら個々の世帯の自助努力に委ねられてきたからである．

消費支出では，住居，保健医療，交通通信，教育など公共サービス費目の比率が高く，また非消費支出では社会保険料が直接税を上回り，実支出以外

の支出では預貯金の比率が約4割と極めて高くなっている．そして社会保障の低下を補うための私的対応としての民間保険の掛金や低金利下でのローン返済額が増大している．1998年以降は，公共サービス支出の比率の高まりや長期的生活課題への対応がさらに進んでおり，支出総額が圧縮される中で，なお実支出以外の支出の比率が高くなっている．このことは消費支出，とりわけ食料や家具・家事用品，被服などの消費財支出がさらに削減されていることを示している．

　このように膨張し，硬直化した「生活標準」を支えてきた世帯収入は，経常収入（勤め先収入，事業・内職収入，財産収入，社会保障給付，仕送り金），特別収入，実収入以外の収入（預貯金の引出，保険取金，有価証券売却，土地家屋借入金など）および繰入金から構成されている．実収入は支出総額のピークより1年早く1997年から下降し始めている．1998年から2004年の7年間に実支出は6.8ポイント下がっているが，同期間に実収入は10.0ポイントも低下している．この不足分を埋めているのが貯金引出である．このように預金を食いつぶしながら「生活標準」を維持している状況にある．

　低所得層ほどこの「生活標準」の維持はいっそう困難になっている（図表10-1および図表10-2参照）．2004年の十分位階級別1ヵ月間の支出をみると，もっとも所得の低い第Ⅰ十分位階級では実支出，消費支出の比率が最上位の第Ⅹ十分位階級に比べてかなり高くなっており，そして費目の節約がむずかしい住居や光熱・水道，保健医療，交通通信など公共サービスの利用料等の比率も他の所得階級に比べて高くなっている．また第Ⅰ十分位階級と第Ⅹ十分位階級の直接税比率は第Ⅰ十分位階級が4.5ポイント少なくなっているのに対して，社会保険料では1.3ポイントの差しかなく，社会保険料が低所得層にとっては過重な負担になっていることがわかる．この保険料負担の過重さが社会保障制度からの排除につながっているのである．

　さらに生活資金の長期的調整としての預貯金の出し入れは，第Ⅰ十分位階級の場合，家計収入の36.4％を入れて，36.5％を引き出しており，0.1％の

図表10-1　年間収入十分位階級別勤労者世帯の
1ヶ月間の支出（2004年平均）　　（％）

	I	V	X
支出総額	100.0	100.0	100.0
1．実支出	44.1	40.6	41.9
1）消費支出	38.7	33.2	30.6
食料	9.9	7.6	5.8
住居	4.1	2.5	1.0
光熱・水道	3.2	2.2	1.6
家具・家事用品	1.4	1.0	0.9
被服	1.5	1.4	1.6
保健医療	1.7	1.2	1.0
交通通信	5.3	4.9	4.4
教育	1.3	1.9	2.0
教養娯楽	3.0	3.4	3.3
その他の消費支出	7.3	7.1	9.1
2）非消費支出	5.4	7.4	11.2
直接税	1.5	2.7	6.0
社会保険料	3.9	4.7	5.2
2．実支出以外支出	44.7	52.3	53.0
貯金	36.4	40.4	42.2
保険掛金	3.1	3.6	3.7
土地等借金返済	1.7	3.7	4.0
3．繰越金	11.2	7.1	5.1

資料）　総務庁統計局「家計調査年報」

マイナスとなっている。第X十分位階級のその差はプラス8.9％となっており，第I十分位階級は預貯金の食いつぶしによって生活を維持していることを示している。またこの所得層は社会保障収入の比重が相対的に高く，そのためこの間の社会保障制度「構造改革」の影響を強く受けており，その結

図表10-2　年間収入十分位階級別勤労者世帯の
１ヶ月間の収入（2004年平均）　　（％）

	I	V	X
収入総額	100.0	100.0	100.0
1．実収入	48.2	51.8	56.8
a．勤先収入	43.0	49.2	54.6
世帯主収入	40.0	44.0	41.9
妻の収入	2.2	4.5	10.7
b．事業等収入	0.4	0.1	0.3
c．その他の収入	3.8	1.5	1.2
社会保障収入	3.5	1.4	1.1
2．実収入以外収入	40.5	40.8	36.9

資料）　総務庁統計局「家計調査年報」

果，所得格差はさらに拡大し，生活はいっそう破壊されてきている．こうして第Ｉ十分位階級などの低所得層から戦後型生活様式からの脱落が始まっている．

▼「下流社会」化と貧困の装置化

アメリカ型の「ネオ・フォーディズム」への転換によって，日本においても「二極分裂社会」化が急速に進みつつある．1990年代以降における格差増大や不平等化の進行を示すデータには事欠かない．橘木俊詔は「所得再分配調査」（厚生労働省）を用いて，「再分配前所得」においても，「再分配後所得」（税や社会保険料を控除し，社会保障給付を加えた所得）においても，いずれもジニ係数が上昇しており，不平等化が進んでいると指摘している[16]．また太田清も「就業構造基本調査」（総務省）や「消費生活に関するパネル調査」（家計経済研究所）のデータによって，所得格差の拡大と所得層の固定化を明らかにしている[17]．

「ネオ・フォーディズム」化のもとで，雇用や賃金の二極化が進み，それ

を緩和する社会保障がその役割を縮小させていけば，所得格差が拡大し，低所得層が増大することは避けられない．前記の2002年「就業構造基本調査」（総務省）によれば，雇用者の150万円未満層は男性9.0％，女性45.4％となっているが，「国民生活基礎調査」によって世帯単位でみると，200万円未満世帯は17％にもなっている．問題はこうした格差の拡大が固定化し階層として再生産されることである．特定の職業階層や所得階層が世代的に固定化される傾向が把握され，日本でも「階級」が再発見されている．

SSM調査を用いた橋本健二の整理によれば[18]，1995年時点で，資本家階級9.2％，新中間階級23.5％，労働者階級45.4％，旧中間階級21.9％という構成になっているが，さらにこれらの外にホームレスや生活保護受給者，「ニート」など無業の，または雑業に従事する「アンダークラス」が多数存在するという構図になるのである．薄くなったセーフティネットからこぼれ落ちて，この「アンダークラス」の世界に入る人びとが急増している．

たとえば，2003年の自己破産件数は24万2千件を超え，1998年からの5年間で倍増している．2002年度のCIC（クレジット業界の個人情報機関）「参考情報」（破産宣告など官報に公告された公的資料や申告情報）は前年度より43.8％増えて251万1千件となっている．これはすさまじい勢いで貧困へと吸引されていることを示している．また学校からも職場からも，社会からも切り離された「ニート」とよばれる若者も急増している．さらに2003年の厚生労働省ホームレス全国調査では，全国581市町に25,096人のホームレスがいることが明らかにされている．

生活保護受給者数も1995年を底として増え始め，2003年度には約134万人，人口千人当たりの生活保護受給者数10.5人，生活保護受給世帯数は約94万世帯と過去最高になった．このように公認の貧困層が行政の「適正化」とよばれる生活保護への流入阻止活動にもかかわらず急増しつつある．そしてこの増大しつつある貧困層は「世代的に再生産」され，固定化されてきているのである[19]．このように日本の社会の下層に，「市民社会」とは異質な社会層，

社会集団が分厚く形成されてきている．三浦展の『下流社会』（光文社新書，2005年）は新たに顕在化してきた「階層集団」＝「下流社会」が独自なハビトゥスをもった敵対する階級へと転化する可能性に現代社会の危機を見出している．

　貧困と生活不安の広がりが，市民社会の中上層部分までも脅かすなかで，「生活者の意識が自分やその生活を守る『自己防衛』の姿勢へと向かって」[20]きており，貧困や生活不安に対して社会的・共同的にセーフティネットを強化するよりも，つまり「福祉国家」を強化することで対応するよりも個人による生活の自己防衛へと向かい始めている．「市民社会」のかなりの人びとは，今後高齢化の進展や貧困の深刻化などで，セーフティネットに依存して生活する人びとが増大することに脅威を感じている．セーフティネットを拡充するための税金など個人負担が増えることについて否定する意見は，1990年頃から増え始め，2002年調査ではついに6割近くにもなった．

　こうした社会連帯意識の希釈化は階層格差の増大と固定化，日本社会の階層社会化に対応している．前述のような階層社会化の進展のなかで，貧困などの生活問題は特定の社会階層の問題となり，リスクへの対応の失敗が社会の側の問題や責任ではなく，本人の努力不足など個人の側の失敗とみなされるようになった．ホームレスやニート，そして生活保護受給者などセーフティネットの世話になる人は，怠惰で，義務を果たさない悪質なフリーライダー，社会の厄介者としてイメージ化される．このようにイメージすることによって，これらの人びとをセーフティネットから排除することが正当化され，他方で「社会の秩序を潜在的に脅かす『リスキー』な人びと」としてのイメージを強化する．

　階層社会化は「市民社会」の周縁に大量の非連帯対象者＝「アンダークラス」を生み出すのであるが，社会連帯の稀釈化は，さらにセーフティネットを縮小させることによって，大量の排除者を生み出し，その先に治安問題（パブリック・セキュリティ）をクローズアップさせることになる．

2003年6月に実施されたNHKの第7回「日本人の意識調査・2003」調査によれば，政治の最重要課題として，「秩序の維持」（17%）が「福祉の向上」（14%）を抜き，「経済の発展」（48%）に次いで第2位になった．この背後には治安の悪化や犯罪の増加に対する国民の不安の増大がある．『警察白書 2003年』によれば，2002年の刑法犯認知件数は285万3,739件で，7年連続戦後最多記録を更新したし，刑法犯検挙率は過去最低の水準となっている．犯罪の認知件数を押し上げているのは窃盗犯の大幅な増加で，全体の9割を占めている．こうした犯罪の増加には，この間の深刻な経済不安が影を落としていることは間違いない．

社会の「ネオ・フォーディズム」化はリピエッツが予測したように，「社会全体を動揺させる反乱の可能性（私見では，これがありうるもっともいい結果である）か，個人的犯罪の蔓延か，のどちらかを引き起こすのである．後者の場合，自由主義の調整原理がふたたび見いだされる．犯罪の恐怖は社会の上から三分の二の層を連帯させる．下から三分の一の層でさえこの『脅威』に立ち向かう」[21]という状況を生み出す．そして「安心と安全」のニーズが社会保障ではなく，治安に吸収されようとしている．治安への不安の高まりは，個々の勤労者の生活への不安が「社会」に対する不安へと転化し，社会全体のセーフティネットに対する不安や不信へと向かっている．社会システム全体への信頼性が揺らいでいるのである．

5　おわりに——セーフティネットの再構築にむけて——

「ネオ・フォーディズム」イデオロギーのもとで，社会的な問題を個人で解決できるという幻想に多くの人がとらわれ，社会や集団に対する信頼が揺らいでいるとき，セーフティネットを再構築するためには，迂遠ではあるが誰も排除することのないオルタナティブな社会にむけて草の根からの小さな反撃を積み重ねていく以外にない．「フリーター資本主義」とよばれるよう

な二極化された「ネオ・フォーディズム」の末端の工場で排除された若い請負労働者たちが自分たちの小さな労働組合を作り活動をはじめた．また女性の派遣労働者やパートタイマーが自分たちの権利を主張しネットワークを作りはじめた．高齢化の進んだ地域で高齢者が仲間をつくりまちづくりに参加しはじめた．「ネオ・フォーディズム」社会の周縁からさまざまな取り組みが始まってきている．

　こうした小さな活動を積み重ね，失われてきた社会運動による社会改革への「有効感覚」を取り戻すことが重要になっている．これらの小さな活動や事業の成功を通じて，社会的な合意を広げながら，制度としてのセーフティネットを再確立し，未完の「福祉国家」を現実のものにすることができるのである．またこうした取り組みが作り出す人と人とのネットワークが，セーフティネットを揺るぎないものにする．

注

1) R. ボワイエ（山田鋭夫訳）『レギュラシオン理論－危機に挑む経済学』新評論，1989年，p. 35
2) A. リピエッツ「レギュラシオン・アプローチと90年代資本主義の危機」『経済理論学界年報第28集・経済理論学界編「資本主義と社会主義」』青木書店，1991年，p. 234
3) A. リピエッツ（若森章孝訳）『勇気ある選択－ポストフォーディズム・民主主義・エコロジー』藤原書店，1990年，p. 26. 以下のレギュラシオン理論による現代資本主義の「危機」分析はこの著作によっている。
4) 加藤栄一「西ドイツ福祉国家のアポリア」東京大学社会科学研究所編『転換期の福祉国家（上）』東京大学出版会，1988年，p. 219
5) 田口富久治編著『ケインズ主義的福祉国家』青木書店，1989年，p. 14
6) A. リピエッツ，前掲論文，p. 234
7) A. リピエッツ，前掲書，p. 43
8) 同上書，pp. 89-90
9) 神野直彦『人間回復の経済学』岩波新書，2002年，pp. 78-79
10) 同上書，pp. 32-33
11) 『新経済社会7カ年計画』p. 11
12) 80年代の日本福祉国家の特徴については，大沢真理『男女共同参画社会を

つくる』NHK ブックス，2002年を参照．
13) 日経連『新時代の「日本的経営」』1995年
14) L. C. サロー（山田洋一・仁平和夫訳）『資本主義の未来』TBS ブリタニカ，1996年，p. 12
15) 齋藤純一『公共性』岩波書店，2000年，p. 78
16) 橘木俊詔編著『封印される不平等』東洋経済新報社，2004年，p. 154
17) 太田清「個人間の所得格差は拡大しているか」『労働調査』2005年3月号
18) 橋本健二『階級社会日本』青木書店，2001年
19) 青木紀編著『現代日本の「見えない」貧困』明石書店，2003年
20) 野村総研編『生活革命―国民の意識変化と構告改革』2001年10月，p. 31
21) A. リピエッツ，前掲書，pp. 65-66
22) 森岡孝二『働きすぎの時代』岩波新書，2005年

参考文献

A. リピエッツ（若森章孝訳）『勇気ある選択―ポストフォーディズム・民主主義・エコロジー』藤原書店，1990年

R. ボワイエ（山田鋭夫訳）『レギュラシオン理論―危機に挑む経済学』新評論，1989年

東京大学社会科学研究所編『転換期の福祉国家（上・下）』東京大学出版会，1988年

田口富久治編著『ケインズ主義的福祉国家―先進6ヵ国の危機と再編』青木書店，1989年

NHK 放送文化研究所編『現代日本人の意識構造〔第六版〕』NHK ブックス，2004年

橋本健二『階級社会日本』青木書店，2001年

P. トインビー（椋田直子訳）『ハードワーク―低賃金で働くということ―』東洋経済新報社，2005年

三浦展『下流社会―新たな階層集団の出現』光文社新書，2005年

森岡孝二『働きすぎの時代』岩波新書，2005年

終章 S教授と現代社会学
―― 社会学をめぐるショートショート ――

Hiroyuki Hayakawa

終　章
S教授と現代社会学
――社会学をめぐるショートショート――

　「何故　みんな　時間があるのに　そんなに走るのか　また　ないのに　そんなに無駄に使うのか　何故　吐いても　飽きずに　また　酒を飲むのか　何故　みんな　働きすぎ　そして　さぼるのか　私には　わからない」

　　　（山下和美『天才 柳沢教授の生活』第1巻，モーニングKC，1989年）

　さて，終章である．

　といっても，最初から始めてここまで読み通した人がどれほどいるだろうか．なかには今，この終章を読むのがこの本との出会いという読者もいるかもしれない．

　この本は，飯田哲也と早川洋行の親子ほどの年齢が違う編者が，度重なる議論をしたうえにできあがったものである．日本の社会学の世界では，時おり年齢が離れた編者が本を作る例をみかける．しかし，そのほとんどが何らかの師弟関係にあるようである．それはそれで素晴らしいと思うが，私たちの場合は違う．飯田と早川は，互いに社会学の研究・教育を職業とするようになって，だいぶ経ってから出会った．社会学に対する思いを共有する友人という間柄である．

　2人の「思い」を端的に表現すれば，〈社会学は面白い，でも今の社会学は物足りない〉という言葉に凝縮される．この言明の含意の詳細については，すでに飯田が序章で述べているので繰り返すまでもないだろう．そして，この気持ちは，編者に限らず力作をお寄せいただいた執筆者も共有していると信じている．

この本は，少し社会学に興味をもった学生が，もうちょっと社会学のことを知りたい，と思ったときに読んで面白い本，というコンセプトで作った．だから，よくある教科書のように，知識を切り売りするようなことは極力避け，執筆者に思う存分論じてもらうことを是とした．しかし，編者としては読者になる人びとの事情も考え，取り上げた社会学者については，最低限の重要事項を紹介してもらうこと，その思想の現代的意義をわかりやすく書いていただきたいことの2つの注文をつけた．

　このようにしてできあがった本書であるが，こうした企画の是非はともかく，編者の関係ばかりでなく，内容についても，これまでにないユニークな本になったことは確かだと思う．

　思想は時代によって評価が変わる．その思想が偉大なものであればあるほど，そうだろう．だから，読者には，それぞれの社会学説をこの本に書かれているとおりに理解せよというつもりは毛頭ない．この時代に生きた社会学者がこの思想を内的にこのように受け止め，このように考えたということを，ただ真摯に読み取ってほしい．

　ところで，最近S教授の話を聞いた．編者2人は，S教授とは古くからの友人である．終章に彼の話を紹介することで，最後に本書にもうひとつ，ユニークさを付け加えることにしよう．

1　S教授，1回生の女子学生と語る

　S教授が勤める大学から最寄りの駅にはバスが走っている．しかし，バス路線は2つあって，バスで通う者は，大学近くの2つの停留所を利用している．行きはともかく帰りは，時間によって，どちらへ出るべきか，その都度判断しなければならない．「今日は夕食を作る約束をしたし，少し早く帰るか」S教授の家は共働きである．時々であるが，S教授は家族の夕食の準備

をする．

　S教授が校舎の外に出ると，一人の女子学生が声をかけてきた．「先生，そっちですか」「ああ，こちらのバス停の方が10分早い」．学生は，いいことを聞いたとばかりに，向かう方向を変えた．

　「君はたしか1回生だったね」．女子学生は微かにうなずいた．

　S教授は，その学生のことを覚えていた．といっても，S教授の通う小さな大学では珍しいことではない．S教授は，受講生300人の講義ももっているが，それは非常勤講師先の別の大学である．本務校の講義はせいぜい50人程だ．給料は安いが負担も軽い．金持ちになりたくないわけではないが，なりたいのなら別の職業を選ぶべきだとS教授はあきらめているので，高収入＝高負担の大規模大学をうらやむことはあまりない．

　「もうじき春学期の成績でしょう．大学でもらう初めての成績なんでドキドキします」．1回生は素直である．

　「いいかい．言っておくが大学の成績というのは，優が多ければよいというものではない．大切なのは，筋のある成績を残すことなんだ」．女子学生は，S教授の話を理解できずにポカンとしている．そこでS教授は続けた．

　「青年期は，アイデンティティの確立期だという話を聞いたことがあるだろう．君たちの年齢で，一番大切なことは自分という人間を仕上げることなんだ．つまり，自分はこういう人間だということをしっかり確認して，自分に自信をもつこと，それが何より大切だ．卒業するとき，在学中の成績証明書が渡される．それをみると，自分が得意だったこと苦手だったことが筋として見えてくる，そういうのが良い成績証明書だよ．その基準は学問の内容じゃなくてもいい．こういう先生は評価してくれた，こういうタイプの先生とはうまくいかなかった，ということでもいいんだ．だから私は，優・良・可・不可はバランス良くとれ，それが健康に良い，とみんなに言っているんだ」．

　女子学生は，少し戸惑い，しばらくして少し納得したような顔をした．そ

してこういった.

「先生はどうだったんですか. その良い成績証明書をもらえたんですか」

S教授は思いがけない質問に虚を突かれて, そしてちょっと口ごもった.

「そうだね. 私の場合はね. 自分の考えと同じことを書かなければならない先生とは相性が悪かったな. 学者は, 他人と同じことをやっていてはだめだからね」

女子学生は, さもあろう, という顔をした.

「でも先生. 私, 奨学金をもらっているので, 成績は良くなくちゃいけないんです. 自分が納得いかなくても先生が喜ぶような答案を書かなければいけないと思っています」

「そうか. それじゃあ, 仕方がないな」. S教授は少し憐れむようにいった.

2人がバス停に着くと, ちょうどバスが到着した.

2 S教授, 中国からの留学生と語る

「S先生!!」S教授が廊下を歩いていると後ろから, 呼びかける声がする. 振り返ると見知った大学院生がいる. S教授は中国語が堪能である. それもあってか中国からの留学生, とくに大学院で指導を受けたいという学生が本国から集まってくる. この院生もその一人である.

「久しぶりだね」「ええ, 夏休みは中国に帰国していましたから. 先生にお土産を買って来ました」「ありがとう. 今は暇かい. よければ, コーヒーでも飲もうか」. 2人は大学の校門を出たところのすぐ近くにある喫茶店に入った.

席に着くなり留学生はカバンから小さな包みを取り出した.

「先生, これ集めているでしょ」

S教授が包みを開くと出て来たのは, 小さなコマである. じつは, S教授

は知る人ぞ知るコマのコレクターであった．
「いやぁ．珍しいものをありがとう．私は中国のコマをいくつかもっているけど，このタイプのものはなかった．欲しかったんだよ，これ」．S教授は，本当に嬉しそうだ．
「先生は今年の夏休みは，どう過ごされていたんですか」
「それがねぇ．この本の書評を頼まれて，頭を抱えて過ごしていたよ」
S教授は先程から小脇に抱えていた分厚い本を取り出した．背表紙に「現代中国の……」という文字がみえた．S教授が留学生を喫茶店へ誘ったのは，どうやらその本について意見を聞きたかったこともあったらしい．
留学生は手渡された本をしばらくパラパラめくっていたが，やがて口を開いた．
「使っているデータが古いですね．しかも，誤解も多い」
「そうだろ．しかし，著者は一応学会で権威といわれている先生だ．この本の出版には補助金も出ている．あまり，悪くいうのも，どうかと思ってねぇ．だいたい，偉くなると自分でデータを集めようとしない．実際に現地へ行って，はいつくばるように調査しなければ，実態なんかわかりっこない．学者というのは，権威になってはだめだね．学者は生涯一学徒．私は，民主主義の反対は権威主義だと思っている．みんな平等という民主主義を擁護するなら，権威主義になってはだめだ」
「先生，権威主義を否定するなら，出来の悪いのは悪いと正直に書かれたらどうですか」．留学生はこともなげに言った．
どうやら，S教授は，誰かにちょっと背中を押してもらいたかったらしい．
「そうだな．そうだよなぁ．失礼にならないようには，気をつけるけど書いてみるよ」．S教授は肩の荷を降ろしたような顔をした．
「ところで，そのスジャータの蓋，私にくれないか．集めているんだ」
「だめです．これは私も集めているんです」

「お前．先生がほしいといっているんだから，それぐらい譲るのが当たり前だろ！」Ｓ教授の頬は膨らんだ．

Ｓ教授はコレクションのためには権威主義になる．

3　Ｓ教授，卒業生と語る

　Ｓ教授の研究室に元教え子が訪ねて来た．男子学生だった．手には，Ｓ教授の好物の近江水口の銘酒「笑四季」をもっている．卒業から10年．今は小学校の中堅教師である．「いゃあ，変わってないなぁ．おぉっと，少し頭薄くなっているぞ．結婚したか．子どももいるのか」．Ｓ教授は上機嫌である．

「それがまだ独り身でして……．こればっかりは相手があることで」

「何をいっている．ようはやる気だ．やる気．子どもが減れば自分の職もなくなるぞ．さっさと結婚しなさい．いい人いるんだろう？」

「はぁー」卒業生は生返事．どうやら候補者もいないらしい．

「それよりも職場が大変でして」

「えっ．荒れているのか？　不登校か？」「いえ，子どもではなくて親です」

「親か……」

2人はこれだけでだいたいのことを理解しあった．

「ほんとに，いろいろな親がいますね．算数の問題で，＋と－を間違えていたので×（バツ）にしたら，逆にすればあっているのだから，△にしろと言ってきたり，家庭訪問して個別指導をしてほしいと言ってきたり，まったく自分たちの都合しか考えてない．子どもを大人にするのは自分たちだけだと思っている．在学中，先生は前田俊彦の『つくる』と『こしらえる』の思想を教えてくれましたよね．今の親は子どもを自分たちだけで『つくる』ものだと思っているんです」

「ああ，昔のお百姓さんは『米づくり』とはいわなかったというあれだな．

昔の人は，苗をこしらえる，田をこしらえると，米ができると考えていた．米は，人間の手だけでつくるものではなくて，太陽と雨と風の助力を得て初めてできる．人間ができることは『下ごしらえ』だけだと前田はいった」

「そうです．それです．僕は人間も同じだと思うのです．友達や先生や近所の人やいろいろな人がかかわって，そして子どもはやっと大人になる．それを『つくろう』とするのは間違っている．親は思い上がってはいけない．もちろん教師もですけど．謙虚に子どもを見守る気持ちが大切だと思うんです」

「そういえば，人づくりとか人材育成とか，最近では大学でも使うぞ．人材は英語では talent．材料のニュアンスはないのにね．学問は『人格』をつくるものではなくて『人材』をつくるものになったらしい．いやはや近頃は，何でも工業製品のようになっているね．まったく，私も最近の大学改革で，この大学に入ればこういう人間ができあがります，という宣伝に加担しなければならないことにうんざりしているところさ」

「大学もたいへんなんですねぇ」

S教授は，立派になった元教え子に満足した．しかし，最後に言うことは，忘れなかった．

「君はまず，彼女をこしらえなさい」

4　S教授，若手研究者と語る

学会での報告が終わった時である．S教授は，どうしても言わなければならないと思った．「良い報告だった」その一言を．

初めてみる報告者だった．オーバードクターらしい．最近は，就職口がますます狭まっているのにもかかわらず，どこの大学でも競って博士課程を拡充するので，博士課程を終えても就職が決まらないOD（オーバードクター）がごろごろしている．なかには，就職できないのは当然といった輩（や

から）もいるが，多くは真面目に頑張っている若者たちである．

　良い報告だった．これまでの研究を的確にフォローしているし，これまでにない，自分独自の新たな見解も付け加えている．丁寧でしっかりしていて，報告内容も立派だったが，報告者についても，その報告態度から，「こいつは伸びるぞ」という予感を感じさせた．Ｓ教授は自分の評価に自信があった．

　しかし，会場の反応は違った．報告全体の中では本筋とは言い難いのだが，一部で用いた社会調査のデータについてクレームが付いたのである．いわく，それだけでは十分ではない，もっと分析を精緻化すべきだ．この調査ではサンプルの限界がある等など．

　Ｓ教授は，よっぽど質問者に質問してやりたい気持ちだった．「そんなことが重要なことですか．質問者は質問を間違えていませんか」と．

　実際，Ｓ教授は以前，学会で同様なことをしたことがある．「いやあ，あのときは，最後にどのようにまとめるか苦心したよ」．Ｓ教授は，そのとき，後に司会をしていた友人の教授にいわれた言葉を思い出して，ぐっとこらえた．

　「良かったよ．あんな質問なんか気にしなくていい．わかる人にはわかるさ」．若手研究者は，Ｓ教授から手渡された名刺をもったまま恐縮している．

　「最近の学会は，２つの病にかかっていると私は思っている．ひとつは実証主義的ペダンティズムで，君に質問したのはその病人だね．なんでも数量化しないと気が済まない．数量化できないものがあることや，調査は初めから限界の中でやるものであって，そもそもそれだけでは分からないものがあることを認めようとしない．まったく困ったものだ．手続きばかりに拘泥して，全体の価値を見ようとしないのだから．だいたい，そういう人たちがやる調査に限って，みんなが知っていることを『科学的』な用語で置き換えるだけ．まったく馬鹿らしい」

　「しかし，私が未熟だった点は確かにありますし．現実の問題について実

証的なデータを示すことも大切だと思います」．若手研究者は殊勝に答えたので，S教授はますますこの若者を気に入った．

「そのとおり．現実的，実証的なことは大切だよ．私がもうひとつの病だと考えるのは，構築主義的シニシズムさ．この病気にかかると，現実は消えうせて，『問題だと思うから問題なんだ』というお決まりのテーゼに支配される．まさに，病は気から，の世界だね」

若手研究者は「その辺りのことはよくわからない」という顔をした．S教授は「今にわかるさ」という顔をした．

その翌年の正月，S教授に届いた年賀状の中にはあの若手研究者からのものも含まれていた．

「学会ではお世話になりました．来年度も就職できませんが，とりあえず春から非常勤の口が見つかりました．今後とも御指導ください」とあった．

5　S教授，旧知の助教授と語る

「S先生，さぁどうぞ」．ビールを注いだのは，旧知の助教授である．学会大会は初日の晩に懇親会を開く．そこで，最近の研究動向や本の執筆依頼，就職の求人や依頼など，研究者間でさまざまな情報交換が行われるのだが，昼間行われた学会報告の評価も，その場で定まることが多い．

「今日の第三報告．私は先生が何か言うんじゃないかと，ずっと見てたんですよ」．助教授は，にやにやしている．

「君もあれを聞いていたのか．気づかなかったなぁ．で，どう思った」

「立派な報告だと思いました．じつはあの報告者は，大学院の後輩でしてね．以前から見所のある奴だと思っていたんです．しかし，あのフロアの反応はひどかった」

「そうだろ．だから後で慰めてやったんだ」

「ええ，聞きました．S先生から褒められたと，本人も，とても喜んでい

ました」

「だいたいねぇ．学会もいけない．社会調査士資格を作るのはいいが，社会学をちゃんと教えないと社会学者は減ってしまって，社会調査学者ばかりなると私は思っている」．ビールの勢いで，S教授の口はふだんより過剰に滑らかだ．

「先生がいつもおっしゃる『実証主義的ペダンティズム』ですね」

「そうだ．実証主義は自然科学的思惟を模範とする．つまり，対象を物象化するんだ．たとえば，リンゴが木から落ちる，ということを考えてみよう．ここには，3つの問題の立て方がある．リンゴが木から落ちることの説明，リンゴが木から落ちない条件の解明，リンゴが木から落ちるべきか，という議論だ．実証主義は，一番最初の問いだけで満足する．リンゴは意思をもたないからそれでもいいが，人間が対象の学問は，2番，3番の問いが重要だ」

「しかし先生．3番の問いが過剰なのも困りますよね．かつてマルクス主義の一部にはそういう傾向があったんじゃないですか」

「そのとおり．ある・ありうる・あるべき，の3つの観点をもつことが大切だな．とくに『ありうる』の観点は，他の2つの観点を揺さぶる力をもっている．言い換えれば，固定観念を廃してマージナルな視点を持ち続けることが社会学者にとってきわめて重要なことなんだ．社会学者の役割，その真の能力は『ありうる』を提示できるかにかかっているといっても過言ではない」

「ええ，おっしゃるとおりです」．S教授が，しゃべり出すと止まらないことは，学会の常識である．助教授はそろそろ逃げ道を探している．

「社会調査士認定機構は，大学院卒で実績があれば専門社会調査士の資格をくれるんだって．そんな資格，今更もらってもねぇ．私は，そんなもの，もらって喜んでいる人の気が知れないね」

「でも先生．ご友人の早川教授も専門社会調査士資格を取ったそうですよ」

翌日，S教授は専門社会調査士資格の申請書類を請求した．

6　S教授，前学長と語る

　S教授が敬愛するT先生が学長になったのは3年前のことである．T先生が，どういう経緯でS教授が勤める大学の学長に推されたのかはわからない．そもそもS教授が所属する学部ではない学部からの推薦だった．もちろん，S教授がそのことを誰よりも喜んだのは言うまでもない．

　S教授にとって，T先生は学部の卒論指導教授ではなかったけれど，それに匹敵する学恩を授けてくれた人物である．

　T先生の授業は，午後4時から始まった．受講生は2名．S（教授）ともう一人である．学内では全く人気のない科目であった．なぜか．

　難しい，必修科目でない，就職に役立たない，そして，なにより「長い」というのが多くの学生が敬遠した理由である．

　たしかにT先生の授業は，1時間半で終わるのは稀だった．たいていは30分のオーバー．そして，終わったら終わったで，3人で焼き鳥屋に繰り出すのが通例だった．T先生は，いつも楽しそうだった．もちろん，先生のおごりだ．2人の，けっして栄養が足りているとはいえない学生も楽しかった．

　あるときT先生は，ビールを飲みながら大学を辞めると話した．何が決め手だったのかはわからない．母校から誘われたこともあったのだろう．ただ，そればかりではなかったようだ．2人の学生は，先生の一徹さが，学内でいろいろと摩擦を生んでいることを薄々知っていた．そして心配していた．2人の学生は，ついに来るべきことが来たのだと受け止めた．そして，2人は涙した．ただただ涙した．S教授は，そのときの困ったT先生の顔を未だに忘れられない．

　S教授は，T先生と，かつてそういう関係だったことを他人に話したこと

はない．T先生の仕事のためには，それまでの互いの関係は話すべきではないと考えたのである．だからS教授は，T先生が学長になったとき以来，最初に挨拶しただけで個人的な接触は控えていた．同僚に学生時代から知っていたのかと尋ねられても，適当にごまかした．そうした配慮は，T先生もわかってくれていたと思う．

しかし，今やT先生は退任したのである．もはや誰にも遠慮はいらない．S教授はT先生の好むスコッチ，Old Parrをもって，久しぶりにT先生の自宅を訪ねた．

「先生．長い間，お疲れさまでした．Nも近いうちに日本に戻るそうですし，そのときにはまた一席設けるつもりです」

Nとは，もう一人の学生である．今は商社勤めで家族ともども海外赴任している．

「ありがとう．君たちが元気で出世してくれて嬉しいよ．これからは君たちの時代だ．頑張ってくれたまえ」．T先生は，おだやかな表情でS教授を見つめた．

「いやいや，先生が最近出された『日本社会を憂う』は，大変勉強になりました．これからもご教示ください」

T先生とS教授は昔に戻ってしばし楽しいときを過ごした．何十年の時間は一瞬に消えた．それが師弟である．帰り際に，T先生はS教授にいった．

「ところで，君は今でも古典を読んでいるかい」

T教授の言葉に，S教授は少しうろたえたようだった．でもすぐS教授は「ええ」と答えた．

翌日は，来年度の講義概要を提出する日だった．S教授は書棚から，古い付箋がたくさん貼られた岩波文庫を取り出して，その題名をテキスト欄に記入した．授業開始を午後4時と書こうとして，財布の中身を思った．

7　S教授，酒屋の店主と語る

　S教授は「のんべぇ」である．毎晩の晩酌は，まず欠かしたことがない．しかし，あまり懐に余裕がある方ではないので，飲むのはもっぱら自宅である．日本酒は地元の酒を蔵元から直接買っているが，ビールはそうはいかない．最近は近所に安売りの量販店もあるのだが，教授は自動車の免許をもっていないので，サザエさんが三河屋さんに頼むように，そして昔からのように，近所の酒屋に配達してもらっている．

　あるときビールを届けに来た酒屋の店主がいった．「先生．先生は大学の先生だとうかがってましたけど，何を教えているんですか」

　「社会学だけど」

　「社会ですか．社会というと政治とか，経済とか……」

　S教授は，またかと思った．だいたい，今の日本人で，社会学を理解している人がどれほどいるだろう．多くの人にとって，社会学と聞いて，まず思い浮かべるのは学校で習った「社会科」なのである．

　「いやいや．たしかに社会学には，政治社会学や経済社会学もあるけど，社会学はそれだけじゃないんだ．文化や家族，マスメディアの問題も扱う学問なんだ」．酒屋の店主はまだ納得がいっていない．

　「つまり，社会学は方法論なんだ．対象は何でもいい．だから，社会学を学ぶということは，まずその方法論を学ぶことであるべきなんだ．具体的にいえば，社会学の蓄積された学説を研究して，その方法を身につけたうえで現実を考察する．そこに新たな理論が生まれ，その理論を研究批判することで，また新たな現実分析が可能になる，そういうふうにして社会学は発展して来たと思う．欧米の有名な社会学者，そして日本の社会学者でもある時期までは，一人の学者が学説研究と理論と実証研究をしっかりやっていた．しかし，最近の社会学の状況をみていると，学説研究と現実分析が乖離してい

るところがあるのは事実．この2つを繋ぐのが理論だと思うけど，そういう普遍化志向が最近は弱くなっているね．困ったことだ．自分は理論屋だとか，調査屋だとかいって開き直っているのだから」

S教授は，酒屋の店主の顔を見て「しまった」と思った．社会学とは何かと聞かれているのに，最近の学会の動向を批判してもわかるはずがない．だいいち素人に語ることではない．あわてて，言い直した．

「だからさぁ．ほらジベタリアンとか．ケータイのマナーの悪い奴がいるでしょ．なんであんなふうになっちゃったのか，とか考えるのが，社会学なんだよ」

酒屋の店主はやっとわかった，という顔をした．

「先生．社会学っていうのは，要するに『雑学』なんですね」

その晩のS教授の酒量が増えたのは言うまでもない．

8 解題

社会学は，社会を解明する学問である．社会学の困難は，まさにそのことによっている．社会学の面白さは，何といっても，社会学は領域を定めずに論じる視野の広さをもっていることである．

社会学は，この特徴を活かして，他の科学の領域に分け入り，時としてそれらと同化しながら，発展してきた．これは社会学の特権のようなもので，社会学の手法を身につけたものは，見るもの聞くもの，否，五感に感ぜられるものすべてが，何らかの人間の営為にかかわっているかぎりで，自らの研究対象にすることができる．こんな便利な学問はないだろう．そして，こんなに人間が生きていくうえで役立つ学問はないだろう．

しかし，S教授を悩ました酒屋の店主のような，社会学のことを知らない人にとっては，これほど，はなはだわかりにくい学問もないのである．いったい社会学とは何か，素人にはなかなかわかってもらえない．今のところ日

本では，残念ながら，社会学は未だ得体の知れない学問である．ただし，たしかにこのことも社会学の困難であるには違いないが，むしろ社会学の困難は次の点にあるように思われる．

それは，社会学者は「社会」の専門家であらねばならない，ということである．人間は皆，社会に生きている．そして，どんな人でも生きるうえで教訓を積み重ねているし，そのことにたしかな実感をもっている．「ひとは，万人流にいくらでも理解するが，自己流にしか決して信じない」と述べたのは，文芸評論家の小林秀雄だが，これは名言だろう．政治や経済の専門家の話はともかく，日常の「社会」のことは他人に聞く必要はない，自分こそ一番の理解者だ，多かれ少なかれ皆そう思っている．だから社会学者の語る言葉は，しばしば無視される．

人びとは社会学者の話を聞いても眉にツバをつける．「それは学者さんのおっしゃることでしょう」というわけである．社会学の醍醐味は，日常の生活のなかで，当事者に当然と思われていることに疑問を提出し，別に「ありうる」可能性と本当に「あるべき」ものは何かと，問いかけることにある．しかし，それは成績で優を取ることが当たり前だと思っている学生や子どもの教育についての全責任は自分にあると思い込んでいる親，そしてさらにいえば，大学を「人材」養成機関だと思っている人びとには，なかなか理解されない．これは，社会学の，そして社会学者がしばしば直面する困難である．

このとき，社会学者には2つの逃げ道がある．ペダンティズムとシニシズムである．一般の生活者には，わからない用語をつかって煙に巻いたり，一般の生活者から距離を取って，冷ややかに笑う，というやり方である．そして，この道を選んだ社会学者は，逃げながら，自分は一般人ではなくて学者なのだという権威意識にすがりつく．

私たちの友人，S教授は，こうした社会学の一部の傾向を苦々しく思っているのである．社会学者は，一般の人が知らないことを話したり，わからな

い言葉を話すのではなく，皆が知っていることを，別のわかる言葉で語り続けなければならない，と思っている．

そのためには，どうすれば良いか，とS教授は問う．

古典といわれる学説を研究すること，現実に関与すること，そして新しい理論を生み出すべく努力すること，この3つを一体化することが必要ではないだろうか．学説，現実，理論の三位一体．これがS教授の主張である．

よく社会学の世界では理論と実証の乖離という言葉を耳にする．しかし，これは正しくないのではないか．なぜならば，「理論」のうちにも，これまでの社会学の蓄積をまったく無視したような研究があるからである．それは，流行の言説，現代的なものだけをみようとする点で，悪しき「実証」研究となんら変わらない．大切なのは，学説，現実，理論の三位一体である．

古典といわれる学説には，時代を越えて通用する真理がある．普遍がある．そして，多くの人に語り続け魅力を与え続けてきたという意味でも，良い手本である．こうした古典的学説と個別具体的な現実を突き合わせたときに，新しい知，現代的な知が生まれるのではないか．

社会学者が「社会」の専門家であるのなら，これまでの「社会」研究に一定通暁していなければならない，また目の前にある「社会」を語らねばならない．しかも，新しい，そしてわかりやすい言葉で，一般の人びとに語りかけるべきだろう．

社会学が，そして社会学者が人びとから尊敬されるには，安易に逃げ道を辿るのではなく，どんなに困難であっても，そうした真摯な態度と努力が必要であるように思う．

もし，あなたが，この終章から読み始めたとしたら，そして興味を感じられたとしたら，ぜひ序章から読み直してください．（完）

参考文献

E. H. エリクソン（小此木啓吾訳編）『自我同一性―アイデンティティとライフサイクル』誠信書房，1983年
前田俊彦『百姓は米をつくらず田をつくる』海鳥社，2003年
真木悠介『人間解放の理論のために』筑摩書房，1971年
G. ジンメル（清水幾太郎訳）『愛の断想・日々の断想』岩波文庫，1980年

索　引

あ行

「I」　187, 188
アイデンティティ　278
秋元律朗　62
アソシエーション関係　211
新しい社会運動　212, 213
アノミー　15, 103, 105, 106, 108, 109, 115, 117, 118, 119
アルヴァックス, M.　68
アーレント, H.　203
いくつかの公共性　220
異質化　68
磯村英一　60
「一般化された他者」の態度　187, 188, 189, 190
意味学派　152
岩崎信彦　63
インターネット　117, 118
ウィルソン大統領　163
ヴィンデルバント, W.　49
ウェーバー, A.　127
ウェーバー, M.　15
ヴェブレン, T.　150-173
失われた10年　169
運命愛　242, 243
運命憎悪　242, 243
エクセレンスの大学　164
エゴイズム　105, 106, 108, 109, 115, 117
エコロジーの危機　253
エスニシティ　180, 190, 191, 192
エスノメソドロジー　6
NGO　215
NPO　214, 215
オイルショック　248, 255
近江哲男　62
大きな政府　255
大きな物語　207, 220
　　──の終焉　140, 143

太田清　269
公　203, 209, 210, 211, 218, 220
奥井復太郎　60

か行

階層社会化　271
鏡に映った自我　183
拡散状況　3, 4, 5, 12, 14
学説，現実，理論の三位一体　291
学力低下論争　168
ガダマー, H. G.　142
価値自由　75
貨幣商品　34
貨幣物神　32, 33, 35, 39
神の死　72, 92
カリスマ的支配　83
下流社会　248, 271
環境問題　8
関係の形成　9
感謝　55
官製アソシエーション　58
カント, I.　51
官僚制　82-92
　　──企業　86
　　──の逆機能　90
　　──の死　92
官僚制化　15, 84-92
　　──に対する（against）傾向　87
　　──に向けての（toward）傾向　87
機械的連帯　103
企業中心社会　258
機能的合理性　129
基本的民主化　130
客観的条件　27, 28
共　218
共同　217
　　──性　218
　　──体　216, 218

教養　161
距離　47
　　——化の論理　49
儀礼　112
金銭的階級　153
近代化　98, 105, 113
近代社会
　　——の科学的自覚　7
　　——の問題性　24
クーリー, C. H.　182, 183, 184
グローバリゼーション　154
訓練された無能力　90
経営文明　92
経済行為　76
経済資本　236
経済的行為　76
経済の精神　77
形式合理性　15
形式社会学　6, 46
ケインズ主義的福祉国家　251, 255
ゲゼルシャフト　15
ゲマインシャフト　15, 217
権威主義　280
権威による支配　82
現在科学　6
現実的意識　26
現象学的社会学　6
公害問題　8
交換価値　34
交換理論　6
公共圏　208
公共性　202, 204, 207, 219
構造改革　264, 265, 268
構造化された構造　234
構造化する構造　234
構造・機能分析　6
構築主義的シニシズム　284
高等教育　156, 157, 165, 171
行動主義　182
　　——心理学　184
合法的支配　83
公民館　13
甲羅のない蟹　129, 130

合理化　15
功利主義　99, 103
　　——的個人主義　100
合理的
　　——経営組織　79
　　——資本主義　79
高齢化　67, 68
越智昇　63
こしらえる　281
個人主義　100, 108
個人的歴史　229
子育て問題　8
国家　216
　　——の大学　162
「誤認」（承認，再認）　236
ゴフマン, E.　112, 153
コミュニケーション　178, 180, 183,
　　184, 185, 186, 187, 206
コミュニタリアン　219
コミュニティ　217
雇用官僚制　88

さ 行

再原始化　125, 145
産業的階級　153
ジェンダー　7
シカゴ学派社会学　178
シカゴ大学　151
自我　187
事業の多角化　89
事業部制組織　89
自己外化　32
自己疎外　30, 31
自己対象化　32
ジコチュウ　40, 41
自殺　105, 109, 117
市場　216
実質的合理性　130
実証主義　285
　　——的ペダンティズム　283
実践の図式　236
実践感覚　237
実践的志向　28

史的唯物論	25, 27	情報化	68
死手	53, 65	剰余価値	35, 36
自分主義	40	初期綜合社会学	6
資本計算	79, 80, 81	職能制組織	89
資本の運動	35	初等中等教育	165, 168, 171
市民社会の止揚	24, 27	所有と経営の分離	85
市民的公共性	204, 205, 208	ジョンズ・ポプキンス大学	160
社会学的想像力	10, 11, 16	人格崇拝	111
社会化	48	神義論	78
——の形式	50	新自由主義	254, 255
——の内容	50	心的相互作用	51
社会行動主義	185	人道主義	112
社会実在論	51	進歩の神学	161, 164
社会診断学	108, 110	シンボリック・インタラクショニスト	153
社会的教育	133		
社会的事実	104, 110	シンボリック・インタラクショニズム	152
社会的条件	9		
社会的諸問題	16, 28, 42	ジンメル, G.	46-70
「社会と個人」問題	9	心理主義	51
社会の病理	113, 120	鈴木榮太郎	58, 60
社会名目論	47, 51	スピノザ, B.	51
社会実在論	47	生活拡充集団	58
宗教	101, 106, 120	生活世界	205
集合意識	105	生活の社会化	17, 39
集合的アイデンティティ	213	生活の生産	26, 37
集合的沸騰	107	生活標準	267
集団的ハビトゥス	230	生活問題	29
集団的歴史	229	生産関係	27, 28
自由のための計画	131	生産力	27, 28
主体的活動	41, 42	誠実	53
主体的条件	27, 28	精神的貧困	37, 39
主知化	73	聖と俗	107
生涯学習	13	聖なるもの	106, 107
使用価値	34	生命のある機械	85
庄司興吉	43	セネット, R.	210, 211
象徴権力	236	セーフティネット	263, 265, 271, 272
象徴資本	236, 238		
象徴戦略	236	全体的イデオロギー	134
象徴闘争	237, 238	相関主義	135, 136
少年非行	115	相互作用	48
商品化	32, 33	相対的過剰人口	36
商品生産	34	疎外感	33
商品の物神性	35	疎外された労働	29, 30, 31

疎外情況　40
疎外的現実　38, 39
俗流社会学　12
存在拘束性　126, 134

た　行

第1次集団　183
第三セクター論　214
第三の道　131
対象的活動　42
怠惰な好奇心　155, 165, 171
態度取得　178, 185, 186
ダウンサイジング　258
高田保馬　60
他者の異質性　177
橘木俊詔　269
「知覚・評価・行為」の図式　232, 233
知覚・評価（の）図式　232, 236
知識資本主義　92
知識社会学　6
知的遺産　11, 14, 17
知的インタレスト　13, 14, 15
チャンドラー, A. D., Jr.　85
中間集団　113, 120
中等教育　156
中流意識　261
町内会論争　62
つくる　281
デューイ, J.　177, 189
デュルケム, É　15, 98-122, 217, 218
テーラー主義　249, 257, 258
伝統的支配　83
テンニース, F.　15
同　218
統合的行動　138
道徳　99, 101
　──的個人主義　100
　──的連帯　101
都市化　67
隣組　61
トマス, W. I.　178, 183, 189

富永健一　5
トヨティズム　258
鳥越皓之　63

な　行

中田実　63
中村八朗　62
NIES　253
ニーチェ, F. W.　143
日系外国人　176, 190, 193, 194, 195, 197
ニート　114, 118, 262, 270, 271
日本型福祉社会　261
日本的雇用慣行　261-263, 265
人間形成　9
人間性の喪失　31
ネオ・フォーディズム　258-260, 265, 266, 269, 272, 273

は　行

場　237
バウマン, Z.　141
パーク, R. E.　152, 186, 189, 191
橋本健二　270
発展モデル　251, 255, 258
ハーバーマス, J.　6, 54, 202-222
ハビトゥス論　15
犯罪　108
　──常態論　110
非営利セクター　214
非現実的意識　26
ビジネス　151, 154, 157, 158, 167, 168
　──スクール　158
ビジネスマン　157, 159, 160, 162, 168, 169
　──崇拝　158
　──の大学　162
否定的民主化　131
ピューリタン　150
フォード的妥協　250, 251, 253, 260, 265, 266
布施鉄治　43

不平等社会　114
普遍的イデオロギー　134
プラグマティズム　177, 179, 182
フリーター資本主義　272
ブルデュー, P.　6, 15, 224-245
ブルーマー, H.　152
文化資本　235, 236, 238
文化社会学　6
文化人　74
文化の型　62
文化の大学　163, 164
分業　102
　──型　64
分担型　64
ヘクマン, S.　142
ヘーゲル, G. W. F.　24
弁証法　26
ポストモダニズム　139
ポストモダニティ　139
ポストモダン（近代）　209, 220
ホッブス, T.　51
ボードリヤール, J.　153
ボランタリーアソシエーション　57, 59
ボランティア　215
ポリス　203
ボワイエ, R.　249
本田喜代治　43

ま 行

前田俊彦　281
魔術からの世界解放　73
マートン, R. K.　90
マリノフスキー, B.　65
マルクス, K.　22-44
マルクス主義　22, 285
　──社会学　23
マンハイム, K.　124-147
「me」　187, 188
三浦展　271
見えざる手　85
見える手　86

ミード, G. H.　152, 176, 177-199
身振り会話　185
ミルズ, C. W.　10, 136, 152
民主主義　280
　──思想　24, 25
みんな主義　63, 64
メルッチ, A.　213
目的合理性　15
モース, M.　100
元島邦夫　43
問題状況　39, 40

や 行

役人の大学　166
役割取得　188
矢澤修次郎　43
有意味シンボル　186, 187
有機的連帯　103
欲望社会　98

ら 行

ラベリング理論　110
リアリティ　105, 119
リオタール, J. F.　140
利害による支配　82
リースマン, D.　152
リッケルト, H.　49
理念型　75
リピエッツ, A.　249, 254, 272
領域社会学　2, 5
類的存在　31
歴史の終焉　164
連字符社会学　5
労働日　36
労働力商品　30
ロースクール　158, 159
ロックフェラー, J. D.　151, 154
ロバーバロン（泥棒男爵）　154

わ 行

私　203, 209, 210, 211
　──化　210

編者紹介

飯田哲也（いいだ・てつや）
1936年　富山県生まれ
1969年　法政大学大学院社会科学研究科社会学専攻博士課程満期退学
現　在　立命館大学産業社会学部教授　文学博士
　　　　中国人民大学客員教授
著　書　『家族の社会学』ミネルヴァ書房　1976年／『家族社会学の基本問題』ミネルヴァ書房　1985年／『テンニース研究』ミネルヴァ書房　1991年／『家族と家庭』学文社　1994年／『現代日本家族論』学文社　1996年／『中国放浪記』学文社　1997年／『現代日本生活論』学文社　1999年／『応用社会学のすすめ』（編著）学文社　2000年／『新・人間性の危機と再生』（編著）法律文化社　2001年／『「基礎社会学」講義』（編著）学文社　2002年／『社会学の理論的挑戦』学文社　2004年

早川洋行（はやかわ・ひろゆき）
1960年　静岡県生まれ
　　　　中央大学大学院文学研究科社会学専攻博士課程満期退学
現　在　滋賀大学教育学部教授　博士（社会学）
著　書　『応用社会学のすすめ』（編著）学文社　2000年／『ジンメルの社会学理論―現代的解読の試み』世界思想社　2003年／『流言の社会学―形式社会学からの接近』青弓社　2002年

現代社会学のすすめ

2006年4月10日　第一版第一刷発行

編著者　飯田哲也
　　　　早川洋行
発行所　㈱学文社
発行者　田中千津子

東京都目黒区下目黒3-6-1
〒153-0064　電話（03）3715-1501（代表）　振替00130-9-98842

乱丁・落丁本は、本社にてお取替え致します。　印刷／シナノ印刷㈱
定価は、カバー、売上カードに表示してあります。　〈検印省略〉

ISBN4-7620-1552-0